HZBOOKS | Economics Finance Business & Management

大连商品交易所丛书

THE MONEY FORMULA

Dodgy Finance, Pseudo Science, and How Mathematicians Took Over the Markets

金融方程式

数量金融的应用与未来

［英］保罗·威尔莫特（Paul Wilmott） 著
［加］戴维·欧瑞尔（David Orrell）

北京大商所期货与期权研究中心有限公司 译

机械工业出版社
China Machine Press

图书在版编目（CIP）数据

金融方程式：数量金融的应用与未来/（英）保罗·威尔莫特（Paul Wilmott），（加）戴维·欧瑞尔（David Orrell）著；北京大商所期货与期权研究中心有限公司译. — 北京：机械工业出版社，2018.6

（大连商品交易所丛书）

书名原文：The Money Formula: Dodgy Finance, Pseudo Science, and How Mathematicians Took Over the Markets

ISBN 978-7-111-59938-8

I. 金… II. ①保… ②戴… ③北… III. 金融学-数量经济学-研究 IV. F830

中国版本图书馆 CIP 数据核字（2018）第 086065 号

本书版权登记号：图字 01-2018-0570

Paul Wilmott, David Orrell. The Money Formula: Dodgy Finance, Pseudo Science, and How Mathematicians Took Over the Markets.

ISBN 978-1-119-35861-9

Copyright © 2017 by Paul Wilmott and David Orrell.

This translation published under license. Authorized translation from the English language edition, published by John Wiley & Sons. Simplified Chinese translation copyright © 2018 by China Machine Press.

No part of this book may be reproduced or transmitted in any form or by any means, electronic or mechanical, including photocopying, recording or any information storage and retrieval system,without permission, in writing, from the publisher. Copies of this book sold without a Wiley sticker on the cover are unauthorized and illegal.

All rights reserved.

本书中文简体字版由 John Wiley & Sons 公司授权机械工业出版社在全球独家出版发行。

未经出版者书面许可，不得以任何方式抄袭、复制或节录本书中的任何部分。

本书封底贴有 John Wiley & Sons 公司防伪标签，无标签者不得销售。

金融方程式：数量金融的应用与未来

出版发行：机械工业出版社（北京市西城区百万庄大街 22 号 邮政编码：100037）

责任编辑：孟宪勐　　　　　　　　　　　　责任校对：李秋荣

印　　刷：北京市荣盛彩色印刷有限公司　版　　次：2018 年 6 月第 1 版第 1 次印刷

开　　本：170mm×242mm　1/16　　　　 印　　张：17.5

书　　号：ISBN 978-7-111-59938-8　　　　定　　价：75.00 元

凡购本书，如有缺页、倒页、脱页，由本社发行部调换

客服热线：（010）68995261　88361066　　投稿热线：（010）88379007

购书热线：（010）68326294　88379649　68995259　读者信箱：hzjg@hzbook.com

版权所有·侵权必究

封底无防伪标均为盗版

本书法律顾问：北京大成律师事务所　韩光/邹晓东

谨以此书献给奥斯卡、扎卡里、吉纳维芙和霍雷肖
——保罗·威尔莫特

谨以此书献给温迪和凯瑟琳
——戴维·欧瑞尔

目　录

致谢

关于作者

译者序

前言

第1章　早期的模型 ▪1

金钱的魔力 ▪4

金本位制 ▪6

自然体系 ▪9

理论基础 ▪12

寻找均衡 ▪13

内涵价值 ▪15

第2章　走向未知 ▪19

投机理论 ▪25

有效市场 ▪28

非理性市场 ▪30

非正态分布 ▪33

精神上的病毒 ▪35

第 3 章　风险管理　▪ 39

　　基本面分析　▪ 42
　　"选美"比赛　▪ 44
　　技术分析　▪ 47
　　量化分析　▪ 50
　　相关性　▪ 53
　　重重疑虑　▪ 57
　　双重有效　▪ 59
　　风险价值　▪ 61
　　混沌边缘　▪ 64

第 4 章　市场缔造者　▪ 67

　　期权　▪ 70
　　期权的类型　▪ 71
　　巴舍利耶的回归　▪ 73
　　终极机器　▪ 74
　　战胜市场　▪ 77
　　对冲　▪ 81
　　数学的爆发　▪ 84
　　无风险　▪ 86
　　正反馈　▪ 87

第 5 章　金融衍生品 ▪ 91

行权时间 ▪ 95

决策成本 ▪ 98

新品种期权 ▪ 99

Delta 并非万能 ▪ 102

再谈市场风险价格 ▪ 103

激情与疯狂 ▪ 105

伟大与荒谬 ▪ 107

资产组合 ▪ 110

模型滥用 ▪ 111

击鼓传花 ▪ 113

货币紧缩 ▪ 116

第 6 章　量化分析师 ▪ 119

量化分析师的薪酬为何这么高 ▪ 125

量化分析师与监管者 ▪ 131

作家与经济学 ▪ 132

耀眼的科学 ▪ 136

机器人 ▪ 138

全球大脑 ▪ 140

金融创新 ▪ 143

第 7 章　模型更新 ▪ 149

烟雾之谜 ▪ 152

预测校准 ▪ 156

困惑之源 ▪ 158

模型风险 ▪ 161

盲目飞行 ▪ 162

第 8 章　玩具模型　▪165

一个线索　▪170

回到本源　▪172

利率模型　▪174

一个参照　▪177

数学化原因　▪181

量子金融　▪183

混乱与秩序　▪185

第 9 章　滥用系统　▪189

练习 1：交易新手　▪191

练习 2：对冲基金经理　▪194

练习 3：风险经理人　▪198

3A 等级　▪203

减效装置　▪205

第 10 章　系统性威胁　▪211

预见　▪216

麦高芬　▪218

流动性谎言　▪222

10.4 千万亿美元　▪225

仿生手　▪228

系统（约翰·劳 vs. 艾萨克·牛顿）　▪230

尾声　保持简约 ▪ 233

　　量化分析师：数学甜心　▪ 236

　　监管者：去冰岛吧　▪ 237

　　经济学家：醒醒吧　▪ 239

　　银行：学会失败　▪ 241

　　交易员：为什么我的奖金是负数　▪ 242

　　记者：注意破坏者　▪ 244

　　教育者：数量和质量　▪ 246

　　政治家：为金融体系创建 FAA　▪ 246

　　我庄严宣誓　▪ 248

　　核的选择　▪ 250

译后记 ▪ 255

参考文献 ▪ 256

致　谢

我们感谢出版商托马斯·海基尔（Thomas Hyrkiel）、项目编辑杰里米·起亚（Jeremy Chia）、产品编辑萨曼莎·哈特莉（Samantha Hartley）以及 Wiley 团队的所有工作人员。同样感谢赛斯·蒂奇克（Seth Ditchik）、艾德·浩克（Ed Howker）、茱莉亚·金斯福（Julia Kingsford）、罗伯特·莱克（Robert Lecker）、碧翠斯·里昂（Beatriz Leon）、罗伯特·马修斯（Robert Matthews）、迈尔斯·汤普森（Myles Thompson）以及安德里亚·威尔莫特（Andrea Wilmott）。

关于作者

保罗·威尔莫特（Paul Wilmott）是一位数学家和多家企业的创办人。他的教科书以及教育项目为量化分析师提供了权威的培训资源；他的网站（wilmott.com）是量化分析师社区的核心平台；他的同名半月刊是量化分析师的必备读物。作为一名专业人士，威尔莫特是多家业内顶级金融机构的咨询师，自己也管理着一家对冲基金；作为一位评论者，他频繁出现在多档电视及广播节目中，并为《纽约时报》撰写专栏。纳西姆·尼古拉斯·塔勒布（Nassim Nicholas Taleb）称他是世界上最聪明的量化分析师："他是唯一真正明白量化是怎么回事的人……是唯一会用自己的头脑分析并且有道德意识的量化分析师。"保罗·威尔莫特平常穿梭于伦敦、科茨沃尔德和纽约之间。

戴维·欧瑞尔（David Orrell）既是一位应用数学家也是一位作家。作为系统领域预测科学的奠基人，他的科学著作涉及多个不同的领域，包括粒子加速器设计、天气预测、癌生物学和经济学。他的书涉及预测学、经济学和科学等主题，都是全美畅销书，并被翻译成十余种语言。他的《经济和你想的不一样：经济学十一大误解》（上一版是十大误解）一书也在2017年拓展修订出版。欧瑞尔现居多伦多。

译者序

全球经济增长促进了金融行业规模的不断壮大，随着国际金融一体化和金融自由化浪潮的发展，金融创新达到了前所未有的高度，直接推动了金融衍生工具的爆炸性增长。科学理论的创新发展和信息技术的进步为数量金融学的发展提供了基础，市场规模的扩大和金融创新的深化催生了更多的风险管理需求，因此数量金融学作为金融领域中的一门新兴学科得以迅速发展。与此同时，数量金融学的发展也催生了更多的新型金融工具，使得金融业更具吸引力，更多人才和资金纷纷涌入，现代金融行业变得愈加快速而复杂。

数量金融学的发展经历了漫长的历史。18世纪，约翰·劳和牛顿两位传奇人物截然不同的金融理念，带给法国和英格兰完全不同的金融系统，表现出数学与金融领域之间关系的两种不同形式。后来尤金·法玛的"有效市场假说"、巴舍利耶的"随机游走模型"和马科维茨的"现代投资组合理论"（MPT）等重要理论的发展为现代数量金融模型的应用奠定了基础。多年来，从事数量金融研究的人们一直致力于从物理学和数学中寻找方法，模拟金融领域的运行轨迹，希望能探索到其内在模式，以更好地预测金融资产的价格走势，以及运用金融产品工具以提高资产盈利能力和风险管理能力。但在追求利润和刺激感的驱使下，一部分人却在无意中走向了另一条路，复杂难懂的金融模型带来了暗箱操作的空间，风险管理工具催生了新的风险。

2008年金融危机的突袭为人们敲响了警钟。从那以后，数量金融学获得了从未有过的关注，量化分析师的工作也引起了前所未有的争议。量化分析师为什么可以获取如此高的薪酬？金融产品价格的复杂性是否真的可以量化预测？金融模型的日渐深化是否为金融产品提供了更好的风险保障？数量金融学的发展是否真的让金融市场更加有效？

本书用鲜活生动的语言，为我们做出了解答。本书从历史出发，描绘了数量金融学的发展历程，讲述了多位传奇人物在数量金融领域的创新研究，同时立足当下，从量化分析师、监管者、经济学家等不同参与者的角度，观察模型的使用目的及现状。作者以幽默的语言评述和批判了目前金融界存在的一些问题，包括模型系统滥用现象、量化分析师激励机制与伦理道德之间产生的矛盾，以及风险管理工具反而沦为金融系统的"减效装置"，进而积聚了更大的系统性风险等问题。作者对这种风险下蕴藏的巨大危机表达了担忧，并对如何防范和解决问题提出了独特的建议。

希望本书可以为国内的数量金融从业者、衍生品市场参与者以及所有希望进入这一行业发展的人们提供更多的思考角度，同时也提醒我们牢记金融发展要服务实体经济、防控风险的本质，以降低下一场金融风暴到来的可能性。

前　言

讲讲发生在万千中小散户家庭身上的惊人的故事如何？他们毁于美欧金融机构的贪婪。看看那些流离失所、家破人散自戕自残的事件吧，这都是资本市场或原料价格失控引发金融危机的后果。Vaya Mierda！^㊀

——对 wilmott.com 上的调查问题
"你是否有自认为应该被写进保罗与戴维的新书的
愤怒或有趣之事？请分享一些细节"的一条回复

他们真正的写作动机。

——对 wilmott.com 上的调查问题
"你希望这本书讨论什么话题"的一条回复

不当金融行为的多年积聚，最终导致 2008 年年底全球金融危机的爆发，其余震至今未消。如果单独发生，这些金融行为或许只会造成局部损害，但它们却以占星师能想象到的最戏剧化的方式形成了连环套：数万亿规模的无人理解的复杂金融产品、用于隐藏风险而不是降低风险的风险管理方法、道德风险和危险的诱惑、多样性匮乏、监管缺失以及数学家扮演了精神教唆者。在这个故事中，幼稚天真的、疏忽大意的、龌龊不堪的人

㊀ 来自西班牙语，是西班牙语表达愤怒的话。——译者注

们聚在一起,尽可能多地为自己争取利益,却几乎毁掉了这个世界的金融根基。

当然,今时不同往昔,银行体系变得更加集中,全球债务作为金融的助推剂已经增长到史无前例的高度,市场中的行为越来越多地被高频交易机器人所主导,"闪电"事件常态化,价格会瞬间剧变,而后回到正常水平。世界金融体系又一次在笼中吱嘎作响,并随时可能发作。数量金融学这个使用数学模型来协助或做出投资决策的学科比以往任何时候都有更加强大的影响力。

换句话说,故事还没结束,也绝不可能就此结束。事实上,赌注从未如此高过,这就是为什么以前那些神秘话题,比如对冲基金、高频交易以及大而不倒的银行,已经成为从电视评论员到政治家等经常争论的重要议题,这些争论往往令人困惑,在这种有意为之的迷惑性背后的也正是高赌注。

据估计,2010年全球所有金融衍生品的名义价值为1200万亿美元。[⊖]那就是1 200 000 000 000 000美元。作为比较,它是全球股票市值的17倍,或是已开采黄金总值的150倍,或是给全球每一位居民170 000美元。事实上,它比全球经济的体量都要大。稍后我们会解释一下这个数字,以及我们如何去理解这个数字。现在,我们不管它在风险方面意味着什么,对于金融业这种服务产业来说,它似乎只是一个危险的巨大数字。

本书并不论述危机所带来的影响,已经有太多书和专栏探讨过这件事情,本书是为了帮助我们预防下一个危机(恐怕并不是最后一个)的。要

⊖ 这是经济学家蒂姆·哈福德(Tim Harford)和本书作者保罗在BBC第4套广播节目 More or Less 上估测的,其依据是世界清算银行(Bank for International Settlements)网站上的数据。进一步解释一下:这个"头条"数字由两部分构成,一部分是在交易所中交易的合约;另一部分则是在OTC场外市场交易的合约。再解释一下所谓的"名义"价值。如果一个合约明确说会在一年后付给你100万美元的1%,那么名义上它将会被记为100万美元,但实际上它的价值只是1万美元。所以要去衡量这1200万亿美元中存在的风险究竟有多大,这不是一件简单的事。

做到这一点，就有必要研究这个巨大的影子经济的最核心部分，充分了解量化分析的工作原理。如何从一无所有创造出万亿美元的价值，然后灰飞烟灭，再留下一个巨大的窟窿，即使是多年名不副实的"量化宽松"也无法填补这个窟窿，接着又重返老路，甚至可能比上次走得还快？我们将会看到，量化分析师工作的一部分是科学，而另一部分则与科学截然相反，在其中数学家习惯于模糊现实。这两者我们都会讨论到，先从科学开始。

本书分为两大部分。前五章介绍了数量金融学的历史，并解释了它的重要原理，如风险分析、债券定价以及保险投资组合这些金本位制下的技术，简而言之，这些东西在危机期间完全失效，但到现在也不曾被正确地彻底改造。我们探索数量金融学研究中使用的简洁方程，并展示了它们充满冷酷之美的极度诱惑是如何误导了几代经济学家和发明家的。我们追溯了从债券到信用违约互换等金融衍生产品的发展，并展示了数学公式如何在帮助金融衍生产品定价的同时，大大扩展了衍生品的应用，导致实体经济看上去都渺小了起来。我们还展示了风险管理和保险计划如何导致几乎前所未有的高风险和低保障。

第二部分是关于当下的量化金融行业和其发展状况的。我们将展示量化分析师的工作内容、他们使用的技术方法以及他们如何持续将金融系统置于危险之中。我们会发现问题的一部分是，量化分析师把经济当作会机械遵守牛顿定律的东西，或是由于天性或是由于后天培养，他们对于市场常常容易出现的混乱、非理性和严重的不平衡没有任何兴趣。同样的话也可以用来描述金融体系的监管者。我们潜入金融的洞穴之中，洞穴中的"暗池"被一群群高频交易员控制，我们会展示复杂科学和机器学习等领域的新想法如何为混乱的资金流动提供可视化及理解分析工具。在这个过程中，我们将会努力解决金融体系建模中的一些哲学和实践难题，并展示为何较之预测未来，模型更常用于讲述现在的故事。

本书的两位作者都是毕业于牛津大学的应用数学家，他们在多个行业工作过，否则也不会从不同的角度开展这项工作。保罗不仅荣膺《新闻周刊》"可能是今天最有影响力的量化分析师"，也是（正如"wilmott.com"这个量化分析师论坛的网友知道的）长期以来针对标准实操（standard practice）的批判家。戴维主要从事数学预测和数量生物学领域的工作（他发明了一个名为"虚拟肿瘤"的程序，这应该为你提供了一些说明）。他在很多书中说，经济学需要采用类似生物学的方法，并且我们失控的金融部门现在需要进行一次严肃的"健康检查"。

本书为理解世界上规模最大、薪水最高但最不被人了解的一个行业提供了新的视角，这种行业所具有的能力既可以促进我们未来经济的发展，又能够给予金融领域如同心脏骤停一般的创伤。

我们的故事从18世纪初讲起，当时法国正打算从一位数学家那里寻求金融建议。

第 1 章

早期的模型

**THE
MONEY
FORMULA**

> 自然与自然的法则隐藏在黑夜中。上帝说:"让牛顿降生吧!"于是一切都被光芒普照。
>
> ——牛顿墓志铭(亚历山大·蒲柏)

> 别卜西孕育了劳,劳孕育了密西西比,密西西比孕育了整个体系。
>
> ——Het Groote Tafereel der Dwaasheid
> (The Great Mirror of Folly)

量化分析师运用的数学模型是基于一代代经济学家的理论和概念发展起来的，而这些理论和概念都深受物理学的影响。但是我们真的有可能将市场量化为一种物理系统吗？或者说数量金融学是否更像是一种帮助我们在市场中下注的数学把戏？本章追溯了经济学的发展历史，着眼于一些基本假设（如均衡与理性是经济学和金融学的基本假设）。本章还以约翰·劳（John Law）和艾萨克·牛顿（Isaac Newton）为例来探讨数量金融学的两面性。

1705 年，苏格兰慎重考虑着要与它的邻居英格兰合为联邦。那时英格兰经济持续向好，苏格兰领导人认为这会是合并的良机。然而，不是所有人都赞同合并的想法。其中一个持反对意见的人就是约翰·劳，他是一位银行家，同时也被认为是一名赌徒和趋炎附势者。约翰·劳绞尽脑汁为苏格兰设计了一个全新的货币体系，称之超越了英格兰的体系，并将迅速解决苏格兰的货币问题，促进贸易发展。

英格兰的成功一定程度上要归因于其央行英格兰银行（Bank of England）的设立以及纸质钞票所创造的更高效率。然而，劳认为他可以做得更好。根据他的观点，英格兰创造的这种纸币带来的问题并不在于人们所说的太激进，反而是它还不够激进，因为纸币仍然是黄金的等价物。这时纸币的供应实际并不是由经济的需求决定的，而是由当时正在流通的贵金属数量来决定的。在他题为"*Money and Trade Consider'd with a Proposal for Supplying the Nation with Money*"的论文中，劳论证了苏格兰也需要一个中央银行来发行自己的纸质货币，而这种货币由且只能由政府（而非贵金属）来支持。毕竟，就像这位爱丁堡金匠的儿子所说，货币只是一种"传输符号"，如同一个赌场的筹码一样，并非是真正财富的存储形式。

阻止苏格兰与英格兰合并对于劳的个人利害关系要远远超过苏格兰的独立或是货币价值的意义。10 年前，他在伦敦与情敌进行一场决斗后被指控谋杀。在被监禁后，他成功地越狱并且逃到阿姆斯特丹。在随后的几年里他一直在欧洲流亡，靠着赌博维持着自己和家庭的生活（劳是一名训练有素的数学家，他用自己的一套"体系"成为赌场中的常胜将军）。最终他设法回到了祖国苏格兰，但如果现在苏格兰与英格兰合并的话他就又一次不得不离开自己的国家，否则只得再次锒铛入狱。

这一次，事与愿违，劳的赌博没有成功。他激进的货币提案被国会否决，苏格兰与英格兰联邦也被提上了日程，劳不得不再次出走以逃避法律的制裁。

劳这次来到了巴黎，每天在沙龙里玩纸牌赚钱。他的"体系"十分成功，乃至引起了警察局长阿尔根森（M.d'Argenson）的注意，这位警察局长将他驱逐出巴黎。再次上路的劳坐着马车穿越德国、意大利，通过不停地赌博赚钱积累起了相当可观的财富。他在赌场中的高超技艺甚至使他成为人们口耳相传的传奇。当法国的"太阳王"路易十四（"Sun King" Louis XIV）驾崩时，他的国家由于战争以及修建凡尔赛宫欠下了巨额债务而濒临破产。劳看到了其中的机会便回到了法国。法国的问题在于货币短缺，而劳正好有应对的办法。很快他就赢得了时任法国摄政王菲利普·奥尔良公爵（Philippe d'Orleans）的首肯，被任命为法国政府的财务总管。当局希望这个苏格兰人的"体系"可以像其在纸牌游戏中一样为法国经济赢得翻身的机会。

金钱的魔力

劳为法国制订了充满野心的计划，主要包括两个部分：第一部分是由劳自己融资成立一个国家银行——通用银行（Banque Generale）⊖，发行可赎回黄金或白银的纸币。此银行取得了巨大成功，它比硬币更方便的特点

⊖ 后被法国政府更名为法兰西银行（Banque Royale）。——译者注

使它的票据很快溢价。第二部分是在两年以后建立了一家叫作密西西比的公司（Mississippi Company），这家公司在皇家授权下，垄断了与路易斯安那州的贸易，而这片土地包围了整个密西西比河谷。

这两个计划并非是劳新创造的。英格兰银行和阿姆斯特丹银行早已发行了可以当钱来使用的黄金兑换收据，而密西西比公司的建立则是模仿了英国和荷兰的东印度公司。劳的想法之精髓是通过两个计划的结合来释放纸币的神奇力量。用银行制造的纸币购买公司的纸股，这种运转流通某种程度上就像永动机。1718年，通用银行完成了国有化并成为皇家银行；有了皇家的认可，通用银行随即宣布其票据不可再由贵金属兑换。

货币就此与贵金属脱钩，其价值改为由法国皇室的权威决定。一个积极的结果是，当人们从全国乃至国外蜂拥而至地来参与劳的体系所缔造的经济奇迹时，国家就可以印刷尽可能多的纸币以满足这些贪婪的人们对（密西西比公司）股票份额的渴望。随着这些货币以惊人的速度流通，经济繁荣了，"百万富翁"一词也第一次出现了。仅在1719年，这家公司的股价从500里弗（livres）一路飙升，超过了10 000里弗。货币与贵金属联系的切断也终于解开了困扰劳实施野心的一切束缚，他立刻安排密西西比公司购买国债并获得征税权。但这需要发行更多的股份以及更多的用来购买股份的纸币，劳的经济体系就此开始显现出缺陷。

虽然劳将货币视为一个"传输的符号"是正确的，但是货币的价值也取决人们对国家的信心和信任程度。劳犯了和自己在巴黎赌博时同样的错误，那就是他难以让所有相关的玩家进行买入，那时候质疑他的是警察局长阿尔根森，而现在质疑他的是整个商业界和银行界（也包括阿尔根森，他后来成为著名的商人）。关于路易斯安那州不再是曾经的财富制造者的流言开始流传，密西西比公司的股东也开始怀疑他们的公司会被一路看衰直至最后被卖掉。

下跌和上涨一样迅速而刺激。总而言之，随着公司的股价流失，银行发行纸币的价值趋近于零。劳再次被巴黎乃至法国轰走，流落到了威尼斯贫民窟附近。这个故事应当对现代的中央银行家产生一些警示，不过，现如今是不会再有银行家或是央行等其他机构破产了。

金本位制

当劳为法国人带来利益、危机以及对于法定货币和金融革新的兴奋情绪时，艾萨克·牛顿正在担任英格兰皇家铸币局的总监。牛顿虽然以对物理学的贡献而闻名，但其实他从 1696 年直到 1727 年去世时一直在皇家铸币局任职。可以说，他对待金融的方式与劳相反。当劳正在使里弗脱离黄金或银时，牛顿正在把英镑与黄金挂钩，并将金本位制持续了几百年。㊀ 当劳正在发行一些被人们认为是假钱的货币时，牛顿正在将货币伪造者处以死刑。人们会好奇当他站在伦敦塔的时候会对法国的情况说些什么。他也许会对劳从盛极一时跌落谷底感到同情，他也曾经在对南海公司的投资中损失了 20 000 英镑（以今天的货币价值来算超过了 200 万英镑），南海公司就像英国版的密西西比公司。

这两人具有完全不同的性格。一名叫约翰·弗林（John Flynn）的记者对年轻的约翰·劳有这样的描述："他进入了最聪明的人的圈子，他是一个受过良好教育、有文化的、英俊而机智的年轻人，还是一名在网球方面颇有造诣的优秀运动员、一位优雅的舞者和出色的演讲家。他在这座城市中度过每一个上午，在这里他因为善于投机政府债券而闻名。他喜欢在公园度过下午，傍晚会出现在歌剧或戏剧院，而在几个小时后的夜晚则是穿梭在派对、舞厅、化装舞会和赌场。他喜欢玩高额赌注，也会赢很多钱。他是一个有'体系'的人。如果活在我们的时代，他会在华尔街用一个准

㊀ 牛顿不小心将银的汇率设置得过高，导致银币流到了国外。

确无误的公式去击败市场。"㊀他或许会发行一只对冲基金，或者是写一本关于他的"体系"的畅销书。

相反，艾萨克·牛顿属于更加独立的类型。在牛顿还是个孩子时，他就在制作模型方面表现出很大的才能，比如制作一台运行的风车。这种才能后来在他构建自己的实验仪器时显得十分有用，比如设计一个新型望远镜。他上了剑桥大学，而他最有创造性的时期却是当大学由于欧洲黑死病的盛行而被关闭了两年的时候，那时牛顿回到了他在林肯郡的家中并开始单独工作。就是在那里，他说自己被激励并且在看到一只苹果从树上掉下来后发现了万有引力定律。在他的一生中，他对魔力和神秘主义富有激情。其实他大部分的作品都包含了对宗教著作的隐喻，其中一篇关于《启示录》的论述长达30万字。㊁他不爱交际和沉默寡言的特点是出了名的。如果没有人出席他的演讲，他就会对着空房间讲。从来没有相关记载说他是一位好的舞者或者说他在派对上真的很有趣。正如经济学家约翰·梅纳德·凯恩斯（John Maynard Keynes）描写的，他成为"理性时代的圣人和帝王"。㊂

牛津和剑桥的研究人员认为，艾萨克·牛顿可能患有阿斯伯格综合征。㊃这样的对历史名人精神的评估（见专栏1-1）现在有很多，但是这次是有一定可信度的。阿斯伯格综合征患者通常兴趣面很窄，对大局并不好奇也并不喜欢。他们可以表现出很强的集中力和理解力，在很多情况下，他们会在例如数学的领域上展现出超常的智力。这或许可以解释为什么牛顿能在天体力学领域比金融领域做得更好。

劳和牛顿，这两位同时代的传奇人物代表了数学与金融领域之间关系的两种不同形式。金融数学就是使用客观的、理性的牛顿模型来模拟市场

㊀ Flynn（1941）.
㊁ Manuel（1974）.
㊂ Keynes（1946）.
㊃ Muir（2003）.

并对未来发展做出预测。量化分析师通常被描述为现代奇才,他们隐藏在神秘的实验室里,运用受量子物理学和弦理论等领域相关理论启发的令人难懂的技巧,再加上大规模的电脑计算,在市场中找到隐藏的趋势。正如斯科特·帕特森(Scott Patterson)在他的《宽容》(*The Quants*)一书中所说:"想想吧,为了探索万物起源之时的力量,身着白大褂的科学家正在构建越发强大的装置去模拟宇宙大爆炸时的状况。"[1]

然而,这些科学家正在努力赚钱,而不是去发现下一个希格斯玻色子。(胡安·马达塞纳(Juan Maldacena)是普林斯顿高等研究所的理论物理教授,凭借关于黑洞等领域的研究获得了许多大奖。他表示金融比物理更加复杂。不过,他也在公开演讲中使用汇率作为比喻来解释上面所说的希格斯玻色子。)像劳一样的数学家被吸引到金融实践领域是因为他们认为可以利用一个系统来击败市场,甚至去创造一个全新的市场。如后面我们会讲到的,他们进行的金融革新往往创造了新的信贷形式,就像劳那个至少在短期实现了提升货币供应量的方案一样。为了代替纸币,他们发明了信用违约互换(credit default swap)以及担保债务凭证(collateralized debt obligations)。(伦敦街头公交车上的导游都大声呼吁着:"做你自己的'信用违约互换',这是空手套白狼的绝好机会!"[2])他们通过自己的节奏和模式将市场视为一种他们可以编排并控制的音乐,他们也会同意花旗集团前CEO查克·普林斯(Chuck Prince)在信贷紧缩时期说过的最著名的那段话:"只要音乐没停下,你就必须站起来跳舞。"

就像我们接下来将看到的,这两种形式之间的相互作用在推动着数量金融学创新性和创造力发展的同时,也为其带来了自我毁灭的倾向。

---

[1] Patterson(2009, p.8)。

[2] Gitlin(2014)。

自然体系

在南海公司投资失败之后,牛顿曾说过一段著名的话:"我可以计算星体的运动,却不能计算人类的疯狂。"虽然在金融领域中,牛顿可能更多地运用他偏爱的炼金术,并没有尝试过钻研量化市场的变化,但是他对于完善数量金融学领域所做的贡献可能比任何其他科学家都多。他的万有引力定律以及三大运动定律,展现了一个成功的数学模型,这不仅仅影响了物理和化学领域,还影响了包括经济学在内的社会科学,并且成为我们这个时代量化分析师的灵感来源。

其中一位赞赏牛顿方法的人就是亚当·斯密(Adam Smith)。他的著作《国富论》⊖第一次将经济学视为客观的、理性的科学,区别于伦理学和政治科学等其他一些学科。他的灵感来源在他早期的一份天文学论文中得以体现,该论文创作于1758年,但直到他去世后才发表。在文中,他对"所有不同的自然体系"考察的最终目的聚集在歌颂"超越天才与睿智的艾萨克·牛顿爵士"上。亚当·斯密对约翰·劳则没有什么兴趣,就像他在《国富论》中写道的:"无限度发行纸币的计划是为了给所谓的密西西比计划打下现实基础,这真是世界上无论在银行业还是证券业都绝无仅有的最奢侈的项目。"(毫无疑问,斯密会惊讶地发现我们现在是使用劳的法定货币理论来组织我们的经济体系,而不是牛顿的金本位制。)

斯密将哲学视为一种使世间万物合理起来的平静装置,包括世界上的各种随机事件,以及约翰·劳这样的人和他"混乱且不和谐的样子"。牛顿方法的美感就在于它拿出一个简单的概念,比如重力,通过朴实的方法说明"所有的现象都遵循这个概念"。

在同一本书中,斯密第一次提出了"看不见的手"的概念。然而,这篇文章当时的目的是帮助多神论宗教将一些事情解释为由上帝造成的,即

⊖ Smith(1776).

"看不见的宙斯之手"。直到后来,他才把这个神奇魔力归功于市场。在《道德情操论》中,他将这个词用在了财富分配的背景下:"富人与穷人分享了他们创造的一切成果。一只看不见的手引导他们对生活必需品做出几乎等同于土地在平均分配给全体居民的情况下能做出的一样的分配,从而不知不觉地增进了社会利益,并为不断增多的人口提供生活资料。"(我们想知道他是否问过穷人。)最后,也是最著名的是,这个词在《国富论》中一个关于贸易政策的部分再次出现:"每一个个体也会被看不见的手引领,被推动到一个并非他本意的结果上去。"

这个隐喻一直没有人注意,直到 1948 年,芝加哥学派经济学家保罗·萨缪尔森(Paul Samuelson)出版了他的教科书《经济学》,而这本被翻译成 40 多种语言的书成为历史上最畅销的经济学教科书。[一]如他所转述的那样:"仿佛通过看不见的手的引领,每个只追求个人利益的人开始为集体利益的实现而共同努力,所以几乎一切政府用来干预自由竞争的行为都一定是有害的。"在这之后,这个术语才突然在学术论文及其他各类场合中被广泛使用。[二]

> **专栏 1-1　心理分析**
>
> 　　如前所述,对不接受心理分析的人进行心理分析不仅是不可靠的,有时还会令人厌烦。如同在 2014 年的电影《模仿游戏》中那样,本尼迪克特·康伯巴奇(Benedict Cumberbatch)饰演的数学家阿兰·图灵(Alan Turing)握着按钮说:"你好,我有阿斯伯格综合征。"当然,我们也不是心理学家,对我们正讨论的话题知之甚少,但是这值得亚当·斯密本人看看。
>
> 　　从我们的案例笔记中得知,关于斯密古怪性格的故事比比皆是。

[一] Samuelson(1973).
[二] Kennedy(2005).

据他的一个朋友说,斯密很友善、和蔼,"他是我同伴中最心不在焉的人,他蠕动着嘴唇,微笑着,仿佛在自言自语"。㊀他做过的事情包括因心不在焉而掉入制革的鞣坑,不得不被人捞出来,或者穿着睡衣不知不觉溜达到城外15英里㊁的地方。他经常生病,被医生诊断为忧郁症。斯密终生未娶,一直和他的母亲生活在一起(他的父亲在他出生两个月后就去世了),直到他的母亲于90岁时去世。而6年后的1790年,斯密也去世了。正如斯密的传记作者杜加尔德·斯图尔特(Dugald Stewart)所说,斯密"不适应这世界上的商业,也不适应自主积极的生活"。㊂

通常,大家认为这种怪异是一个天才的表现,但这似乎与看不见的手有关。

如加利福尼亚大学洛杉矶分校的苏莱·奥泽勒(Sule Ozler)在《心理分析评论》上所写,斯密在财务方面首先是依赖家庭收入,然后才是"富有的商人、绅士、知识分子和尊贵的教授职位带来的收入以及退休金"。㊃斯密的生活和他的经济理论之间形成了鲜明的对比。奥泽勒提到,除了否认终生依靠母亲和资助者的事实,他还将独立性理想化。归根到底,只有当人们都是理性之人时,看不见的手才会起作用。看不见的手理论没有考虑金钱、权力以及我们在财务上彼此依赖的情况。

斯密在牛顿法则中找到了慰藉,牛顿法则将人们视为独立的原子,斯密则将市场塑造成总是能分辨对错的家长。就像很多现代经济学家一样,他们拥有和斯密一样关于"世界贸易通用准则"的感受。

㊀ Alexander Carlyle, quoted in Ozler(2012)。
㊁ 1英里=1.609 344千米。
㊂ Hamilton(1858, p.77)。
㊃ Özler(2012)。

理论基础

亚当·斯密的成果在形成时就对美国产生了显著的影响，美国经济的奠基人都是亚当·斯密著作的早期读者，他们直到现在仍然在影响着美国经济。经济学家乔治·阿克尔洛夫（George Akerlof）形容美国经济的"中心思想"符合"亚当·斯密的基本观点"，甚至时至今日仍然"在很大程度上驱动着政策的发展（他当然应该知道，因为他娶了美联储主席耶伦）"。㊀ 在这样的背景下，市场是由通过交易达到自己利益最大化的公司和个人构成的。如果一种货物或是服务售价过高的话，那么就会有更多的供应者进入市场使得供过于求，接着竞争会导致价格下降并回到一个"正常"的水平，即一个"稳定的中心"。相反，如果售价过低的话，供应者将会破产或是退出市场，从而造成供不应求，使得价格上升。所有商品的价格都会不断地被这个所谓的正常价格或中心价格吸引，并围绕其上下波动。看不见的手正是市场中的一种引力作用。

社会是由一群像原子一样的、分别追逐自己经济利益的个人构成的集合，这可以直接由牛顿"自然是一个有机的、有约束力的系统"的观点来量化并解释。㊁ 正如牛顿所展示的，许许多多的自然现象都可以用万有引力定律来解释，亚当·斯密同样告诉人们市场中的种种行为都可以通过供求关系定律来解释。然而，这二者中间还是有很明显的区别，亚当·斯密的理论中缺少对未来市场做出准确预测的能力，这也正是他对牛顿成果最敬佩的一点。亚当·斯密的理论是定性而非定量的，或者说是描述性的而非预测性的。19世纪末期的"新古典主义"经济学家，包括英国的威廉姆·斯坦李·杰文斯（William Stanley Jevons）和法国的里昂·瓦尔拉斯（Leon Walras）都着重关注了这个问题，因此他们致力于通过严谨的数学

㊀ Fleischacker（2002），Kiladze（2015）.
㊁ Greene（1961, p.88）.

模型来将理论变为一种"理性的机制"。他们的研究为后来数量金融学的发展铺平了道路。

任何模型都是一种现实的简化，新古典主义经济学家也需要通过做一些很基本的假设来使他们的研究取得进展。最基本的一个假设就是人们会倾向于最大化他们自己的效用，可以模糊地用一件事是否会使自己感到高兴来定义效用。如同弗朗西斯·埃奇沃斯（Francis Edgeworth）1881年时所说的，"经济学中的第一原则就是市场中的每一个人都只被自己的利益驱使"。⊖ 人们也有着固定的一种倾向，比如一个人喜欢早餐吃麦片，他就不会突然换成吐司面包，并且人们总是用完全合理的方式来做事。

正因为如此，市场中才诞生了"经济人"或是理性经济人的概念。尽管这些假设有着明显的缺陷，但这些假设的存在才使经济学家可以构建出十分巧妙简洁的数学模型来解释经济学。

寻找均衡

经济学与物理学之间的一个明显区别在于物理量可以通过已经定义好的单位来度量，而"效用"相对比较模糊，没人知道它的单位是什么（用"utils"作为单位是一个建议）。然而，杰文斯认为在现实中我们也不能直接测量重力等，而只能测量其作用。即使效用不能被直接测量，甚至它都没有被定义出来，我们还是可以通过市场价格来推测它。时至今日，可以公平地说，量化分析师也被缺乏数据所困扰，我们对市场信息的预测甚至超过了其他一些我们希望预测的东西，例如天气。

另一个问题在于，物理学家认为物理学中的原子在宇宙中任何一个地方都拥有相同的属性，而人作为经济学中的原子却显示出了高度的多样性，尽管杰文斯认为真正重要的是"一个单一的、代表平均水平的、构成

⊖ Edgeworth（1881, p.16）.

了整个集合的个体"㊀的行为。这就是说经济学中的每一个市场参与者，不论个人或是公司，都可以被认为是相同的。这个想法颇受 19 世纪比利时科学家阿道夫·凯特勒（Adolphe Quetelet）的"社会物理学"的影响。他提出了著名的"平均人"㊁思想。他这样说道："（随着我们）观察到的人越来越多，无论是生理的还是精神的个性特征就会被消除，使得社会平均化起来。"㊂

这里我们可以考虑一个社会学版的大数定律。数学上的大数定律是指当样本足够大时，我们得到的样本均值会无限趋近于真实均值（一次实验中的期望值）。一个骰子一共有 6 面、21 点，因此平均每次掷出的点数应是 21/6=3.5 点。你掷出的次数越多，所得点数的平均值将会收敛于这个期望值。如同骰子的点数一样，人们的期望行为需要通过长期观察来得出，这个观点可能就是对科幻作家艾萨克·阿西莫夫（Isaac Asimov）基地系列小说中的人物哈里·谢顿（Hari Seldon）的一种解释。谢顿教授是"心理史学"的奠基人之一，这是一种基于大量人群的统计数据对未来做出预测的科学。当被问到"你能否证明这些数学是有用的"时，谢顿教授回答道"只有对另一个数学家才可能"。诺贝尔经济学奖得主保罗·克鲁格曼（Paul Krugman）就说他之所以对经济学产生兴趣，正是由于哈里·谢顿和他预测人类未来的能力。㊃这当然是玩笑话，但使得阅读有趣起来。

不论在研究人类的经济学行为中用到哪种公式，新古典主义经济学家都会遇到一些令人望而生畏的计算上的问题。一个使问题变得易于处理的方法就是假定价格处于均衡状态。杰文斯将价格机制类比于钟摆运动，认

㊀ Jevons（1957）.
㊁ Quetelet（1842）.
㊂ Quoted in Bernstein（1998, p.160）.
㊃ 我们觉得这令人反胃，但还不至于像艾伦·格林斯潘（Alan Greenspan）在《动荡年代》（*The Age of Turbulence*）中表达的对艾因·兰德（Ayn Rand）的极度喜爱那样："艾因·兰德成了我生命中让我稳定下来的力量……在我遇到她之前我是不完全的，智力上受限的"（Greenspan，2007）.

为价格将会在理想的供求平衡中获得稳定。尽管不可能计算出市场每天的时间序列，但计算出"看不见的手"作用下的平均均衡价格还是可行的。更重要的是，市场应当处于或是接近于这个均衡价格：因为价格过低或过高，就说明市场参与者没有做出理性的决策。因此均衡价格的假设也是基于市场理性的观点。

内涵价值

随着 20 世纪经济学的发展，市场理性以及均衡价格的概念仍是经济学理论的核心。19 世纪 60 年代，经济学家肯尼斯·约瑟夫·阿罗（Kenneth J. Arrow）和吉拉德·德布鲁（Gerard Debreu）建立了一种理性市场经济下的模型，并且证明了市场会达到最优均衡（这个结果并没有得罪他们在美国国防部的赞助者[一]）。但是为了证明其结果，两位作者需要假设不论现在还是将来，市场参与者的行为都是理性的，并且会试图最大化他们的效用。未来是未知的，这就意味着市场参与者需要知道在未来每一种可能的情况下哪种行为是最佳的，这也意味着需要无限的计算容量。阿罗－德布鲁（Arrow-Debreu）模型是经济学中通用均衡价格模型的理论基础，其各种版本现在可以用来推算政策变化对于经济的影响。

不幸的是，尽管这些模型对于理论学派来说是"极具美感的"，[二]但是现在看来它们对于预测经济只是比胡乱猜测略好一点（因此量化分析师不会用）。不过，芝加哥大学的尤金·法玛（Eugene Fama）提出的有效市场假说就为什么经济学家无法预测未来市场给出了解释。在有效市场假说中，市场是由一群"理性的追逐利益最大化的人们"构成的，他们会使得价格趋向"内涵价值"。因此人们不可能打败或是预测市场，因为所有的

[一] Bockman（2013，p.47）.
[二] Haldane（2014）.

信息都已经体现在价格中了。市场中这双看不见的手正是这种理性的缩影。这就导致了一个奇怪的情形：每个人都被认为有能力对市场做出完美预测（阿罗 – 德布鲁模型），但这偏偏意味着没有人可以预测市场（Fama）。

正常来说，这应该意味着投资者会对过度理论化嗤之以鼻，正如前富达公司经理彼得·林奇（Peter Lynch）告诉《财富》杂志的，"有效市场？完全就是一堆垃圾，胡扯的东西！"但正是这样"简洁的结果"使得潜心学术的经济学家兴奋起来。[⊖]我们会在接下来的章节中深入探讨，风险分析以及大部分数量金融学学术模型的核心基础是有效市场，对于亚当·斯密和新古典主义经济学家而言，他们的核心观点是处于均衡价格的市场，看不见的手会不断使其回到亚当·斯密所说的"宁静的音调"。

量化分析师大体上对于有效市场假说有着一种矛盾的态度。如果这个假说成立，那么他们都要失业。另外，许多量化分析师都是芝加哥经济学派中出来的，或者多多少少受到尤金·法玛及其学术成就的影响，因此至少会逢迎一下这个观点。[⊖]在我们 wilmott.com 上的一份调查显示，大约 43% 的参与者认为有效市场假说是正确的。一个解决这种矛盾的方法就是量化分析师将自己看作有效市场的强制执行者，即他们的职责是使价格回到正确的水平，即使这意味着驶下悬崖。（我们会在下一章中就此理论给出我们的看法，但大体上，彼得·林奇是对的。）

因此新古典主义经济学家的假设有着二重性。一方面，他们试图使经济在数学上变得易于处理。很明显，去量化那些自私的、有着固定偏好并且完全理性的人比量化那些容易受他人影响、无缘无故改变主意并会做出奇怪人生选择的人要容易得多。另一方面，他们定义了我们观察并量化经济的方式，将其视作一种十分漂亮、理性、稳定并有效的系统，随后我们

⊖ Para（1995）。

⊖ 例如，克里夫·阿斯尼斯（Cliff Asness，AQR Capital Management 联合创始人）（Patterson，2009，p.265）。

会知道，这定义了经济本身。

当然，没有人（即使是商学院的教授）会认为人们是完美理性的，或市场是完美稳定并统一的，或模型是完美的。为了探索实际情况与这些假设的偏离，学者做了大量的研究工作。但正如我们所看到的，金融中应用的模型仍然将世界视为一个理性的、稳定的、对称的世界，而这与美学、数学以及人们赚钱的欲望有着密切联系。在下一章中，我们会看到这些简洁但不现实的假设与方程是如何与杂乱多于理性（或者说是劳而不是牛顿的）的市场实现统一的。

第 2 章

走向未知

THE
MONEY
FORMULA

我们都在一片巨大的世界里遨游，四处漂泊并走向未知；每当我们认为找到了一个可以牢牢抓住的固定点时，它总会离我们远去；如果我们上前去追，它总能逃离我们的追赶并永远保持在我们的前面。在这个世界上没有什么是静止不动等着我们的。虽然这与我们的本性相违背，但这就是对于我们来说最自然的状态。我们总是在急切地寻找一个落脚点，一个我们可以建起摩天巨塔通往无穷的根基，但是每当此时我们的地基就会塌陷，地面像深渊一样伸展开来。
　　　　　　　——布莱士·帕斯卡(Blaise Pascal)，《思想录》

　　随机的，一只黑色的猫在田野中被激光枪所追逐，比性爱还享受，就像赌博一样；这是一种少量数学和金融的结合外加大量猜想与假设，更偏向于艺术而不是科学；一种试图利用数学理论来解释和预知金融市场的尝试，一种向实体经济收取租金的艺术，一种将资本主义产生的不公正的数学合理化的手段；就像数学、统计和物理帮助气象学家预测天气，我们量化分析师将它们运用于市场。好吧，我可以再做深层次的解释，但是以你的脑子是不会明白的。
　　　　　　　——对 wilmott.com 上调查问题
　　　"你怎样在宴会上解释数量金融"的一条回复

数量金融学运用数学模型去理解市场的进化。其中一种预测方法是建立确定性市场的牛顿模型，另一种就是通过统计学建立概率模型。在实际操作中，科学家通常会采用这两种方法的结合。例如，气象预报就是运用确定型模型得出的，但是因为预报会有误差，所以气象学家会运用统计学方法从而得出概率型预报（例如，20%的降雨概率）。量化分析师（quant）也在市场上运用相同的方法，然后在预测结果上押注大量的金钱。本章将介绍概率论是如何被运用于预测金融市场的阴晴的。

1724年，约翰·劳在法国的财政实验破灭后，靠着在威尼斯赌场里赌博度日。他会带着10 000个皮斯托尔（Pistole）在瑞多托赌场（Ridotto Casino）里找个位置坐下，就像用现代赌场里的筹码一样，向所有挑战者宣称："任何人都可以下1皮斯托尔的赌注，如果他摇6个全部是6点的骰子，那么就能把所有的金币带回家。"他知道这个事件发生的概率仅仅是1/46 656（6的6次方）。所以人们常常会输给他，却又都会很高兴地离开，因为他们曾和臭名昭著的约翰·劳赌博过。

概率论的一个核心概念是期望值，即收入与概率的乘积。以劳的例子来说，与他赌博的期望值是0.21皮斯托尔，即10 000乘以1/46 656。因为赌注是1皮斯托尔，所以劳占上风（公平的赌注应该是赌46 656皮斯托尔而不是10 000皮斯托尔）。因为这毕竟是他自己的钱，所以劳希望能够通过它来盈利。我们会在后面看到，即使劳给和他对赌的人开出更高的赔率以至于对方的预期收入为正，但他还是能够盈利。解决这种明显悖论的方法是，人们需要通过某种筹资工具，如对冲基金，用别人的钱来赌博。

通过一个简单的掷硬币实验我们可以更清晰地了解到基本的概率论如何与生活，如股票市场相结合。图2-1是一个从左到右随时间递增延展的范围。如果掷硬币的结果为正，你将得到一分，如果为负你将输掉一分。图中粗黑线是多种可能结果中的一条轨道，称为随机游走。每走一步我们可以向上或向下活动一个单位。大多数轨道维持在中心轴附近。

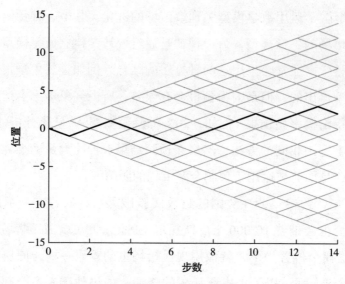

图 2-1 掷硬币结果

注：得到一分将在纵轴上向上走一步，失去一分将在纵轴上向下走一步。图中粗黑线表示一种可能的随机游走，浅灰色区域代表 14 步内所有的可能位置。我们可以看到，随着时间的增加未来的不确定性将增加。

图 2-2 显示 14 步后的分布情况。我们可以看到，均值或位移的平均值是 0，超过 20% 的轨迹最终都没有发生位移。如果这是对一只股票价格走势的绘图，横轴是这只股票进行交易的天数，我们会说这只股票 14 天后的期望值相比起始值来说没有发生改变。

n 步之后，最大偏差值范围为 $0 \sim n$，所以 14 步后的分布区间是 $-14 \sim 14$。但因为大多数轨迹停留在中值附近，所以位移的平均值要小得多。㊀ 图 2-3 是一个更长的 100 步随机游走。两条浅灰色的线构成所有区间的上下限：上限是每一步都向上位移的一个随机游走，下限是每一步都向下位移的一个随机游走（这两个随机游走的概率是非常低的，相当于掷 100 次硬币每次都是正面）。背景灰色区域的浓密程度对应任意随机游走经

㊀ 因为位移向右是正值，向左是负值，均值永远是 0，所以运用均方根（RMS）更加简便。将 n 个项的平方和除以 n 后开平方的结果即均方根的结果。用这种方法表示对于这只虚构的股票来说，它的偏差随着时间的平方根推移。

过这一点的概率。注意这个概率密度随着时间伸展开来的方式，非常像理想状态下不存在扰流时从烟囱中飘出来的烟。随机游走可能听上去有些不受控制，但从长远的角度来看它的表现还是非常不错的。

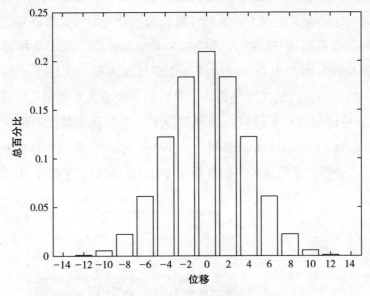

图 2-2　14 步后位移分布的直方图

注：范围为 –14 ~ 14，但是超过 20% 的轨迹最终都没有发生位移（最中间的柱）。直方图的形状与古典统计学的钟形曲线形状类似。

对于步数稍多一些或样本稍大一些的实验来说这种计算方法显然是不简便的，但是在 1738 年数学家棣莫弗（Abraham de Moivre）证明在经过无数次重复迭代之后，结果通常会收敛为我们常说的正态分布或钟形曲线。这一过程最终被两个值所诠释：平均值和标准差。其中标准差可以描述曲线的宽度。○ 大约 68% 的数据分布在距离均值一个标准差的区域内；95% 的数据分布在距离均值两个标准差的区域内。统计学里"平均人"○

○ 标准差和上文提到的均方根相同，只是所有的位移是相对于均值，而不是 0 而言的。

○ 出自阿道夫·凯特勒《论人类》（1835），就是运用统计方法计算各种性质标志的平均值。——译者注概念的命名源于它在物理和各社会科学学科中无处不在的特性。正态分布的独到之处在于，根据被棣莫弗部分证明的中心极限定理，在满足特定条件的情况下，它可以被应用于量化任何随机过程之和，特别是在每一个过程的分布都是彼此相同且相互独立的情况下。例如，18世纪的天文学家对土星在天空中的位置进行了一系列计算，每一个人的计算都存在偏差，但是将他们的计算值列在图上并连接起来就会和钟形曲线非常相近，而且计算的正确值分布在中心区域周围。正态分布大概是统计学领域里最接近牛顿公式的。它的公式简单整洁，只有两个变量需要测量（均值与标准差），而且可以被应用于研究一系列问题上。维多利亚时代的科学家弗朗西斯·高尔顿（Francis Galton）叫它"非理性规律"，但他或许会发现在市场上，正态分布在征服或者看似征服无序状态时起到的重要作用。⊖

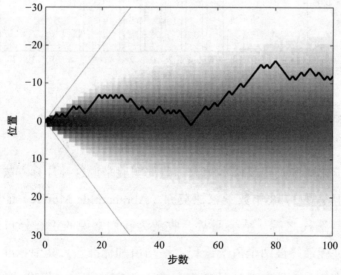

图 2-3　100步随机游走

注：图中实线是一个随机游走，起始于0点，每一步上下位移一个单位。两条浅灰色的线构成了所有区间的上下限，代表每一步都是上移或都是下移。背景灰色区域的浓密程度对应了任意随机游走经过这一点的概率。位移越小的区域浓度越高，一个随机游走进入白色区域的概率非常低，进入浅灰色线以外的区域的概率为零。

⊖ Galton（1889）.

投机理论

把无序变为有序，发现繁杂信息中的潜在模式是我们人类的本性。在数学中，即使是混沌理论也并不是仅仅研究混沌，而是研究用一个简单的公式把看似不受控制的行为表达出来。就像这门学科的创始人，法国数学家亨利·庞加莱（Henri Poincaré）告诫他学生的："无知者的偶然性并不等同于科学家的概率。概率只是我们对未知的计量。"[⊖]

获得这般指责的学生正是路易·巴舍利耶（Louis Bachelier）。他的错误也许在于他选择了一个太"无序"的论文题目——在仿希腊神庙式的巴黎交易所大楼里交易的证券。他 1900 年的毕业论文"投机理论"（*Théorie de la Spéculation*）获得了一个还好但却不那么突出的分数，也并未为亢奋的学术圈观点统一起到作用（他花了 27 年的时间才找到一个稳定工作）。[⊜]

巴舍利耶的论文是这样开头的（括号里是假想的批注）：

决定股票交易走向的影响力是多方位的。过去、现在或是将来的事件往往与市场波动之间并不存在明显的联系，但它们却对其产生属于自己的影响（我曾经有过这样一只狗）。

除了因自然原因而产生的市场波动之外也有人为因素。股票市场对自身产生影响。它的运动方向不仅由以前的市场波动所决定，也同样受市场现在所在的市场位置所影响（追着自己的尾巴）。

市场波动受无数的因素影响，所以我们无法期望可以通过数学给出绝对的预测。对市场波动的方向往往出现两极分化的观点，在某一时刻买家认为市场会涨，但卖家认为市场会跌（看起来我们在浪费时间）。

毋庸置疑，概率论是无法被应用于准确预测市场报价的浮动的；同样，

⊖ Quoted in Bernstein（1998, p.200）.
⊜ Bachelier（1900）.

股票市场的动态波动也永远不会成为一门精确的科学。(你以为这是科学考试?)

当然我们可以数学化地学习静态下市场的每一个阶段,也就是说,我们可以对市场所承认的波动建立概论法则。诚然,虽然市场无法预见波动,但它可以通过数学模型模拟出哪种波动更有可能发生。("讨论金融的篇幅太大了!"这是法国顶尖概率论学家保罗·莱维(Paul Lévy)留在巴舍利耶论文里的批注。)

巴舍利耶的起始假设是他所谓的"数学期望原理",即投机者的数学期望是0。就像图2-1所诠释的,有些赌注会赢而有些会输,但从长远的角度来看它们彼此互相抵消。需要注意的是,我们这里只考虑数学概念上的成功概率,而投机者的心理期望可能完全不同。接着,他假设价格浮动遵从随机游走,价格之间的变动符合正态分布。他把这叫作"概率辐射(或扩散)定律",其描述了未来价格随着时间推移如何变得更加具有不确定性。这结果很像图2-3(每一步的位移被设定为加上或减去一个定值,这个例子里是1。虽然每一项不是正态分布,但是经过足够长的时间后结果几乎完全相同)。从这一点他可以推导出在赋予买方未来以特定价格购买或出售某种资产权利的情况下,确定期权价格的方法。我们会在后面讨论,他发现的这种方法其实是我们今天普遍应用的定价方法中的一个特例。

为了得出他的结论,巴舍利耶假设存在一个"市场静态"。这并不是说价格本身是静态的,而是价格的变动可以被模拟成在平稳状态周围的随机扰动。所以价格的变动类似尘埃粒子在与独立原子相撞时所进行的布朗运动。爱因斯坦在1905年运用和巴舍利耶相似的方法模拟布朗运动并估计出了原子的大小。

因为三个原因,巴舍利耶的论文最终在20世纪60年代才最终得到重视。第一个原因是实验方面,第二个原因是文化方面,而第三个原因与品牌再造有一点微妙的关系。实验证明价格的波动的确像是随机的，没有人能够准确地预测它们。1933年一个富有的美国投资者阿尔弗雷德·考尔斯三世（Alfred Cowles Ⅲ）在分析了美国前20家保险公司的投资策略后得出悲观的结论——"没有任何具有技巧性的证据"。⊖莫里斯·肯德尔（Maurice Kendall）于1953年发现股票和商品的价格表现得很像"经济学式的布朗运动"，其变动的随机性强过任何系统性影响，他很兴奋地注解说一个"对称性分布在喧嚣中并未受到侵扰。"⊜同样在1958年，物理学家奥斯本（M.F.M. Osborne）证明了股票价格的变动比例可以在随机游走模型下较好地模拟，就像巴舍利耶已断言的。

在文化方面，巴舍利耶的论文突然间变得流行起来的原因是，他提出的随机游走和概率扩散理念与第二次世界大战后的科学思潮相契合。随着20世纪量子论的发展，牛顿力学渐渐地被量子力学所取代。虽然说都是力学（正如这些名字所启示的），但是现在是机械地描述概率波。根据海森堡（Heisenberg）提出的测不准原理，你永远无法同时确定物体的准确位置和它的动量，只有概率是确定的。于是量子力学根据原子的位置运用概率波方程组来描述它的物质状态。图2-3的概率图和描述亚原子粒子运动轨迹的概率图的思想大体相同。

对于大多数人来说，牛顿力学与量子力学的区别抽象而微妙，直到1945年的夏天，第一颗原子弹在新墨西哥州沙漠中爆炸以及接连在广岛和长崎的投弹证明了新物理学的威力与恐怖。研究经费大把地撒给武器研究室和那些运用新方法研究概率系统的大学，这些努力同样也波及经济学和金融学的研究。其中一个例子就是蒙特卡罗方法，我们会在后面阐述。在第4章会讨论的期权定价模型布莱克-斯科尔斯公式，通过量子物理学的

⊖ Cowles（1933）.

⊜ Kendall and Hill（1953）.

形式可以被改述为概率论波方程。[1]随机游走理论被物理学家用于计算中子在可裂变材料中的运动，用于核设施中临界质量的计算。沃伦·巴菲特（Warren Buffett）后来曾讽刺道："金融衍生品就是大规模杀伤性金融武器。"（但这并没有阻止他成为运用它们的冠军。）但是它们的知识起源却是来自真正的大规模杀伤性武器。

最后，巴舍利耶论文中一个一定会触怒高度理性的监察委员会的因素是，他认为股票市场的根基是非理性的。他相信股票价格的变动一部分是由外部事件引起的，但同时也表示着市场对自身做出反应的内在回应。没有人能明确认识到市场上到底在发生着什么，而且每个人对市场的看法截然相反，以至于"在某一时刻买家认为市场会涨而卖家认为市场会跌"。这与传统主流经济学理论不一致，传统经济学认为市场的理性是内在的，价格波动只是市场自我校正的一种体现。只有当市场的不可预知性重新被定义为由市场运行的惊人效率所决定，而不是由市场的非理性而决定，巴舍利耶的投机理论才被接受。

所有的模型都在试图叙述关于一个运行系统的故事，而这是一个故事比模型更重要的时代。

有效市场

1970年，这次是在芝加哥大学的另一篇博士论文中，尤金·法玛定义了他的有效市场概念，即"一个拥有大量理性化，追求利益最大化者的平台，在这里几乎每一个人都可以无限制地获得所有重要的现实信息，他们会预测市场上每一只证券未来的价格以及相互间的积极竞争"。[2]在这样的市场中，"聪明的参与者进行的竞争导致了这样一种情况，即在任何时间，

---

[1] Baaquie（1997）.
[2] Fama（1965）.

每一只证券的实际价格已经反映了基于所有已经发生过的事件和预期将要发生的事件所产生的影响。换句话说,在有效市场中一只证券在任一时间点的价格都是对它内在价值的出色估量"。

当然法玛也注意到市场参与者之间总会有分歧,但这只会引起一小部分的随机噪声,所以价格仍会在它的内在价值上下随机游走。当价格偏离程度超出一定范围时,"诸多有智慧的交易者"便会一拥而上,使得价格得到快速的修正。

所以法玛对于市场的看法是区别于巴舍利耶的。这个法国人(巴舍利耶)认为不仅新闻是随机的,投资者对于新闻的反映也是随机的,"现在或是将来的事件往往与价格浮动间没有任何联系"。而对于法玛来说,有效市场总对外部冲击做出的合理回应,因为如果不是这样的话,那么一个理性的投资者发现市场对于一个事件过度反应或反应不够,他就都有机会从中盈利。市场的集体智慧从理性投资者的行为决策中自动浮现出来。法玛的有效市场假说(EMH)在40多年后赢取了2013年的诺贝尔经济学奖。有效市场假说的本质是亚当·斯密"看不见的手"应用于股票市场上的科学版本。传统意义上,对一个科学决策模型的检验,一般通过运用其精准的预测能力来进行。有效市场假说提出了一个具体的运行机制——"理性的利益最大化者"的行动决策在市场上互相影响,得出一致性预期,即市场是不可预测的,没有人能够长期获取高于市场均值的收益。法玛试图论证,我们在下一章介绍的一些方法,例如图表分析法(寻找事件周期性发生的规律)或是基础分析法(例如寻找相对其发展前景和收入被低估的公司)并不管用。因为所有这些信息在价格确定的那一刻都已被市场考虑进去。其他任何形式的量化分析大概都是同样的不得要领。

的确,实验证明市场很难被预测(不同版本的有效市场假说对市场的效率有不同程度的假设,考虑的因素也不同,比如内幕交易,交易者通过不被所有人了解的信息盈利)。一些例子,比如管理基金很难在收益上胜过指数基金，常常被用来佐证有效市场假说的观点。㊀就像经济学家约翰·科克伦（John Cochrane）写道的："令人吃惊的结论是，当我们以科学的方法检验交易规则、技术系统和市场简报等因素时，我们发现除了运气，它们在本质上没有任何预测股票价格的能力。这并不是一个定理、公理哲学或教条，这只是一种经验性预测，非常容易得出与现实相反的结论。有效市场最重要的预测就是价格波动是不可被预测的！"㊁

当有效市场假说"预测"市场是不可预测的时候，我们应当注意那些仅为我们已知的事物提供解释的预测。例如，在物理学中，弦理论的支持者认为它可以预测重力，但更准确的说法应该是弦理论为我们提供了一个可以了解已知现象的解释。㊂但更令人信服的预测则是对于未知事物的，例如詹姆斯·克拉克·麦克斯韦（James Clerk Maxwell）在19世纪做出的对光是电磁波的预测。尽管有效市场假说与市场不可预测性相一致，但是我们无法从市场的不可预测性得出市场是有效的结论。在大多数情况下，我们不会认为不可预测的事物是超理性的或是有效的。暴风雪是不可预知的，但是没有人会认为它们是有效的。一个更简单的解释是，通常这种系统处于一种无法用数值预测的复杂性动态。现实中有很多这样的系统存在，例如人、云彩、时尚、气流和气候等。

或许有效市场假说是正确的，但其理由是错误的。假说的核心假设是市场参与者可以获取同样的信息并通过理性的决策驱使价格达到一个平衡。但这些真的是对市场的合理描述吗？

非理性市场

仔细想一下，例如至少平均下来投资者是理性的这个概念。希腊人曾

㊀ E.g., Moffatt（2012）.

㊁ Cochrane（2013）.

㊂ 据弦理论家爱德华·威腾（Edward Witten），"弦理论在预测重力方面具有卓越的性质"。（Written, 1996）.

说人是理性的动物，但或许在慷慨大方这件事上犯了错。就在法玛创作他的论文时，心理学家丹尼尔·卡尼曼（Daniel Kahneman）和阿莫斯·特沃斯基（Amos Tversky）以及经济学家理查德·塞勒（Richard Thaler）正在进行一系列心理学实验并为后来的行为经济学奠定了基础。⊖ 这些颇具说服力的实验证明，投资决策往往基于很多其他因素，与理性具有很小的联系。例如，它们证明我们对损益的态度是不对称的，我们害怕失去远超过我们在乎收入，相比潜在增益，我们更重视规避损失的决策。我们其他的弱点与嗜好包括以下几点：

- **现状偏见**。我们更喜欢牢牢抓住现有的事物而不是选择另一个可替代的，即使它们更好。比如，如果你继承了 1 万美元黑莓公司的股票，你更倾向于继续持有它。然而，如果你继承了同等价值的现金，你则不会把它全部用来投资黑莓。
- **对正确性的错觉（例如拒绝接受）**。我们的结论与事实相违背，我们仍坚信自己的看法。
- **厌恶损失**。我们不愿意清仓表现不佳的股票。
- **意见影响**。我们被他人的观点所影响。(到目前为止，我们非常喜欢阅读这本书！)一个极端的例子是，交易员经常互相怂恿对方去承担越来越多的风险。
- **趋势跟风**。当市场涨或跌的时候，我们认为这个趋势将一直保持。
- **关联错觉**。我们寻找着事物的规律，如股票价格趋势，即使规律并不存在。(他们在说你们，图解专家们！)
- **即时效应**。一项研究发现，人们在餐厅用餐时，看看推车中的实物点甜品，比看着菜单点，会愿意多付平均和 50% 的价钱。

很多这样的行为模式已经被神经系统科学家们的实验所证实。他们扫

⊖ Kahneman and Tversky（1979）.

描人的大脑，观察当实验对象在资金充足的退休金或是即时享用的冰激凌中做出选择时，哪一部分的大脑会活跃起来。(这些探索无疑对广告商和零售商来说是一种冲击。他们会忽然意识到，他们可以像以前一样继续利用性感的图片来销售自己的产品。)

当然有人会反驳这些新经济学家的观点，当投资者的数量异常庞大时，这些特性的影响微乎其微。但对于市场来说，当投资者对彼此做出回应并受彼此观点影响时，相反的结论也是可能的。正如卡尼曼所解释的，"当一个群体里的所有人都易受相同偏见的影响时，集体还不如个人，因为集体往往会更加极端"。[一]事实上，在市场中一个普遍的现象就是羊群效应，所有的投资人同时涌进或涌出相同的投资。这大大放大了投资风险而不是减小它。由此看来主张"众多具有智慧的交易员"最终将价格引导至内在价值，价格浮动因此可被看作均衡态附近的随机扰动的观点有点夸大其词。对这个问题，作家詹姆斯·布坎（James Buchan）在他 1997 年的作品《冰冻的欲望》中记录道（在互联网泡沫破裂之前）："你出售或购买一只股票，比如说网景公司的普通股，并不是因为你知道它的价格会上涨或下跌，抑或是原地不动，而是你想让它向一个方向发展。被压缩在价格里的并不是已有了解的遗留物，而是被困住的欲望，它可能会对新的信息做出回应，也可能不会。就在我写作的同时，网景公司在股市的估值已经是公司 270 年的盈利了，这样的估价绝对在已有认知之外。有效市场的教条不过是又一个试图将理性法则应用于显而易见的非理性竞技场中的尝试。"[二]如法国安盛保险的创始人克劳德·贝贝阿（Claude Bebear）所说，数学模型"本质上无法将主要的市场因素，如心理、敏感、激情、热情、集体恐惧和惊慌等考虑在内，我们应当明白金融并不是逻辑"。[三]

[一] Schrage（2003）.
[二] Buchan（1997, p.240）.
[三] *ParisTech Review*（2010）.

非正态分布

另外一个独立但有联系的问题是关于均衡。根据法玛所说,"测验市场的效率就是测验模型模拟市场均衡的水平,反之亦然。这两者是连在一起的。"⊖但从复杂性科学的角度来说,把市场看作处于一个距离均衡较远的状态,比我们认为它处于一个由理性确定的均衡状态更有道理。早期对法玛的有效市场假说提出质疑的就是他的导师本华·曼德博(Benoit Mandelbrot)。他指出价格波动并不像随机游走模型那样服从正态分布,但可以用应用更加普遍的幂律分布来描述。从地震测算到计算月球火山口尺寸,幂律分布适用于任何领域。比如,发生地震的概率是地震强度的平方,即如果地震强度是原先的2倍,那么它发生的概率减小4倍(一个数的平方就是取它的二次方,立方就是取它的三次方,以此类推)。同样,主要国际指标的价格波动分布已经被显示近似呈三次方的幂律分布。⊖

正态分布是对称的,而且可以用清晰的均值来感受规模的大小,相反,幂律分布是不对称且无标度的,幂律分布没有典型的或者普遍性的代表,只有一个简单的定律:事件发生的规模越大,它发生的概率越小。但是它仍允许极端情况的发生,比如强烈地震或是密西西比公司式的金融危机,在正态分布中这种事件发生的概率微乎其微。幂律分布非均衡系统的信号。离均衡相对较远的信号,一个小的突变就会引起瀑布般的连锁反应(复杂性研究中最经典的案例就是在一堆看似平稳的沙子上方投放一粒米,它可在这些系统中,也有可能引起山崩)。正态分布是为独立并随机的事件而准备的,但是市场是由紧密相连并对彼此做出回应的人所构成的。因此,市场是内在稳定的这种观点是具有误导性的。我们会在后面几章看到,这个观点是如何导致数量金融学中的诸多问题的。

⊖ Clement(2007)。

⊖ Gopikrishnan et al(1998)。

作为概览,图 2-4 可以看作图 2-3 的一种密度图,不同的是,它是根据道琼斯工业指数的现实数据绘制的。这只指数跟踪了自 1928 年以来美国前 30 家上市公司的绩效(更早的版本可追溯到 1896 年)。这条历史时间序列被分割为若干每段 100 天的小片段,我们研究指数在这 100 天内的增长。⊖ 如果指数中公司的价格波动遵从正态分布,我们可以期望指数自己也服从正态分布,但是数据在图中的摆动似乎比正态分布更剧烈。

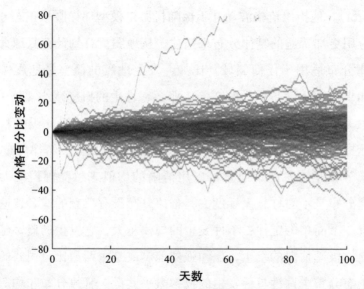

图 2-4 自 1928 年 10 月 1 日以来的道琼斯工业指数密度图

注:数据被分割为若干每段 100 天的小片段。指数在 100 天内的波动被画在图中并用于计算概率密度,从而与前面的图进行对比。你可以很清晰地分辨出有些似乎独立出来的轨迹,与之前的图相比浮动更剧烈。

图 2-5 是每段 100 天内价格变化的直方图。不同于图 2-2,直方柱的分布很不对称,而且并不接近钟形曲线。100 天内最高的指数涨幅是 79%,发生在大萧条以后的反弹时期,考虑到这些结果的标准差是 14.4,按照正态分布,这种事件发生的概率大概从宇宙的形成到现在都不应该发生,更

⊖ 数据起始点是 1928 年。

不用提自道琼斯指数确立起至今的这段时间，出现这种情况的原因自然是数据并不服从正态分布，如果你不相信其对称性和效率，那么就没有理由认为它应该如此。㊀

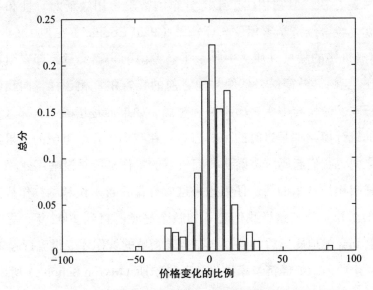

图 2-5　每段 100 天内道琼斯工业指数数据变化的直方图

注：不同于图 2-2，直方柱的分布并不接近钟形曲线。而且存在许多样本之外的异常值，这在正态分布下是不可能存在的。

精神上的病毒

有效市场假说的这些缺陷自假说构成之日起就已经被大众所熟知，《经济学人》(The Economists) 也同样注意到这一点，我们对有效市场假说"在金融世界里已经有举足轻重的影响，并已成为许多学科（比如资产管理与期权定价）的基础"㊁会感到很奇怪。关于这点，我们也会在下一章里进

㊀ 似乎有些经济学家并没有认识到这一点 Orrell（2017）。

㊁ Anonymous（2006）.

一步探讨。

究其根源，其中一个简单原因就是这一假说允许经济学家和量化分析师继续使用他们所熟悉的标准化统计工具。幂律分布也许在自然界和金融世界里普遍存在，但它相比于正态分布的数学运用缺乏对称性和易校准性。例如，金融经济学家保罗·库特纳（Paul Cootner）在他1964年的书《股票市场价格的随机性质》中收录了曼德博的一篇文章，却在引言里对他进行了批评："曼德博，就像与他之前的丘吉尔首相一样，向我们许诺了血、汗水、劳作与泪水，而不是理想国。如果他是正确的，那么几乎我们所有的统计模型都是过时的……当然，在我们把几个世纪的成果都扔进垃圾堆之前，我们起码应该确认我们所有的工作真的是没啥用处。"[1]很奇怪他这样引用丘吉尔的话，仔细想来这就好像丘吉尔说和纳粹作战需要大量繁重的工作，与其这样我们还不如睡个好觉。直到2007年，更多的人切身体会到金融地震以后，曼德博在金融领域的著作才变得流行起来。

另一个原因，如经济学家迈伦·斯科尔斯（Myron Scholes）所说："如果你说某项事物是失败的，那么你要找到它的替代品，直到现在我们还没有找到一个可以取代有效市场的新模型。"[2]就像我们之前提到的，传统意义上对科学理论的验证是探究其预测未来的能力。而有效市场的理论核心预测结论是，系统是不可预测的。按照传统的标准，唯一可以取代它的应是一种可以对未来做出精准预测的理论，但这是不可能的。没有一个公式可以描述非理性（尽管许多人曾尝试过），就像我们会在之后看到的对冲基金，它不会对全球经济做出预测，而是对市场价格进行小规模的预测并利用它趁机盈利。只要没有人建立出完美的市场模型，有效市场理论就仍处于主导地位。在此逻辑下，就像一种精神上的病毒，它已经在理论角度上断绝了取代它的通道。

---

[1] Cootner（1964, p.337）.

[2] Anonymous（2009）.

几轮金融危机之后，人们对有效市场假说的审查越来越仔细。对于大多数人来说，很难相信一个会自我摧毁的市场是有效市场。2008 年，在艾伦·格林斯潘（Alan Greenspan）向美国国会汇报的证词中，他承认传统风险理论的确失败了。[1]然而他把这归咎于模型仅用近期数据而没包括历史情况。2010 年，法玛在接受《纽约客》(The New Yoker)对于有效市场假说绩效的采访时，回答说："我觉得在这一段时期它表现得很好。"[2]经济学家罗伯特·卢卡斯（Robert Lucas）也惯例性地做出保护性的回应，即金融危机没有被预测出来是因为经济学理论已经预言像这样的事件是不可预测的。[3]

市场是近乎完美的机器，人们始终无法放弃这一观点，对此行为经济学家做出了最好的解释：否认问题，牢牢抓住我们自以为正确的错觉，维持现状和规避损失是我们的行为常态。2009 年，著名基金经理杰里米·格兰瑟姆（Jeremy Grantham）这样写给他的客户："出于对精确准则和简洁优美模型的渴望，主流经济学者对不良行为、职业风险管理以及非理性行为的突然爆发会带来的重大麻烦视而不见。永远不要低估主流学术观点扼杀对立观点的能力，也不要低估学院派在证据面前对观点转换的不情愿，他们要为他们几个时代的学术观点和实验结果辩护。"[4]

让学院派的经济学家想法一致就像放羊一样，尽管没有任何人有任何突出的领导能力，但他们都向同一个方向前进。我们会在第 9 章对这个现象进行更深入的探讨。在接下来几章中我们会先介绍这些理论在现实世界中的具体应用（如果你认为金融世界就是现实世界）。我们会发现，只要你找到系统的漏洞，效率其实就是个骗局，市场也可以被操纵。

---

[1] Greenspan（2008）.
[2] Cassidy（2010）.
[3] Lucas（2009）.
[4] Grantham（2009）.

第 3 章
风险管理

THE
MONEY
FORMULA

> 安东尼奥：感谢我的命运，我买卖的成败并不完全寄托在一艘船上，更不依赖着一处地方；我的全部财产也不会因为这一年的盈亏而受到影响，所以我的货物并不能使我忧愁。
>
> ——莎士比亚(Shakespeare)，《威尼斯商人》，第一场第一幕

风险 – 回报。

——对 wilmott.com 上调查问题
"你怎样在宴会上解释量化金融"的一条回复

过去的投资建议过于简单化。不要把所有的鸡蛋都放在一起,以及马克·吐温(Mark Twain)所说的"把鸡蛋放在一个篮子里,然后看好这个篮子",这些几乎都没有使用量化方法。20世纪50年代,经济学家开始将概率论应用于资产配置问题,并给出了如何运用数量分析方法分析风险和回报。如今资产管理公司有了它们的量化策略,投资的艺术正在向科学转变,或者至少看起来像是科学。但是风险和回报真的可以简化成以生硬的数字来量化吗?

你心头可能会突然产生一种感觉,让你头晕目眩,让你异常恐惧,甚至让你在凌晨3:00突然惊出一身冷汗,因为你突然意识到你投资组合的风险比你担心的还要糟糕。

人们并不善于估算概率。我们往往对自己的投资持乐观态度,就连我们中最悲观的人通常也是对错误的事物感到悲观,因此冲击经常是无备而至。相反,投资者承担资金的风险是为了获得回报,风险和回报存在某种并不显而易见的关联。例如,把所有的现金放在床垫下面也许是安全的,除非你的房子被烧毁。

用来平衡风险和回报的金融风险管理,已经得到相对较新的量化优化。它最大的优势在于使风险评估免受情感因素干扰,可能可以在冲击到来之前让你有所准备。但是这种优势只取决于定量方法,如果定量方法不好,那么风险管理充其量只是个暂时的心理安慰。为了解它是否是指引金融动荡的有用工具,我们需要回顾资产管理的历史,来审视投资技术的发展。

如果我们回到20世纪50年代前,具有最高利润预期的投资通常被认为是最好的投资。虽然人们本能地拥有风险意识,较为谨慎的投资者也通常会通过多样化的方式来分散风险,就像莎士比亚《威尼斯商人》中的安东尼奥(Antonio),他将货物分散在不同的运输船只中,以便当某一船只沉没时,他的货物不会全部付诸东流。但是由于风险无法像收益一样可以被简单地量化，因此人们往往以收益来衡量，这种方法较为简便，在做出投资选择时只需逐个分析每一项投资的利润即可。

对股票的多种分析方法中，最重要的三种是基本面分析、技术分析和定量分析。我们将逐一考察每一种分析方法，然后再讲述20世纪50年代的那场改变了投资面貌的变革。

基本面分析

基本面分析是指分析公司自身的业务情况，包括研读资产负债表、损益表等。了解公司销售额、管理质量、是否涉及知识产权的法律纠纷、竞争对手的做法、消费的群体特征等问题，对分析公司的健康发展和未来趋势具有非常重要的意义，但它却很难将其直接转化为对股票的估值。我们不知道阅读本书的人中有多少会计师，能理解资产负债表和损益表。我们都只是自我雇用来进行交易和彼此竞争的，想要深入了解一家公司经营的全部细节并正确解读并不是件容易的事。

为简化分析，你会发现人们通常使用"倍数法"（multiples）将基础会计概念转化为股价，例如你会在报纸的共享页面看见市盈率倍数法，这一数值等于当前股价除以最近一定时期（如12个月）或者未来预测的每股收益。例如，当前股价为100美元，过去4个季度的每股收益为10美元，那么市盈率就为10。

我们可以尝试用市盈率来估算一家公司的正确股价，同行业内的不同企业大体上会有相近的市盈率，但不同行业的市盈率有显著的变化。如果你想知道一家公司大体正确的股价，你只需要网络搜索到它的利润、股份发行数量及所处行业的代表性市盈率。或者反过来，你可以比较一家公司与同行业的其他公司市盈率水平的高低，来判断该公司股价是被高估了还是低估了。就像这样，市盈率提供了一个公平竞争的媒介，公司规模（利润)、股价及股票数量都在度量范围之内。

如果事情真的可以这么简单就好了！

遗憾的是，对于想要得到某家公司股价的人来讲，有太多可能的原因使得市盈率并不符合要求。或许是去年的收益并不能反映公司明年的表现，如果你现在买进股票，那么很明显你更关心未来的走势；或许是公司公布的利润与他们希望股民相信的数字并不完全一致，例如英国超市乐购（Tesco）在2014年虚报其利润为2.63亿英镑；或者是某些领域的不同企业市盈率本身就存在着巨大的差距（见图3-1）。⊖

行业	市盈率	部门	市盈率
消费品	14.97	外贸	12.00
公共事业	18.75	供水	15.20
金融业	23.21	多元化	19.90
工业品	25.29	煤气	23.10
医疗	25.82	电力	38.90
集团企业	28.20		
服务业	31.18		
技术	40.33		
基础材料	51.10		

图3-1 各行业市盈率

还有一些计算指标常用于估值。税息折旧及摊销前利润（EBITDA）是衡量企业盈利能力的常用标准。它是将与企业实际运行和经营都无关的成本（利息、税项、折旧及摊销）扣除前的利润。你可以使用公司的企业价值来替代股价。这是你购买某家公司的理论价格，它可以说明债务一类的事项。从某种程度上讲，企业价值倍数（EV/EBITDA）是比市盈率法更好的度量标准，因为它剔除了对公司资产结构的依赖。公司是否拥有大量债务不再无关紧要，因为利息被从利润中扣除。这又是一个公平的度量。

即使到这里，我们也并不了解故事的全部内容，例如某家小的医药

⊖ 如果想了解我们说的，参见 biz.yahoo.com/p/s_peeu.html。

公司准备上市几种抗癌药物，这往往会对投资者产生很大的吸引力，因为只需要少量的投资，他们就可能致富，还能帮助治愈癌症。但是你该如何对这家公司进行估值呢？毕竟只有在药物成功地通过大量的动物和人体实验，得到药品监管机构的批准，并在市场上击败竞争对手之后，才能确定这家公司的成败。把药品推向市场有点像在好莱坞卖剧本，尽管它的潜在回报是巨大的，但对于新手而言，被接纳的机会也是微乎其微的。这种情况下，分析诸如税息折旧及摊销前利润（EBITDA）这类指标是没有多大用处的，因为这类公司在成功之前往往会持续亏损。就像因为看到编剧破败不堪和租金低廉的地下室公寓，还有他空空的银行账户，就断言这个剧本没有机会一样，但他的作品或许会成为下一部《公民凯恩》(*Citizen Kane*)。

这些倍数不会提示你任何风险，它们可能会根据某个时间点上同行业其他公司的表现，来粗略估计一下某家特定公司理论上的股价，但是它们不会告诉你未来公司价值的走势信息，也无法告诉你投资的可能结果。风险是预期股价的变动情况，特别是股价可能下跌的幅度。事实上，作为投资者你可能并不太在意这种变化是否源于公司利润变化，或是行业因素，抑或是市场非理性的冲动，你可能只想知道下降的概率有多大，因为这将直接影响你愿意支付的价格。

"选美"比赛

关于基本面分析有个更深层次的问题，涉及价值分析的整体思路。你可能是有史以来最优秀的分析师，能够计算出 EV 和 EBITDA 数值的小数点后 *N* 位数，但是这种能力可能毫无价值，因为并没有确切的基础价值。一家公司在市场的价格取决于其他投资者会为它支付多少钱，因此股票投资者的任务并不是要弄清公司的真实价值，而是要弄清楚其他投资者的想法。约翰·梅纳德·凯恩斯在《就业、利息与货币通论》(*General Theory of Employment Interest and Money*)（1936）中提到，股票市场和选美比赛一样，选美并不是选出自己认为最漂亮的，也不是选出一般人认为最漂亮的，我们已经达到第三种层次，即用智慧去揣测一般人对大家普遍选择的预期，还有些人达到第四种层次、第五种层次，甚至更高的层次。[1]

当然，你可能坚信你对未来有独特的见解，一旦每个人都回归理性，股价就会随时间推移收敛于计算出的理论值。但正如凯恩斯所说："市场保持非理性状态的时间可能比你保持不破产的时间更长。"事实上，市场可以永远保持非理性状态。此外，未来的前景比投资者行为更难预测。凯恩斯又说："坦率地讲，我们不得不承认，如果想估计10年以后的一条铁路、一座铜矿、一家纺织厂、一件获专利的药物的信誉、一艘大西洋邮轮、一座伦敦市中心区的建筑物的收益到底有多少，我们所能依据的知识实在太少，有时是一无所知。"

因此，股票价格并不取决于估值数据，而是取决于某些固有的、模糊的、不可量化的因素，如投资者对公司处境的意见和想法等，这些都使得基本面分析徒劳无功。不过如果你真的确认某家公司的价值被严重低估了，你也完全可以无视其他投资者的想法而买下这家公司，但那超出了我们绝大多数人的能力范围（我们确实希望沃伦·巴菲特能读本书）。这种方法也适用于诸如投资房屋之类的东西，如专栏3-1所示。

此外，有些人试图利用价值投资法致富，比如凯恩斯自己，他将他微薄的积蓄变成了相当于如今的1000万英镑[2]。他的投资技巧随着时间推移而不断发展，但在经历几次失败后他几乎崩溃，他决定采用一种古怪但却有效的办法投资绩优的公司。1934年凯恩斯在给自己生意伙伴的一封信中写道："随着时光的流逝，我越来越相信正确的投资方式是将大部分的资金投入自己认为了解且完全相信的事业之中，而不是将资金分散到自己不

---

[1] Keynes（1936，p.156）.
[2] Wasik（2014）.

懂且没有特别信心的一大堆公司……每个人的知识和经验都有其限度，就我自身而言，很难有完全的信心可以同时投资两家或三家以上的公司。"㊀ 我们现在暂停援引凯恩斯的话。

专栏 3-1　租还是买

　　谈到住房市场，最接近于市盈率的是房价与租金的比率。如果一个 100 万美元的房子可以租出每月 4000 美元，那么房价租金比是 250。这种方法和房价收入比等，都被国际货币基金组织（IMF）和经济合作与发展组织（OECD）等国际机构用来评价一国住房市场的健康状况，也可以被用于个人买房或是租房的参考。

　　把握一个恰当的比值方法之一是考虑两种不同的情形。情形一：某人买房子的首付为 10%，剩余的用抵押来贷款。在按揭期结束时他将拥有一套价值增值的房子。但是，他也为此每年支付了一笔不菲的维修费和物业税。情形二：某人租一套房子，将首付款和每月积蓄拿去投资。

　　所以假设在这两种情况下我们都承担了相同的首付和月供，但在第一种情况下，购买的是一套房子；而在第二种情况下，它是一个投资组合（加上一套一直租来的房子）。

　　从经济角度来讲，哪种情形是的最优结果还需要更多细节的补充，但是若从会计上核算抵押贷款利率、房价通胀、投资回报、维修费用等其他指标的合理数值，那么结果表明，房价/租金比保持在 200～220㊁时，买房可能是更好的选择，否则你应该选择租房。

　　当然，和其他的价值投资一样，这仅仅是一个粗略的决策参考，

㊀ 于 1934 年 8 月 15 号寄给斯科特的信中。
㊁ 你可以自己通过网络 app RentOrBuyer: systemsforecasting.com/web-apps/ 来进行尝试。

> 许多人都愿意为自己拥有的东西支付额外的费用。不过这就像市盈率一样，当事情不正常时它可以发出警告，并提供一个公平竞争的媒介。如果按此计算，整个温哥华市都应该租。
>
> 解决这一问题的另一种方法就是看历史标准。穆迪分析数据显示，2000年美国地铁地区的房价/租金比为180，接近它的长期平均水平，2006年房地产泡沫时飙升至300，在2010年时又回归到180的均值水平。⊖

技术分析

好公司很难找到，不是所有人都像凯恩斯和巴菲特那样有获得信息的渠道。鉴于基本面分析非常困难，而且经凯恩斯亲身观察，基本面分析的结论也并不可信，那么我们为你找到了更简单的方法。但可悲的是，这种方法也同样不可靠。技术分析（图表分析）的意思是寻求股票价格波动模式来预测其未来趋势。图3-2是一个简单的例子。

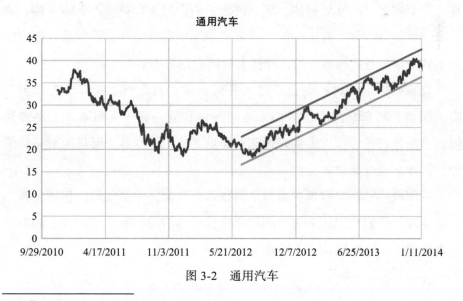

图3-2　通用汽车

⊖ See Zandi et al（2009），Leonhardt（2010）.

图 3-2 显示了通用汽车三年多时间的股价，请注意图中的两条平行直线，这代表了过去 18 个月的趋势，图表分析师看到这一点会得出这样的结论：通用汽车未来将继续延续这一趋势。他们会建议购买股票并获得收益，而无须强调那些无聊的会计信息。

这种趋势线只是图表分析师希望找到的众多形态中的一种，其他形态还有如碟形底形态（U 形）、头肩底形态（小驼峰后面跟着一个大驼峰，然后后面又跟着一个小驼峰）、旗形形态或三角形形态（股票价格随降幅变化而上下波动，就像一个小孩用蜡笔在旗帜上有力地涂色）等。

令人遗憾的是，强有力的证据表明这种形态几乎没有任何预测力，[一]然而，同样强有力的证据往往表明人们想要看到的形态不会出现。为强调这一点，我们在图 3-3 中绘制了一个类似的图表和相关的趋势线，但是这里的股价是虚拟的，是在 Excel 里面用随机数值生成的，并不存在趋势。技术分析意味着要研究图内数据走势的模式，但是其实图内数据本身并没有模式。法玛在他的有效市场研究中提出了类似的观点："如果随机游走理论是真实世界的有效描述，那么图表分析师的工作就像占卜师一样，对于股票市场分析缺乏真正价值。"[二]我们基本赞同这个观点，只是我们也同样不认为市场是随机游走的，即使有时候看起来确实很像。

就我们目前的讨论而言，技术分析和基本面分析一样都没有预示风险，图表分析师是想告诉我们未来股价的位置，而不是概率、变动和风险，当然他们还会预先准备好预测错误后的理由。那些主要风险对于技术分析信徒来说毫无意义。

顺便说一下，我们现在确实认同技术分析师，相信他们的想法中有一定的道理。他们利用一个简单的机制来优化他们的预测，他们现有的思维还需要概率和风险提示上的补充。

[一] 关于对技术交易的历史跟踪进行的讨论请见 Malkiel（1999，p.160）。
[二] Fama（1965）。

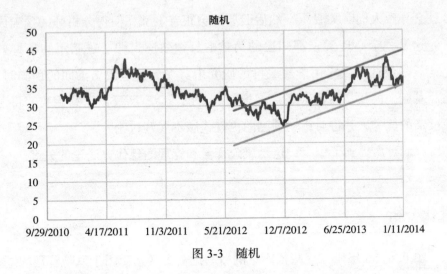

图 3-3　随机

目前，技术分析师对展现预测结果的信心有几分像英国天气预报里对明天会不会有飓风的预测，但是一旦真的发生飓风，正如1987年10月的英国大风暴，人们就会记忆犹新并且不再相信天气预报。1987年，英国天气预报员迈克尔·菲什（Michael Fish）发出预报称："今天早些时候，一位女士打电话给英国广播公司（BBC）说飓风即将来临，那么，如果你正在关注，请不要担心，飓风不会来的。"然而，第二天百年不遇的风暴席卷英国大地。相比之下，美国的天气预报更为复杂，他们预测都有一定的概率，这种概率作为合理的解释是非常有用的。技术分析师和英国天气预报员一样强势，也许是因为他们很少接触概率论方面的培训。相反，技术分析师在预测错误时都将责任归咎于形态，比如它不是头肩形，而是"总统山"。（我们虚构了这个！）所以，第一步，给出百分比。毕竟你只需要比50%多几个百分点的准确度就可以大赚一笔。

这并不能让技术分析更有效，只能让它的结果更难被证伪。第二步，收集并选定一个大家都会用于预测的指标。理论上不要太简单，因为分析师并不希望普通人自己就具备独立完成这些分析的能力。一旦他们都使用相同的指标，所有人就会做出同样的预测，那么从他们那里得到的买入信号就会导致人们购买股票，然后股票就会跟着上涨，使得分析师的预测成真。这是一个心理学家都知道的简单的反馈效应，即心理暗示和羊群效应，只是最近才被应用于对股价的研究中。在分析师做出不同的预测时，在此基础上的买卖行为会最终相抵，市场也不会有所反馈。稍后我们将讨论反馈的优劣，并将对市场预测的更现代版本展开讨论。

我们再次提到了概率，这是风险衡量和管理的现代方法论的关键。

量化分析

20世纪50年代，一些很简单的概率论概念开始应用于风险管理问题，资产配置突然变成权威期刊的热门话题。基本面分析和技术分析都聚焦于可能的收益上，而忽视了风险。就资产管理而言，20世纪50年代及之前，风险都没有真正被关注过。直到1952年芝加哥大学的马科维茨（Harry Markowitz）的现代投资组合理论（MPT）的问世，这一情形才得以改变。他从概率意义上对股价进行量化，并与风险的概念相联系，这点也体现了他敏锐的洞察力。即使在今天，如果你有一个机器人或者自然人的投资顾问帮你进行投资布局，其投资策略都可能是基于现代投资组合理论的某个版本。

风险和价格之间总是此消彼长的关系。假设一个掷硬币的游戏，如果你猜对了获得10美元，猜错了就什么也没有，因为你有50%的机会获胜，那么你的预期收益是5美元，因此玩这个游戏的权利的公允价值也是5美元。但是谁会想玩这个游戏呢？与巴舍利耶期望利润为零的假设恰恰相反，大多数人会说他们只会在有优势的情况下才会玩，用数学语言来讲，他们希望有正的期望值。如果预付费只有4美元，也许我们可以吸引你玩这个游戏，因为跟5美元的预期收益相比，这个游戏给了你收获1美元利润的可能性。

在这种情况下，大多数人都是风险厌恶型的。金融学术语是指你需要一个正期望值。更微妙的是，你可能会把你的期望与你所承担的风险程度联系起来。如果你是"风险中性的"，那么你就不需要盈利预期；如果你是"风险偏好者"，那么你会坦然面对负期望值。你的期望是负值，但潜在的巨大回报远远高于你可能会损失的金额，这就像彩票。但负期望值的游戏也完全可能是理性的，如果中彩票是你救命的唯一方法，那么你肯定会去买彩票。

马科维茨表示，这种此消彼长的关系代表了某一特定时间内个股的预期收益和标准差这两个参数的关系，第一个参数度量收益，第二个参数度量一种风险。往往股价剧烈波动的股票的风险被认为远远高于股价相对稳定的股票。了解这两个参数就可以知道未来股价变动的概率。人们可以回答这样的问题：股票在明年增值一倍的概率是多少，或者股价在未来多久达到峰值？

用历史时间序列数据可以估计股票的均值和标准差。例如，给定10年期的历史每日收盘价，那么你可以计算每日收益，这只是每天的百分比变化。所以，如果某天的股价为50美元，第二天是51美元，那么回报率就是2%。如果第二天的股价是49美元，那么回报率就是-2%。因此你可以得到一个时间序列的收益率。你可以通过对所有回报率进行平均来计算预期收益，而标准差会告诉你对应的风险。⊖

当然，我们不能保证未来的参数和历史数据是一样的。利用历史数据估计未来利润看起来是令人怀疑的，就像图表分析师利用趋势线预测未来一样，即便标准差衡量下本应是稳定的，也会出现毫无理由的波动。但是这一问题会在本书中反复出现。

⊖ 这里我们要注意通过乘以252和$\sqrt{252}$将它们转化为年化数字。为什么是252？因为我们已经介绍了这里运用的是日交易数据，而一年一般有252个交易日。一个wilmott.com的新会员说他加入的原因是"对保罗有一种男人间的欣赏，我在谷歌上看了他对通过乘以$\sqrt{252}$来年化波动率的评论和这样做会如何产生差异"。波动率的确会产生这样的影响。

马科维茨绘制个股的风险/收益图，横坐标表示风险、标准差和波动率，纵坐标表示预期收益，如图 3-4 所示。

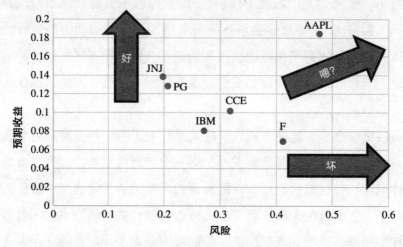

图 3-4　风险/收益图示例

在图 3-4 中我们可以看到 6 只美国公司的股票：苹果、可口可乐、福特、IBM、强生和宝洁。就 IBM 为例。它横轴的标数是 0.27，代表它的标准差，波动或风险是 27%；同时纵轴描述的 8% 是它的预期回报。这两个都是年化后的数字。

从图 3-4 中我们可以一眼看出哪些股票是吸引人的，哪些是没有希望的。福特（F）很明显是一只无用的股票。它的风险很高，几乎和苹果（AAPL）的一样高，但是却没有如同苹果那样可观的回报。强生（JNJ）和宝洁（PG）很接近，就图形展示的数据来看并不值得我们对它们再仔细区别。实际上，就高回报低风险来说，福特、可口可乐（CCE）和 IBM 都比宝洁和强生要差，如果我们要把所有的资本都用来购买一只股票的话，我们不会选择这三只股票。留给我们的选择余地就只有宝洁、强生和苹果。可是我们无法在苹果、宝洁和强生之间做出选择。这是为什么呢？

在其他条件相同的情况下（例如相同的风险或是波动），这个点在纵轴上的位置越高越好,见图3-4中的粗箭头。其次,我们认为更小的风险是更好的。同样,其他条件相同(现在是预期回报),你想要购买位置在最左侧的那只股票。但是如果你想要在左下角和右上角之间的股票之间做出决策却没有那么简单。在我们的例子中苹果有非常高的预期收益,但这是有代价的,即有更高的风险。因此通过这样一幅简单的图,马科维茨给我们提供了一种量化我们投资的简便方法,帮助我们在同时考虑风险和收益的情况下对比每个投资机会。不仅仅这些,马科维茨还有另外一个锦囊妙计。

本章开始到现在我们谈论了如何单独分析每只股票,这是迄今为止我们所做的一切。在马科维茨的现代投资组合理论中,他也关注了两只股票的同期表现,以及形成投资组合后的整体表现。这项研究的关键就是相关性。

相关性

在统计学中,相关性是用来衡量两个事物间彼此变化趋势的数字。举个例子,购买雨伞的数量与暴雨之间高度相关;冰激凌的销量与袭来的热浪也是如此。但是有些相关性是虚假的,不过是统计学上的偶然。举例来说,1999~2009年,美国在科学、太空和科技领域的开支与因上吊、勒杀和窒息死亡的自杀人数诡异地呈现高度相关(0.99),但这并不是一个有用的信息。⊖有很多种衡量相关性的方式,但在数量金融学中最常用的是19世纪80年代由卡尔·皮尔逊(Karl Pearson)研究出来的方法。衡量两只股票的皮尔逊相关性,你需要获得它们在一时间段内收益的时间序列。通过计算你会得到取值在 −1 和 1 之间的相关性系数。大致来说,系数是正值代表两者的涨跌大体同步;如果是负值,则表明一只股票的价格上涨

⊖ See Vigen(2015).

代表另一只股票价格下跌，反之亦然；如果相关性系数是0，则代表两只股票没有任何相关性。

对于为什么相关性如此重要，试想你现在有一个两只股票的投资组合，它们预期收益相同并且高度相关，那么两只股票价格的波动也会同步。同样，即使将这两只股票组合投资，其价格也会随着时间上下浮动。然而，如果两只股票间没有相关性，价格变化的幅度就会较小；当两只股票呈负相关时，价格的浮动将会更小，因为它们价格变动的趋势相反，两者的反方向波动彼此抵消。同样的概念可以拓展到由多只股票组成的更大的投资组合中。根据相关性选择合适的股票组合有可能在获取期望收益的同时减小投资组合的整体风险。

例如在图3-4中我们可以尝试在购买1000股AAPL和1000股JNJ后会发生什么。虽然在这里我们不对这个组合做具体的讨论，但显而易见的是，对于这个组合来说也是有预期收益和风险的。顺理成章地，下一步我们要问为什么每只股票只买1000股？为什么不尝试一只股票多买一些而另一只少买一些？这样我们在图上就会有更多的投资组合点。而且为什么只买AAPL和JNJ？为什么不考虑其他的股票呢？为什么只选择买进？我们可以做空一些股票吗？我们同时可以拓展投资组合像是考虑债券（通常我们认为债券的价格和股票的价格呈反比，虽然这种关系在最近的金融危机之后瓦解了，因为所有资产的价格都被量化宽松政策所抬高）。

当我们允许投资组合可以囊括任何资产并以任意的形式结合时，其结果将使我们可供选择的风险和收益的潜在区域扩大，见图3-5中标记为"A投资组合"的点。对投资组合中的资产进行数量和类型的变动可以让我们图中的点上下左右移动。

当我们已知可以利用不同的风险和收益特质来构造不同的投资组合时，马科维茨研究的下一个问题就是，在风险参数确定后，我们怎样选择可以为我们提供收益最大化的投资组合，即将图中的点尽量地向纵轴上方移动。即使是我们并不看好的 F 也有可能发挥它的作用并且吸引投资者，因为它既可以被当作用来做空的股票，又因为它和其他股票间的不相关性可以充分地降低投资组合的风险。

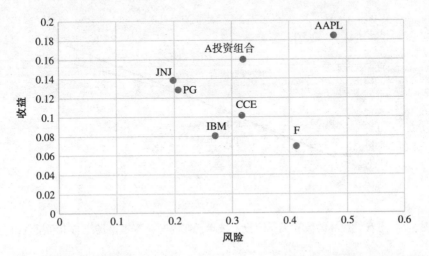

图 3-5　一些挑选出来的股票和它们组成的投资组合（按照风险和预期收益对应其在坐标系中的位置）

　　这是一个很棒的最优化问题。马科维茨利用了叫作线性规划的数学工具来回答这个问题。线性规划是一种在约束条件下研究一些目标函数最优化问题的方法（用线性方程组来表示）。它是最早在 1937 年由数学家列昂尼德·坎托罗维奇（Leonid Kantorovich）为苏联政府计算最优夹板生产方案时发现的。在第二次世界大战期间这个方法为俄罗斯人计算了战争物资的生产并被当作机密，但后来渐渐被广泛应用于商业中。马科维茨很好地洞察到可以利用这项技术来解决风险与回报的问题。其结果就像图 3-6 所显示的那样。

　　这里要解释很多，请耐心阅读。首先我们注意到的是标记着"有效边界"（efficient frontier）的曲线。它是通过最优化得来的，选择一个风险系数并最优化预期收益，接下来再选择不同的风险系数。所有这条曲线上的点可以通过不同的投资组合来得到。现代投资组合理论认为投资任何在这条曲线下方的投资组合都是没有意义的，因为你总是可以在风险系数相同的情况下优化你的投资组合，从而提高预期收益。

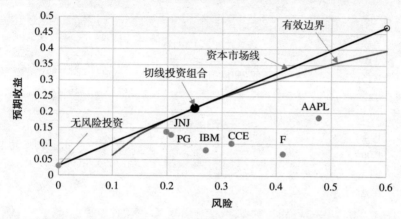

图 3-6　当有效边界的线和无风险投资被囊括在内时，资本市场线与市场投资组合

当然，任何不包含无风险资产的投资组合都是不完整的，即银行中的现金账户。因为它的风险是 0，所以这个点在纵轴上。在图中被标注为"无风险投资"（risk-free investment）。与这个点相连，并与有效边界相切的加粗线叫作资本市场线（capital market line），切点叫作切线投资组合（tangency portfolio）。你可以通过持有现金和切线投资组合配置得到任意一个位于无风险点和切点之间的点。获得切点右边的更高风险部位也是可能的，这就需要运用杠杆（例如贷款买入切线投资组合）。这样处于资本市场线上的任意一点都表示对于特定风险系数来说所能取得的预期回报的最优值。你只要选择对现金账户（或者贷款）与切线投资组合的最佳配比，这就是一定有效边界。稍后我们会再回头来讲切线投资组合。

到这一步，马科维茨就没有其他可以告诉我们的了。你想要处于这条线上的哪个点全凭你自己的资产配置选择了，马科维茨帮不了你。如果对损失感到焦虑，那么就选择 50% 现金/50% 股票的配比；想要更刺激的，那就选择借钱然后加倍投进市场。

这是一个聪明的方法。我们运用了一些统计学、数学（虽然并不是什么高深的数学，但是已经完全在一般人的承受范围之外）和一些伟大的概念（例如最优化），可以优化一些事物总是好的。我们多次提到过"有效"这个词，这让我们听起来像是一位工程师。而且这个方法给个人提供了按照自己偏好选择适合的投资组合的余地。这个理论最高明的地方在于，用一条简单、优美的直线为我们简化了众多资产间错综复杂的投资回报。怪不得哈里·马科维茨于1990年获得了诺贝尔经济学奖章。还有什么可能出问题呢？

重重疑虑

结果却是依然有很多问题出现。现代投资组合理论与所有其他金融学中的量化方法的问题在于，它们的正确性由它们的基本假设所决定。其中一些假设与市场的基本性质相关。和有效市场假说一样，现代投资组合理论假设投资者理性，可以为了自己的利益做出独立的决策，他们有着相近的获取信息的能力，等等。因此股票的价格遵循随机游走，与相应的平均增长速度变化相一致，每日的价格变化服从正态分布。

到此为止，没有任何新的知识点。但除此之外，现代投资组合理论还假设我们可以衡量不同有价证券之间的相关性。如果我们有 N 只股票，那我们就需要计算 N 个预期收益和波动。但是有多少个相关性系数需要计算呢？如果你曾经在上学时学过排列组合，那么你也许会有模糊的印象来计算这个问题。每个相关性是对于两只股票而言的。所以问题可以被转化为，如果我们从 N 只股票中选取任意两只股票，有多少种结合方式呢？首先我们选择一只股票，这样的选法有 N 种；其次我们从剩余的股票中再选出一只，这样就有 $N-1$ 种选法。选择两只股票总共给我们 $N(N-1)$ 种选择方法。但是我们不考虑选择股票的先后顺序,所以我们要把这个数字除以2。于是我们得出结论,一共有 $N(N-1)/2$ 种组合方式和相关性系数。

这样就需要计算大量的参数。假设我们有500只股票可供选择(例如从标准普尔指数中选择),那么我们将会有500个预期收益,500个风险系数和 $500 \times 499/2$ 个相关性系数,即125 750个系数需要计算!

问题不在于需要计算的参数的个数,因为毕竟这个方法相对简单,更多是在于这些参数的稳定性。其中一些可能是彻底的虚假相关,相关关系会消失;而另一些则会随着时间而浮动,在股市崩盘时这一点尤其会成为问题,因为当所有资产的价格都一起下跌时,资产价格间相关性就会趋向更高。

但这个理论最重要的假设也是最核心的问题是,它假设在最初阶段我们可以计算每只股票的预期收益和预期风险。敏感的或是持疑惑态度的读者也许已经意识到了这个问题,现代投资组合理论要求我们输入每只股票的预期增长率,但就像我们在前面所看到的,用基本面分析法或是技术分析法都无法准确地预测预期收益。这一经验事实正是有效市场理论几个主要的辩护理由之一。

同样令人产生疑问的观点是我们是否可以用过去价格变动的标准差来衡量风险。当我们估计收益时,我们在对未来进行预测;但当我们预测风险时,我们在对预测的不确定性进行预测,即对于我们预测的预测,这是更困难的。标准差告诉我们历史数据的波动,但是我们没有理由相信它会保持这样(在第7章我们会介绍避开这个问题的办法,但是没有一种方法是有吸引力的)。同样,用这种方法衡量风险让人感到奇怪的另一个理由是,它认为价格突然的上涨和突然的下跌一样不利,但事实上我们只关心后者。当你的投资在一夜间上涨时,你也许不会失眠或是陷入恐慌。事实上,风险并不可能会通过价格波动自我表现出来。以我们在前面讨论过的医药公司为例,它的股价也许相对平稳,也许不是,但是这并不能提供任何关于它研制出成功药品的概率信息。还有一个更为微妙的点在于，标准差的概念对于金融数据是否从一开始就没有意义。我们会在接下来的部分讨论。

双重有效

威廉·夏普（William Sharpe）回答了这些疑虑，1990年他和他的导师马科维茨共享了当年的诺贝尔经济学奖。1998年在他接受采访被问到马科维茨的理论哪一点吸引他时，他回答道："我喜欢这理论的简洁和魅力，我喜欢它的数学，虽然简单但是却如此优雅。它拥有所有模型构造者所欣赏的美学。"⊖ 为了将现代投资组合理论进一步美化和简化，夏普问道，如果所有市场上所有的投资者都按照马科维茨的计算来优化自己的投资组合那会是什么样子，答案就是"市场投资组合"，即所有投资者投资组合构成中有价证券的投资比例与整个市场上风险证券的相对市值比例一致，这将是一个有效的投资组合。换句话说，市场会自己修正价格，直到达到均衡水平，这将会最优化风险与回报。

这里我们终于看到了有效市场和有效投资组合的协同作用。有些经济学家和市场分析者把这一点看得太认真了。在他们的脑海中，他们已经找到了最独特、最完美、最美丽的投资组合，它叫作市场。为达到或超过有效边界，疯狂的想法接踵而至。当所有人都跟随现代投资组合理论并做出理性的决策时，市场投资组合和切线投资组合会彼此接近并最终合二为一。所有人都会购买这份投资组合，它会是非常有效率的。不会再有烦人的不确定性、风险和非理性，这个世界从此变得美好。

如果一个人能将已经生病的马鞭打致死，那这人肯定是个经济学家。

⊖ Burton（1998）.

这份对优雅的理论无可置疑的热情在 1987 年 10 月 19 号遭受当头一棒，即有名的"黑色星期一"㊀。在美国的股票价格下降 22% 时，所有股票突然间变得极度相关，世界其他地方也一样。其令人惊讶的程度不亚于在此前两周英国受到的台风袭击。像我们在后面会讨论的，后来此次危机被部分归咎于投资组合管理，这个本应充当保护并预防这种危机发生的机制，因为它美好的协同性，机构投资者用相同的模型来管理相同的投资组合，他们会在相同的时间朝着相同的市场方向卖出资产。当一个模型被广泛应用时，它对市场就会产生反作用，逐渐削弱模型建立的基础假设。

尽管经济学家被不切实际的理论迷惑得忘乎所以，但是现代投资组合理论中仍有一些好的有用的概念，像是夏普比率。夏普比率是股票或是投资组合中超出无风险利率外的预期收益与它的风险的比值。在我们的现代投资组合理论图中，你可以把无风险点和代表投资组合的点相连并计算这条直线的斜率。它同样也被称为"风险市场价格"（market price of risk）。就股票而言，斜率越大，对于承担同样的风险来说，所能得到的超出无风险利率外的预期收益就越大。每一个金融工具都有它自己的风险市场价格，这又是可以进行公平对比竞争的参数。简单来说，它代表着风险调整后的回报，波动被用来代表风险。本质上，夏普比率高的投资比夏普比率低的投资更好。显而易见的是，资本市场线是你能够取得的最高的比率。夏普比率也同样可以用来衡量对冲基金的表现，当你阅读对冲基金的计划书时，它们总会不可避免地引用它们的比率，用以吸引新的投资者。

另一个有帮助的发明就是指数基金。如果市场代表最优的投资组合，那么只要购买市场指数就可以了。当然，这又引申出了购买哪个指数的问题。在 20 世纪 70 年代中期，非常成功的指数基金例如先锋 500 指数基金

㊀ "黑色星期一"指 1987 年 10 月 19 日（星期一）的股灾。当日全球股市在纽约道琼斯工业平均指数带头暴跌下全面下泻，引发金融市场恐慌及随之而来 20 世纪 80 年代末的经济衰退。——译者注

给这项创新提供了线索。购买先锋 500 指数基金比跟踪标准普尔 500 指数复杂不了多少，但当考虑交易成本后，先锋 500 的收益很轻易地超过大多数基金管理人。夏普曾经对《华尔街日报》说："当我在斯坦福大学教授工商管理水平的投资学课程时，我会在第一节课开始前在黑板上写下一个电话号码。然后我会对学生说这是你们能从我的课上获取的最有价值的信息。你大概可以猜到，那是先锋公司的电话。"⊖注意，指数基金的投资方法代表与凯恩斯完全相反的途径，即关注一系列的公司。

指数基金的成功意料之中地再次证明市场的有效性。但是从更好的角度来看，这也证明了指数基金是非常好的商业模式，就像是金融系统中的寄生虫。市场是由大量基金和个人投资者所组成的，他们一直在对各类公司的价值进行判断。指数基金代表着他们所有决策的均值，是一种模拟他们策略的方法，所以就定义而言，也会有较为平均的表现。但是它可以不需要通过任何研究和思考就做到这些，所以它的成本也是最小的，这让它与其他类型的基金相比更具备优势；它同样对控制整个行业的管理费起着正面的作用。但是如果所有的基金都采取指数的手段，那么整个系统就会崩塌，因为所有的公司想要成功只要跟进最受欢迎的指数就可以。的确，指数基金已经发展得非常壮大，以至于每年交易最频繁的时间常常发生在深受美国基金经理欢迎的罗素指数（Russell index）更新的时候。

风险价值

也许投资组合理论最重要的贡献在于资产管理经理现在都在量化他们的决策，他们在衡量预期收益和风险后，会像一枚硬币的两面一样让它们平衡。在黑色星期一之后，投资界开始对风险衡量和风险管理更加重视。

⊖ Zweig et al.（2014）。

一种叫作"风险价值"（VaR）的方法论开始引领风潮。它基于现代投资组合理论中的投资组合风险控制，通过一个数字给高层管理者一个预期亏损的预感。风险价值的基本形式有两个要素：第一就是置信度，例如95%；第二就是时间范围，例如1天。比方说，风险管理者可以说，风险价值是200万美金。

这可以被解读为100天之内的95天，投资组合的损失不会超过200万美金。如果置信度是97%，那么解读就可以改成100天内的97天。如果时间范围最小单位是年，那么解读就可以调整为100年内的多少年，依此类推。接下来，管理者就会对200万美金的风险价值进行接受程度上的判断。如果这不能被接受，那么管理者就会通过更改投资组合或是对冲来减小这个数字。

近来风险价值受到大量的质疑。事实上从2008年起，在风险控制领域里就几乎找不到一个没有批评过它的人了。而2008年之前却完全不同。主要的批评如下。

- 它注重研究典型的市场波动，即频发事件。这无可厚非，但是要知道，通常击垮机构的并不是频发事件。
- 它给我们提供了一种错误的安全感。
- 它通常假设正态分布。但是股票价格收益并不服从正态分布。
- 它并没有告诉你在置信度之外的天数里你有可能损失多少钱。
- 它运用了很多非常不平稳的系数。在典型的市场波动中也许资产之间存在一些相关性，但当市场崩盘时，所有的资产变得高度相关，这会破坏掉风险价值数字。
- 它创造了危险的动机。
- 它极易被滥用。

这些都是非常明显的批评，但通过运用不同的数学公式，大多数问题都可以被改进。然而后两个问题却更加微妙。

首先是动机。让我们稍稍改动一下轮盘赌（roulette），使之在平均意义上讲是有利可图的（它可以提供正的预期）。我们以欧式轮盘赌为例，一共 37 个数字，1～36 和一个 0。我们以如下规则进行游戏：本金是 100 美元，如果结果是任意一个不是 0 的号码，那么我们可以获得额外 3 美元的收益；如果结果是 0，那么我们输掉 100 美元本金。你的预期收益是 21.6（36/37×3−1/37×100）美分。这是一个正值，所以你会期望着赢钱（如果现实中的轮盘赌真能按照这个规则进行）。但是，在 37 次中有 1 次的机会，大概是 3% 的概率，你有可能输掉你所有的本金。你在 95% 的置信度下，以轮盘转动次数为时间单位来审视这个游戏的风险价值，是无法发现风险的。这是因为 3% 的失败概率低于 5%（100%−95%）。如果你是一个高级经理人并对这份"投资"没有任何了解，那么你会为发现这个机会的交易员而感到高兴。而且当以 95% 的水平来看没有任何失败的迹象时，你也许会冒险下很大的赌注，如果你真的这样做了，可能你离全部输光就不远了。

其次是滥用。接下来是一个风险经理人告诉保罗的真实故事，我们将以当事人的口吻来叙述："我是一个在交易平台工作的量化分析师。我其中的一项工作就是计算交易员的投资组合风险。上一周他们中的一个找到我，告诉了我他投资组合的构成并要求我计算他的风险价值，以用来向他的老板汇报。我对数据进行了计算，并将风险价值报告交给他，其实就是一个数字。他看了看报告，又看了看我然后说'不，这不是我要的答案，重新再算一次并给我正确的答案'。他说话的方式和口气让我很清楚我应该怎么做。我需要对模型做一些变化，也许是修改一些参数或者做任何可以减小他风险价值的改变。如果我不这样做，这个交易员就要按比例缩小他的头寸，他不想这样做，他可能会为难我。"

如果模型是基于不切实际的假设，而且模型的系数是不平稳的，那么通过选择这样的模型或是系数就有可能将报告里的风险值降到最低。这是所有交易员需要的。报告的风险越小，他们可以操作的金额数量就越大，如果一些都进展顺利，那么他们的利润和奖金就会更高。

在 20 世纪 90 年代早期，投资银行 J.P. 摩根发布了它衡量风险价值的机制，即风险矩阵（RiskMetrics™）。它设计了一种特殊的衡量波动的方式和一些电脑程序。他们并没有做什么惊天动地的事情，不过他们却引入了一个新的要素——系统性风险。当所有人都在用相同错误的技术时，系统性风险就会增加。就个人经历来说，在 20 世纪 90 年代后期，保罗曾经和风险矩阵的团队有过一次会面并试图向他们解释极端性股票价格波动对投资组合产生的风险。保罗和他的学生菲利普·华在那之前不久开发出了一个可以分析投资组合预测崩盘的模型，他们称之为崩盘度量法（CrashMetrics®），J.P. 摩根并不在意，崩盘度量法并没有涉及计算任何的相关性或是波动，所以很明显他们是不会感兴趣的。

混沌边缘

用确定的数字来衡量风险本应为决策提供一个科学和客观的判断，这是它的一个主要优势。但是很明显，如果一个交易员可以为了讨好他的老板而调整他的风险价值计算的话，那么这个计算背后的数学模型中一定有问题。整个过程看上去是客观的，但是其实是主观的。

这灵活性背后的原因可以追溯到我们在前面所提到的，投资组合学的概念基于价格变化遵从正态分布的假设，它有着平稳且容易计算的标准差。事实上价格变化更趋于遵从幂律分布，并伴随着极端事件和波动的特点，像我们之前所讨论的，这对于在自发的临界状态中运行的复杂系统来说非常普遍。有时这种系统被称作"混沌边缘"，因为它不是完全随机的，或是健全有序的，而是在几个极端之间的空间中运行的。对于金融数据来说，一个技术上的提示就是，被衡量的波动取决于测量这段数据的时间。刨去那些尴尬的时段，例如黑色星期一，你将会得到完全不同的结果。如果你的目标是讲一个故事，那么这个结果对你来说是非常方便的。

现在，我们对适度的混沌没有抵触。例如，人类的心电图就有一些混沌的特性，尽管涩脉或不稳的脉搏是一种被称为心房颤动的心脏疾病。然而，这些特质强有力地提醒着我们是在和一个复杂的、真实的系统，而不是一个既定的、机械的系统打交道。这些特质同样削弱了现代投资组合理论所设计的冷静与理性。与其说我们在有效边界上运作，不如说我们其实是在并不那么让我们安心的混沌边缘上徘徊。

像现代投资组合理论或是风险价值之类的学说，往往在你最需要它们的时候令你失望。当表面上的平稳突然塌陷时，其下层的强大力量才会显现出来。这些模型失败的原因在于它们模拟的金融系统运动是按照在系统均衡附近的随机扰动来进行的，所以它们无法应付市场内在的野蛮和疯狂，暴风雨随时会从任何地方袭来。尤其，像我们会在后面讨论的，这些模型无视了金钱的"非线性动力学"，机构之间决策会互相传染，而当信用突然透支时灾难就会到来。根据特许金融分析师协会（CFA）的一项最新研究，"没有一种基于主流金融学的投资策略可以在市场化崩盘时保护投资者"。[⊖]换句话说，风险控制技术并不善于控制风险，事实上它们自身会创造风险，但这并不阻碍它们在每个商学院中被传授。在下一章中，我们会讲到概率论如何尝试管理风险并完全消除它，并且我们还会看到风险如何变异成新的更加致命的形态。

⊖ Skypala（2014）.

第4章
市场缔造者

THE MONEY FORMULA

> 有一种理论认为，如果有人确切地发现宇宙是什么，且为什么存在，宇宙就会立刻消失并被更奇怪和无法解释的东西取代。还有另一种理论认为这种变化已经发生了。
>
> ——道格拉斯·亚当斯（Douglas Adams），
> 《银河系漫游指南原始广播稿》

> 对大多数人来说，钱是一件严肃的事情。他们期望金融体系能够反映这样的品质——严肃和庄重，从不轻率和轻浮。如果说还有谁被赋予同样品质的生活的话，那应该是银行家。相比之下，手握生死的医生都可能很有趣。伊夫林·沃（Evelyn Waugh）在《衰落与瓦解》中竟然塑造了一名醉酒银行家的形象。有趣的银行家形象令人难以想象，即便像沃这样的高手也无法令醉酒银行家的形象看上去那么合理。
>
> ——约翰·加尔布雷斯
> （John Kenneth Galbraith），《神秘的货币》

期权是一种最基本的金融工具。期权是一种合约或协议，它让你有权选择（而不是负有义务）在未来特定时期以事先规定好的价格买入或卖出一定数量的某种特定物品。即使是硬币，也可以被用来选择购买政府服务或纳税，如果我们不想保留选择权的话，我们可以把硬币熔化，当硬币的价值超过通过硬币所获得的选择价值时，人们有时会这么做。尽管期权已经存在了几千年，但直到20世纪70年代，交易者才开始用数学模型来定价。在这一章中，我们将展示数学家是如何计算期权价值的，这样做完全改变了交易市场。

"在金融市场，今天道琼斯指数上涨123点，一个积极的信息结束了原本令人失望的一周。政府债券的收益率下降……与此同时，由于中东的不稳定，原油价格涨到了……"类似的信息经常在电视新闻报道中听到。然而，通过新闻宣传的只是最简单的金融工具。你没听说过的更复杂的金融产品有很多，那些金融产品只有数学家能理解，总计达数千万亿美元。（1000万亿，是一个1后面跟着15个0；1000万亿，是1万亿的1000倍；1万亿是10亿的1000倍；10亿是100万的1000倍。）换句话说，这些数额足以让约翰·劳汗颜。毕竟，在一个千万亿级的世界里，谁会想要成为百万富翁呢？

股票、指数、债券和期货是最简单的工具。你可以购买个别公司的股票。指数代表一篮子具有代表性的或者重要的资产的价值，如道琼斯指数。债券就是借款给政府或公司，其在预定时间归还一个固定数额给你，收益率是这些债券实际支付的利率。还有商品期货，比如石油，你承诺在将来的某一天支付一定数额来获取一定数量的石油。

如果你希望使用基本资产类构建自己的投资组合，这些就是你需要知道的全部内容，你不需要太多的数学理论，只需对即将发生的上涨或下跌有一种直觉或扫一眼《华尔街日报》。我们本可以补充细节，给你很多例子，但是这样的书已经有非常多了。所以我们调整进度，向你介绍更复杂的金融合约。这些合约是低调神秘的，理解起来非常不容易。我们不是说过那些复杂金融合约只有数学家才能理解吗？其实我们可以客观一点，你将会看到，甚至是数学家也会有问题。

期权

假设我们都很想要一辆很炫很华丽的电动汽车，不是普锐斯那种。一家意大利团队的公司有新的电池技术和优秀的设计团队，但没有开发资金，为筹集资金，他们要进行一笔交易，你现在给他们 10 000 美元权利金，他们承诺当生产好汽车之后，你能以 40 000 美元的价格买下汽车。这种交易就是一种期权交易，是以汽车为标的物的期权。

实质上，购买期权相当于对这辆电动汽车的未来价值进行押注。你付出的是有限的预付权利金 10 000 美元。如果汽车没有被制造出来，你将失去权利金。如果汽车终于亮相，但成本只有 39 995 美元，你也将失去权利金。毕竟，你为什么要付 40 000 美元去买展厅里标价不到 40 000 美元的汽车？但是如果这辆车标价 95 000 美元，那你就赚到了。这笔交易，只花费你 40 000 美元，加上 10 000 美元的权利金，这意味着如果你选择购买，只要你不在路上出车祸，立刻卖掉车也有 45 000 美元的利润。事实上，如果汽车的价格超过 50 000 美元（10 000 美元权利金 +40 000 美元车费），你将获得利润，如果汽车的价格少于 50 000 美元，你将亏损。

股票期权的原理类似。一个看涨期权合约，允许你在未来某个时期以之前约定好的价格买入一定数量的股票，这和上面的电动汽车的例子是一样的，只是有些细节不同。首先，看涨期权有一个设定的日期，在这个日期前你必须决定是否购买股票；其次，向你出售金融期权的人可能与看涨期权是基于哪家公司的股票无关。

在继续描述之前，让我们先了解一些专业术语。执行价格或行权价格，是你事先约定的购买物品的价格（在例子中是以 40 000 美元买汽车）。如果你愿意的话，到期日是最后期权行权的日期。权利金（在例子中是预付的 10 000 美元）是你为购买股票而预先支付的金额，而标的资产在这里是指股票。

还有另一种很受欢迎的期权，称为看跌期权。这个合约允许你以一定的价格出售（而不是购买）股票。要理解这个合约，你需要了解这些期权合约是如何使用和被谁使用的。

期权的类型

看涨期权很容易理解。如果你认为标的资产在到期日将上涨，但你并不想购买资产本身，因为你怕出现灾难性的误判，那么你会购买看涨期权。购买资产本身会比购买期权的权利金更贵，因此当你选择购买期权时，你的损失空间会大大下降。这也意味着有更多的杠杆作用。如果标的资产确实显著上涨，那么你购买看涨期权的回报率（以百分比计算）将大大增加。购买看涨期权的缺点是，如果标的资产没有上涨太多，那么你极有可能损失。

看跌期权有点棘手。假如你想持有某股票，但又担心它们的价值可能会下跌，你就可以出售股票。但如果你误判了，股票上涨了，那么你就会损失，放弃行权会损失所有的权利金。后悔是件可怕的事。如果你买了一个看跌期权，它让你有权以一定的价格卖出股票。如果股票下跌，那么你的损失是有限的，收益是无限的；如果股票从 50 美元下跌到 10 美元，但是你有一个 40 美元的看跌期权，那么你可以以 40 美元卖出股票，而不是以市场上的 10 美元卖出。你把这些股票卖给谁？为什么有人卖给你看跌期权？

有了看跌期权，你甚至不需要事先拥有股票以购买这种保护。在这种情况下,"保护"是完全错误的用词。购买看跌期权而不持有标的资产,是押注股价下跌的一种方式,情况则并非如此简单。

如果你对价格方向或权利金有看法,或者如果你的目标是保护一个投资组合,可以利用期权来投机股价。

期权已经存在一段时间了。在《政治学》一书中,亚里士多德描述了希腊哲学家泰利斯(Thales)基于占星学预测未来的橄榄收获会比平时大得多,因此他购置了一项权利,即用平时的价格使用当地榨油商所有压榨机的权利。"橄榄收获的季节到来了,突然出现了同时对榨油机的需求,商贩不惜任何代价地租用泰利斯的榨油机,泰利斯给这些榨油机的使用权标上他所想要的任意价格。他赚了很多钱,这表明如果哲学家们想致富的话是很容易的,虽然这不是他们生活的目标。"⊖

在17世纪,包括阿姆斯特丹和伦敦证券交易所在内的金融中心都出售期权。然而,期权通常被视为一种对股票价格波动进行的为人所不齿的投机,监管机构屡次试图禁止期权。美国在1929年崩盘后,期权几乎被宣布为非法,甚至在60年代,期权也只是在纽约的一个小市场上进行临时交易。⊖期权不受欢迎不是因为它们不正规,而是因为事实上在1973之前没有一个人知道如何定价。出售这些期权的合理权利金是多少?

在进一步解释之前,我们应该指出,这样的细节并不能完全阻止人们交易期权。交易员没有说过"对不起,我们不能卖给你这个期权,因为我们对期权价格的估值还没有一个合理的理论基础。我知道你真的想买它,我们也真的想把它卖给你,我们俩都不止21岁了。但是,我们在得到研究人员的放行之前……"例如,一个特别的方法是,简单地描绘出几种不同情况的概率,并根据不同情况的平均收益来计算价格。如果你不确定你的估值,你可以在卖期权前增加一个巨大的利润空间,抑或你可以参考其

⊖ Aristotle(1943).

⊖ Mackenzie(2006, p.120).

他人的收费，抑或你可以先进行一些小量的交易，这样，此时即使定价发生错误也不会带来巨大损失，或者你可以通过在不同的股票上进行期权交易来实现多元化。但是，正如我们所看到的，只有当一个模型被发现（或被重新发现）时，期权才将大显神威。

巴舍利耶的回归

正如前面的章节所述，20 世纪初，法国数学家路易·巴舍利耶首次用形式化的数学理论对期权进行了定价。他的随机游走定价模型认为股票价格行为仅仅与股票初始价格、随机数量或标准偏差有关（巴舍利耶称之为"神经质"的股票）。[一]基于这些假设，巴舍利耶推导出正确的或合理的期权价格，这准确地反映了它获得回报的可能性。问题几乎解决了！不幸的是，巴舍利耶的论文在接下来的 60 年里一直处于遗失状态，直到经济学家保罗·萨缪尔森为朋友找参考资料时发现了一本"在巴黎大学图书馆里腐烂"的论文副本。萨缪尔森发现这篇论文是如此的有趣，他安排一个翻译来翻译这篇著作，并将它收录在保罗·库特纳 1964 年出版的名为《股票市场价格的随机性质》的金融论文书籍中（包括曼德尔布罗特（Mandelbrot）的一篇论文，见第 2 章）。

萨缪尔森后来告诉英国广播公司："在巴舍利耶的重大发现之后，突然间，所有积极的学者意识到期权定价的含义。为了得到一个完美的公式来进行期权的评估和定价，进一步研究急需进行。"[二]巴舍利耶的模型有几个问题。例如，巴舍利耶的模型允许资产（股票）的价格为负，不管资产的初始价格从哪里开始，它仍然可以随机游走到零，然后继续游走。萨缪尔森和物理学家马修·莫瑞·奥斯本将模型的这个缺点纠正了，他们建议

[一] Schachermayer and Teichmann（2008）.
[二] BBC（1999）.

使用价格的对数将更有意义。对数图表经常用于金融领域，因为它能更真实地反映价格变化。例如，如果一只股票的价格平均每年以 6% 的比率，呈指数式增长，那么 20 年后其价值将超过其初始值的 3 倍，近期的价格波动将不成比例地扩大。如果用对数图刻画，增长曲线将以直线形式呈现，近期的价格波动与前一系列的价格波动规模相同。

因此，对数图显示了相对于当前状态，变化有多大，这也是我们通常所关心的。奥斯本引用了心理学中的韦伯–费希纳定律："物理刺激的每一个相同比率的变动，例如音频的每秒震动次数、单位面积的光强或声强的功率，都对应相同量级的主观感觉，如音高、亮度或噪声。"在 18 世纪讨论不同奖励的心理效应时，数学家丹尼尔·伯努利（Daniel Bernoulli）也提出了类似的观点。我们对噪声等物理刺激的反应不取决于绝对变化，而是分贝，这是相对变化，股票也是如此。

因此，经济学家简单地将资产价格改为对数形式，调整了巴舍利耶的模型。在这个模型中，资产价格永远不会变成负数，因为值为负的对数仍然对应着正数的资产价格。这就是所谓的对数正态分布随机游走，每日股票价格回报率由复杂的骰子滚动决定。标准偏差可以以股票的过去变异性来估计。

这仍然留下了一个问题，对于那些只购买股票的人如何平衡购买期权所涉及的风险和回报，模型中的这些参数似乎无法从经验数据中估算出来。巴舍利耶通过假设股票波动的数学期望值总是为 0 来避免这个问题，但似乎并不现实。第一个可能解决这个问题的人，并与完善的期权定价理论仅一步之遥的，是数学家爱德华·索普（Ed Thorp）。

终极机器

今天，可穿戴技术正在流行，但在 1960 年，这些技术是非常不常见的。所以当一个女人看到麻省理工学院教授爱德华·索普在一个拥挤的房间里耳朵上挂着一根金属丝时会感到很惊讶。那时他们在拉斯维加斯的一个赌场，索普正在试图打败赌场的轮盘赌机器。

索普的搭档是克劳德·香农（Claude Shannon），香农被称为信息论之父（他为0和1组成的计算机语言发明了"比特"）。索普最初接触香农是在自己研究21点纸牌向对方请教的时候。香农喜欢发明机器，他的房子里充满了奇怪的设备，如可以玩杂耍或掷硬币的机器人。他没有永动机，但他有一种叫作"终极机器"的东西。终极机器是一个有单一开关的带盖子的盒子。当你拨开开关后，盒盖会打开，从下面伸出一只小手，把开关按下去关掉，之后又缩回到盒子里，盒盖重新盖好。科幻小说作家亚瑟·克拉克（Arthur C. Clarke）在贝尔实验室里香农的书桌上看到了终极机器并写道："这是一台没有什么用的机器，有着难以言喻的邪恶，除了自己关掉自己绝对没有其他用途。"⊖这就是有效市场理论，其唯一的预测是它无法预测。

同一时期，17世纪法国数学家也是概率论的创始人之一——布莱士·帕斯卡也许已经发明了机械计算器和一个早期版本的轮盘赌，但是香农和索普肯定是第一个开发出能用脚趾来操作的佩戴式计算机的人，这种计算机可以用于预测球绕着轮盘转动的轨迹。一个人把电脑装在鞋子里，当轮盘零刻度通过预设的固定点时，这个人会用脚趾敲一下，当它再次通过这个固定点时再敲一下，以校准轮盘位置和速度。然后，当球朝相反的方向传来时，多敲两下校准球的位置和速度。电脑会进行计算，然后给正在参与赌注的人（通常是索普）的耳机里发送信号，告诉他下注到轮盘的位置。

这个计划受到一些技术难点的困扰，也面临着在赌场作弊被抓的危

⊖ Clarke（1958）.

险，这种场所经常由犯罪集团经营，抓到后很可能被殴打或更糟。（两位教授，其中一位还是信息论之父，参与这种把戏，这几乎跟听说牛顿和约翰·劳联手在巴黎街头玩贝壳游戏一样奇怪。）

21 点纸牌是比较安全的赌博。

索普的观点是，在某些时候胜率有利于玩家，而其余时候胜率有利于庄家，这取决于留在桌面上的牌的组成。因此，通过跟踪哪些牌已经被处理，玩家会知道什么时候赔率对自己有利，来决定什么时候下注少，什么时候全部下注。确切的投注时机由概率说了算。香农以前的同事之一、贝尔实验室的约翰·凯利（John Kelly Jr.）提出了凯利公式作为胜率的函数。[⊖]1961 年，凯利是第一个合成语音的人，他用 IBM 的电脑来唱黛茜·贝尔（Daisy Bell）的歌。亚瑟·克拉克在贝尔实验室的另一次访问中，目睹了这场演示，在他的小说和剧本《2001: 太空漫游》中，让计算机 HAL 演唱了《天鹅之歌》。

索普首次在学术期刊上发表研究报告，很快就被记者加以宣传了。随后有几位对赌博感兴趣的生意人联系了他，他们同意资助他 10 000 美元，在里诺（Reno）尝试他的方法。这个方法是有效的，而且索普在几天之后就把他的钱翻了一番。更成功的是，1962 年他出版《击败庄家》一书，向广大读者传播他的想法，卖了几十万册。而且，也再没有必要亲自前往拉斯维加斯，冒着被发现作弊的风险乔装打扮去玩纸牌了。（在一次事故中，他得到一杯免费的，但被掺入了烈性酒的咖啡，这几乎使他不省人事。）

英国幽默作家道格拉斯·亚当斯开玩笑说道："这表明如果有人确切

⊖ 投掷一枚有头像偏差的硬币。你将投注多少？凯利公式表明你应该下注一小部分。实际上，索普发现凯利推导得出的下注的量太大，所以减少了一半。这相当于持有资金的后半部作为储备。凯利公式的胜率可以在餐巾纸上推导出来。后来，诺贝尔奖得主罗伯特·默顿（Robert Merton）用高等随机微积分和大量的数学方法做了一个连续时间的版本，得到了完全相同的结果。

地发现宇宙是什么，且为什么存在，宇宙就会立即消失，并被更奇怪和无法解释的东西取代。"当然，当牛顿发现了万有引力定律时，宇宙没有单纯为了惹恼他而突然改变规则。但是，索普的书出版后，赌场修改了程序，例如增加纸牌的数量或提高洗牌的频率，使卡片计数器的使用变得更加困难。

索普很快就把注意力转移到一个更大的赌场。根据尤金·法玛的有效市场假说，市场是有效的，所以不可能有猫腻。但正如索普所写，他"带着一个独特的视角来到这个场景"。他已经证明了"21点纸牌'市场'是'效率不高'的市场"，他与香农证实"赌场赌博'市场'也是'效率不高'的市场"。所以，"到了1964年，我开始考虑有史以来最伟大的赌博游戏——股票市场。尽管我认为21点纸牌是个目标百万美元级的游戏，但是我对股票市场的探索将有可能赚得上亿美元"。⊖ 正如卡片计数会改变赌场，索普和其他人的数学思想也将改变市场。

战胜市场

索普实证分析了当前股价和有特定执行价格的看涨期权价格间的关系。执行价格为100美元时的看涨期权价格和股票价格的理论关系如图4-1所示，曲线的一个基本特征是期权价格永远不应超过对应标的资产的股票价格，否则买股票比买期权更有意义。虚线①表示看涨期权的价格上限。同时，期权的价格还不应低于股票价格和执行价格之间的差额；因为如果那样的话，那么任何人都可以购买看涨期权并立即执行，以低价购买股票并赚取差额。（举例来说，如果股票价格是110美元，执行价格是100美元，看涨期权价格是5美元，如果立即行权，以100美元购买的股

⊖ Thorp（2002）.

票并立即以 110 美元卖掉，那么将快速赚取 5 美元的利润。）虚线②表示看涨期权的价格下限，是看涨期权在到期日的内在价值。

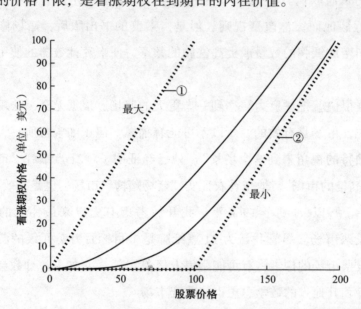

图 4-1　执行价格为 100 美元时的看涨期权价格和股票价格的理论关系
注：上限与下限如虚线所示，由索普和卡索夫开发的经验曲线是处于这些极值中的实线。

在实践中，期权价格与股票价格之间的关系曲线在这两个极端值之间。随着到期日临近，期权价格曲线向下移动。索普和他的合作者，来自哥伦比亚的金融学家希恩·卡索夫（Sheen Kassouf），首次开发了一个方程来定义"正常价格曲线"，可以用来识别异常定价。如果绘制出的一个期权价格，似乎是被低估的，他们可以做多期权和做空股票来对冲头寸。更典型的是，当他们发现如果投资者此前高估股票的涨幅，期权价格过高，他们会做相反的事：做空期权并做多股票。他们不太关心标的资产股票的价格走势，因为无论股价上涨、下跌还是横盘，他们都可能获利。

无论哪种方式，对冲是关键，将期权合约和股票做对冲。因为期权是股票的衍生品（也就是说，期权的价值来自股票），它的价值取决于股票，两者至少在理论上是相互关联的，请参见专栏 4-1 中的示例。

专栏 4-1　关于掷硬币的期权

要想知道图 4-1 中的曲线从何而来，请考虑简单的赌博问题。你掷硬币 4 次：头像朝上 1 次，你赢得 1 美元；反面朝上 1 次，你失去 1 美元。听起来很公平，但你不想承受损失，所以你决定买一个期权合约。你仅仅需要支付期权价格，如果你赢了，赚的都归你；如果你输了，你不必承受损失。这种合约对你有利，你得付钱。那么这种期权的价格是多少？答案可能在最后时刻从钱财输赢的可能值中连续地返回到平均值。

图 4-2 在纵轴上显示了每次掷硬币后的可能盈利（赢的钱减去输的钱）。第 4 次掷硬币后的得分情况可能为 −4、−2、0、2 或 4。购买期权后，最后的相应盈利是 0、0、0、2 和 4。我们可以从这些"边界条件"中反推前面几次对应的期权价格。第 3 次掷硬币后，如果当前盈利为 3 美元，那么为了公平起见，你理应付出 3 美元的期权价格，因为 3 美元正好是第 4 次应付期权价格 2 美元或 4 美元的平均值。继续以这种方式反推，并在每一次计算期权价格时中取后一次的平均值，我们发现在第 0 次掷硬币时，公平的期权价格应该是 0.75 美元。

图 4-3 比较了第 2 次和第 4 次掷硬币后的期权价格曲线，曲线的形状与实际期权相似，这是有道理的，因为价格波动通常被建模为随机游走，就像掷硬币一样。

这个例子是以理论说明的，它忽略了几个关键属性。一个是它不能解释对数正态分布价格的变动。另一个是，我们已经说过，没有人会玩这种游戏，除非他们有优势，即一个正数的均值。所以 0 期望值作为一种估价方法是不正确的。我们在现代投资组合理论中看到了它的预期收益和风险之间的理论联系。后者越高，前者越高。

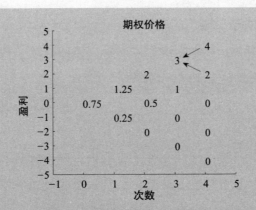

图 4-2 掷硬币游戏不同次数和分数的期权价格

注：横轴是次数，0～4 变化。纵轴是盈利，从 0 开始，在第 1 次掷硬币后，盈利可能为 -1 和 1，在第 4 次掷硬币后，盈利可能为 -4～4。图中的数字所在的点代表每一次掷硬币后的次数和盈利的函数，数字值代表相应次数和盈利的情况下所应付的期权价格。在第 4 次掷硬币后，如果盈利为正，期权价格等于盈利值；如果盈利为负，期权价格应为 0。在第 3 次掷硬币后，期权价格为第 4 次 2 个相邻期权价格的平均值（通过箭头表示）来确定。

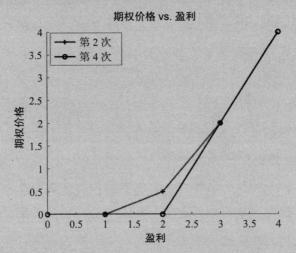

图 4-3 掷硬币游戏第 2 次（虚线）和第 4 次（实线）的期权价格 vs. 盈利

注：第 4 次掷硬币，也就是最后 1 次掷硬币，支付的期权价格与盈利相同。其他次数的曲线也会收敛到第 4 次的期权价格曲线上。

对冲

索普继续困惑于期权和股票价格之间的关系,试图改进套期保值策略,并提出一个似乎能捕捉到所有相关细节的等式。他后来说:"我只是碰巧猜出了正确的公式,并在公式出版的几年前就开始使用了。我确信那是对的,因为我应用的所有测试都有效。它做了所有正确的事情;它给出了所有正确的值,并且拥有所有正确的属性。"[1]

索普将此公式运用于他的对冲基金,年获利超过20%,他不想就此炫耀。但后来这个公式变得相当有名,据一位作者称,这可能是"人类历史上使用最广泛的内含嵌入式概率的公式"。[2]但是它被称为布莱克–斯科尔斯(Black-Scholes)公式,而不是索普方程的原因在于芝加哥大学的费希尔·布莱克(Fischer Black)和迈伦·斯科尔斯(Myron Scholes),与麻省理工学院的罗伯特·默顿(Robert C. Merton)合作在经济学均衡、理性和效率原则基础上发现并发表了可信的数学论证。

这个技巧是一个被称为"动态对冲"的过程,这听起来像是一种先进的、令人筋疲力尽的工匠技术,但实际上在金融业中,这种做法能尽可能减少交易风险甚至消除风险。股价越高,看涨期权就越有价值,这似乎是合理的,毕竟股票更容易以"挣钱"告终,因此有正收益。随着股价上涨,看涨期权价格也在上涨;随着股价下跌,看涨期权价格也在下跌。这里有一个巧妙的想法:为什么不买入看涨期权,同时以一定比例卖出一些股票,以使这个投资组合的价值不随股价的波动而改变呢?

在投资组合理论中,动态对冲的结果是期权和股票的投资组合的风险/回报收敛于一点,即无风险投资。但是我们正在超越我们自己。虽然爱德华·索普已经找到了正确的公式,他知道如何进行风险对冲,他还没把两

---

[1] Tudball(2003).
[2] Rubinstein(1994).

者结合到一起去赚取那 1.2 万亿美元。

让我们看一个对冲如何运作的例子。假设股票价格为 100 美元，我们做两件事：买入执行价格为 100 美元的看涨期权，同时卖出一半的股票（相当于价值 50 美元的股票）（即使我们没有股票，我们仍然可以像稍后讨论的那样做空它）。如果股票涨到 101 美元，通过立即行权，我们挣得 1 美元，但因为我们在股票升值之前卖掉了那一半股票，我们仍然少赚了 0.50 美元。因此，我们的净收入是 0.50 美元。相反，如果股票下跌到 99 美元，通过不行权我们没有获利也没有损失，但是事先卖出贬值的股票保留了 0.50 美元，所以净收入也是同样的 0.50 美元。换句话说，购买期权可以让我们在没有风险的情况下赚 0.50 美元。这意味着期权的价格也必须是 0.50 美元，因为如果不是这样的话，它将产生一个套利机会（理论上是不允许的）。请注意！在讨论中，我们没有任何地方使用价格变动的概率。不管我们认为股价是涨还是跌，价格仍然是 0.50 美元，这种独立性是对冲的重点。然而，价值取决于我们假设股票上涨或下跌 1 美元。如果股票上涨或下跌 2 美元，我们会得到一个不同的答案。这就是为什么期权价格仍然取决于股票的价格范围和波动性，而不是它的方向。

爱德华·索普知道做多期权和做空股票头寸的对冲思想，但他这样做没有考虑动态。"动态"的意思是，随着每一个股价每天的波动，我们必须通过买进或卖出更多的标的资产来保持一定的对冲比例以重新平衡这个投资组合。从技术上讲，追踪每天的股价波动并不及时。每小时？分分秒秒？仍不够。在技术上我们应该保持持续追踪。在这个术语中，这种完美的对冲比例被称为"Delta"。在上面的例子中，我们卖出了一半股票，所以 Delta 是 0.5。

布莱克、斯科尔斯和默顿通过绝对无懈可击的数学框架，展示了维持这种动态 Delta 对冲，可以构建一个完全无风险的投资组合的可能性。因此，其回报与银行账户无风险资产的回报相同。用数学术语表示，这个对等式的约束,使得期权价格的求解成为可能。动态对冲也为银行指明了方向——构造任何一种期权并从中获利。它们可以出售一个期权,包含一个内置的利润率并进行动态对冲,所以它们不用承担风险。

该模型再次基于对数正态随机游走模型,具有恒定的标准偏差,并假定了有效市场理论的其他原则,例如对冲时假设股票定价正确,而且"投机者将试图借巨额资金获利",利用任何可能出现的小机会。方程的解看起来很像图 4-1 中的曲线,可以用类似于专栏 4-1 中的方法来计算,通过到期日的期权价格进行逆向推导。20 世纪 70 年代初,布莱克和斯科尔斯的论文艰难地发表了,但是公式,或者说其公式的严格推导,使得斯科尔斯和默顿获得了诺贝尔奖(布莱克在获奖前去世)。详情见专栏 4-2。

专栏 4-2 排放控制

冒着疏远恐惧数学的读者的风险,这就是布莱克-斯科尔斯公式的模样:

$$\frac{\partial V}{\partial t} + \frac{1}{2}\sigma^2 S^2 \frac{\partial^2 V}{\partial S^2} + rS\frac{\partial V}{\partial S} - rV = 0$$

其中,S 是标的股票的价格,随时间随机变化;V 是衍生产品的价格,取决于时间和股票价格,它也正是我们努力寻求解决的问题;固定参数是股票波动率 σ 和无风险利率 r。这是一个微分方程,因为它包含导数,例如式中第一项描述的是 V 随时间的变化率。微分方程通过给定的边界条件来求解,在本式中,给定初始股价和执行价格。根据上下文,该方程的解可以表示为一个等式,可以用很多的网络计算器求解。绘制一个看涨期权价格 V 关于股票价格 S 的关系图,曲线图如

图 4-1 中实线所示。

我们对于这方程式令人惊叹的美丽、简洁和力量已经洋洋洒洒地写了很多页。我们要强调的是，公式在 20 世纪 70 年代被发现时，是金融界前所未有的。阿波罗神也会对其深远意义感到惊奇。它被发现得正是时候，很明显这个方程和对流反应扩散方程一样，有人听说过这个贯穿流体力学始终的方程吗？我明白，就像污染物扩散、控制机动车排放这种事并不新鲜，更多的是 19 世纪的事，19 世纪初距今差不多 200 年，它的发明者获得诺贝尔奖了吗？没有，我想这早于……他们只是在做自己的事。

我们有了一个可以用于金融或控制汽车尾气排放的方程式。谁会想到这两个领域之间有联系呢？

数学的爆发

在这一点上，我们承认某些作家和评论家的观点，他们指出诺贝尔经济学奖应被称为"纪念阿尔弗雷德·诺贝尔（Alfred Nobel）的瑞典银行经济学奖"。[⊖]在诺贝尔去世 70 年后的 1969 年，瑞典银行创立了该奖项，所以有些人认为它是一个被美化了的银行奖。彼得·诺贝尔（Peter Nobel）在 2004 年说，银行已经"侵犯了诺贝尔的商标名，该银行 2/3 的经济学奖授予了芝加哥学派的美国经济学家，他们创造了数学模型来推测股票市场和进行期权定价，与阿尔弗雷德·诺贝尔改善人类状况的目的完全相反"。

作为炸药的发明者，阿尔弗雷德·诺贝尔显然是在炸毁东西。但考虑到金融衍生品如期权后来助力于让大多数世界金融系统"爆炸"的事实，我们认为诺贝尔协会是合适的。所以，在本书的背景下，它的确"实至名归"！

⊖ See, e.g., Henderson（2004）.

正如上面所讨论的，简洁和对称的美学原则在科学和金融领域中起着重要的作用。从美学角度来看，布莱克－斯科尔斯公式（有时被称为"布莱克－斯科尔斯－默顿公式"（Black-Scholes-Merton）或"BSM"，以承认默顿的贡献）的巨大吸引力在于，与早期的定价模型不同，它像是真正的牛顿学说，只需要有一个单一的参数来描述股票，即它的波动性，股票的增速在它的推导过程中有所下降。这在实践中意味着，看涨期权的价格，或任何期权价格，只取决于标的资产的波动性，而不取决于股票的增长速度。尽管快速增长的股票有可能在价内终结，更有可能赚取利润，而且利润极有可能是巨大的，但这并不影响期权的理论价格。如果标的股票的价格断崖式下跌，期权价格并不会改变。只有波动率会影响期权价格。违反直觉吗？布莱克－斯科尔斯公式展示了如何用股票对冲期权。正如他们在论文中所写的，"在均衡状态下，这种对冲头寸的回报必须等于无风险资产的回报"。如果你持有这一对冲组合，你就不会关心股票是上涨还是下跌。

请注意，虽然布莱克－斯科尔斯公式可能无法直接将增长率作为可调参数，但市场观点确实是通过当前股价间接体现出来的。如果你买了一只股票，那么你愿意支付的期权价格将取决于你对股票未来价值的看法，与风险溢价相平衡。因此，对这些因素不同人有不同看法，最终将会以不同的价格出现，而市场价格将呈现出一种共识。当用布莱克－斯科尔斯公式进行期权定价时，这个公式会将股票价格作为给定的价格，并假设期权的定价是"正确的"，因为这种定价会重新考虑市场股票价格的风险回报平衡。它通过设置风险中性来达到这一点，将风险溢价排除在外。完成此操作后，剩下的唯一参数是波动性，同样，使用不同的值将得到不同的结果。出于这个原因，期权价格通常被解释为对波动率的看法，而股价则被视为对其增长的看法，但实际上两者都代表了风险与回报之间的类似博弈。如果你不同意市场对股票增长潜力的评估，那么你不会同意布莱克－斯科尔斯的期权价格，你也不会同意当前市场所产生的股票价格。

无风险

交易员现在已经有了一个严格的评估期权的框架，它是一个基于标的资产模型的框架，包含一些重要的，例如动态对冲的概念。估值甚至重新抽象地被虚构的世界里人们用假想的行为来当作虚构的期权定价来解释。估值已经缩小成为马科维茨的风险－回报图中的单一点，对冲期权风险的市场价格为零，经济学家再也不用担心一些麻烦的人类特性，如风险厌恶。

现在，在本书的这个阶段，一般读者可能会想：是的，现在我知道如何计算一个期权的价格，这有什么意义呢？除非你是一个量化分析师，在这种情况下，尽管没有有趣的历史背景和简洁的信息，你也将会接触到这些信息。然而，我们的目标是揭开这个话题的神秘面纱，展示我们正在做的假设，同时也让我们了解一些基本的数学如何能极大地影响金融世界。

这个简单的公式不仅仅是模拟计算期权价格，而是通过把期权交易放在了一个看似合理的数学基础上而改变期权价格的。回想一下，在20世纪70年代早期，期权交易规模很小的部分原因是它与赌博有关。这一切都在布莱克－斯科尔斯期权定价模型大受欢迎后改变了。在芝加哥大学经济学教授米尔顿·弗里德曼（Milton Friedman）的推动下，芝加哥期权交易所于1973年4月开始营业。正如其法律顾问所解释的那样："布莱克－斯科尔斯期权定价模型是交易所繁荣的真正原因，它给了我很多关于合法性对冲和有效定价的整体观念，而在20世纪60年代末到70年代初，我们面临着赌博的合法性问题。这个问题已经消失了，我想是布莱克－斯科尔斯期权定价模型让这个问题消失了。这不是投机，也不是赌博，而是有效的定价。我认为证券交易委员会（Securities and Exchange Commission，SEC）很快就会把期权看作证券市场的一种有用的机制，这是布莱克－斯科尔斯效应，这可能是我的个人判断。很快，我就再也没听到过'赌博'

这个词了。"⊖这也帮助德州仪器和惠普公司推出了可以很容易地处理布莱克－斯科尔斯公式的手持计算器。

公式中也包含了一个完美的和自动化的赚钱系统。通过动态对冲他们的资产，那些了解布莱克－斯科尔斯公式的人可以利用债券和股票市场的异常情况来创造看似无风险的利润，而不必理会标的发行公司的混乱现实。金融现在存在于一个更高的数学层面上，静静地脱离于世界的其余部分。正如衍生品交易员斯坦·乔纳斯（Stan Jonas）所言："布莱克－斯科尔斯期权定价模型的基本动机是通过动态对冲的方式使我们可以消除风险，因此我们有一个数学依据来进行交易。对交易所来说，这是一件多么美妙的事情啊！因为我们交易得越多，风险就越小，而社会就越富裕。因此，我们必须有更多的合约、更多的期货交易所，我们必须能够在日本交易日经指数期货，我们必须能够在德国交易期权。基本上，为了降低风险，我们必须无时无刻在任何地方进行交易。"⊜2000年，艾伦·格林斯潘向国会证实对冲风险有能力让金融系统更加壮大："我相信，在市场基础结构中的大型风险被显著地或者说全部地对冲的背景下，大型机构已普遍获得增长。"⊜

正反馈

那么，这个公式能让市场更有效率吗？显然是可以的。随着交易员开始采用这个公式，价格趋同使得股票和期权价格之间的套利变得更加困难。金融的"一价定律"说，在将汇率和费用考虑进来之前，证券、商品或资产的价格在任何时候都会一样，否则套利者可以在一个便宜的地方买

⊖ Quoted in MacKenzie（2006, p.158）.
⊜ BBC（1999）.
⊜ 这是针对伯尼·桑德斯（Bernie Sanders）的一个问题的回应。参见 US House of Representatives, Committee on Banking and Financial Services（2000年）.

入,在另一个贵的地方卖出。然而,正如在下一章中所见,市场在一个价格上达成一致并不一定意味着市场价格已经趋于正确的价格,或不一定意味价格将保持稳定。布莱克－斯科尔斯期权定价模型是一个简洁的方程,只要大家理解它的局限性,它就是有效的。但是,任何一个基于抽象经济学的完美、对称、稳定、理性和正常的公式,投资者都可以根据过去的波动性对股票的未来做出预测,这将永远不会是一个现实的模型。⊖

与赌博分离也不是完全积极的。赌徒会意识到,这种风险可能让他们失去全部赌注。在金融领域,通过使用对冲策略甚至可以趋近于完全消除风险的观念,可能导致一些公司(不是索普)陷入对危险的有恃无恐之中。

举例来说,1976 年,利兰(Leland)公司的三位创始人,利兰(Leland)、奥勃良(O'Brien)和鲁宾斯坦(LOR)有一个聪明的想法,就是使用布莱克－斯科尔斯期权定价模型来保护股票投资组合免受崩盘的打击。如果担心股市崩盘,那么你可以做几件事:出售你的投资组合的一部分甚至全部,但如果市场上涨怎么办?也可以买看跌期权来保护股票价格的下跌,但是看跌期权定价过高(大多数保险都是定价过高的),而且随着期权到期日的来临,你将需要在期权到期时不停地滚动操作,随着你的投资组合变化而买卖。但是,布莱克－斯科尔斯期权定价模型已经展示了如何综合地使用期权。我们已经解释过,布莱克－斯科尔斯期权定价模型显示了如何通过动态买卖标的股票来对冲期权。那么,如果你去买进和卖出,但又没有实际拥有期权,又会怎样呢?如果你这样做,那么你已经在同一份合约中复制了一个空头头寸。

其结果是一种新的投资组合保险形式。鲁宾斯坦将代表他们的客户买卖股指期货,以复制看跌期权,这种方式更便宜(期货要求你以一个固定价格在未来买卖现货,期权会给你有价的选择权)。你可以指定你能承受

⊖ See Haug and Taleb(2009)。

的最大损失是多少，这有点像期权的执行价格。

这项技术有如下特点。随着市场下跌，他们开始抛售期货，上涨时，他们会把期货买回来。随着市场进一步下跌，空头头寸将增加，以至于超过某一点，你就不再关心了。随着市场的涨势越来越高，就回购期货，这样就不会亏本了。

你觉得这是商业模式中的致命错误吗？又或许这不是一个错误（稍后我们将从专栏10-1中了解）。

随着市场价格的上涨，根据布莱克–斯科尔斯期权定价模型，也就是要买入更多的期货。当人们集体购买期货时，价格会怎样呢？当市场价格下跌时，同样的公式告诉他们卖出期货。当人们集体出售期货时，价格又会怎样呢？是的，这是正反馈。我们并不是指积极的一面。

正反馈强调小的扰动，著名的（而且是误导性的[⊖]）例子是蝴蝶效应。主流经济学，都是关于稳定性的，在正反馈的话题上几乎没有发言权，它更倾向于将注意力集中在负反馈上，从而减少波动。一个例子是"看不见的手"：如果价格离"自然"水平太远，供应商就会进入或离开市场，价格会恢复平衡。但这两种类型的反馈都在金融领域发挥了作用。

在1987年"黑色星期一"的那段时间里，有价值600亿美元的资产被投资组合保险所保护，也就是600亿美元都在虔诚地遵循同样的公式。有讽刺意味的是，这就是投资组合保险被认为是股市危机的原因之一。

长期资本管理公司（LTCM）是另一家经历了风险管理的风险性和脆弱性的公司，其合作伙伴包括斯科尔斯和默顿。该公司利用其在期权定价方面的专业知识，构建了复杂且高杠杆率的金融标的。正如它在1993年10月的招股说明书中所说的那样，"通过对冲，投资组合公司的波动性降

⊖ 天气是一种非常灵敏的系统，即使是蝴蝶的翅膀也能扰乱它（see Gleick，1987，P.18），这与有效市场假说相匹配，这是一个美好但根本上是预测错误的愚蠢借口（see Orrell et al.，2001；Orrell，2002；Wolfram，2002，P.998）。

低，可以使得所产生的头寸的杠杆作用与预期的波动幅度相同，但预期回报会更大"。㊀该策略一直是高利润的，直到1998年8月俄罗斯政府决定对其债券违约为止。因为当没有人想要执行你的订单时，动态对冲在危机中效果就没有那么好了。为了避免更大的危机，公司不得不以36亿美元的代价解套。

因为没有考虑到模型的误差，LTCM错误地估计了真实的风险水平。当然，这并不能阻止人们使用相同的模型来进行衍生品交易，也不能阻止市场/赌场的规模增长。下一章将探讨衍生品如何让世界货币供应繁荣，某种程度上这正是约翰·劳所梦寐以求的；那又是如何在2008年9月戛然而止的？当箱子盖被打开时，这个看不见的手慢慢出来，金融体系就自动关闭了。

㊀ Taylor（2004，P.257）。

第 5 章

金融衍生品

THE MONEY FORMULA

数量金融学的基础是套利定价理论，最基本的假设是市场的有效性。

——对 wilmott.com 上调查问题：
"如何在晚宴上描述数量金融学"的一条回复

我们创造了工具，之后工具又左右着我们。

——马歇尔·麦克卢汉，《理解媒介：论人的延伸》

一旦市场上出现衍生品定价模型，那么对衍生品进行交易就是必然的。期权市场活跃起来了。人们使用相同类型的数学模型来创建新的越来越复杂的金融工具。随着工具越来越复杂，数学模型也越来越复杂。曾经到处是午餐时间喝得酩酊大醉的身着萨维尔街㊀西服交易员的地方，如今是一些穿着不合身西服或是拥有博士学位的"极客"㊁的天下。如果你获得了数学或者物理学学位，量化分析师那种可以称得上"极客"的工作可能就成了你的目标。

我们需要一个衍生品定价框架来点燃衍生品发展的导火索，这将导致新的和日益复杂的衍生品合约迅速激增。轻信的人可能会说，在估值和风险管理方面有一个良好的理论基础就可以让量化分析师用已知的衍生品特点创造出新的工具，并且我们能够理解、度量和控制它们的风险。怀疑的人可能会说，建立在不稳固的沙土、废弃的矿井、悬崖边，甚至地震区上的地基都可以是完美的，如果你在交易发生错误时所需要的只是用中情局创造的语言"合理推诿"的话。这一章中，我们将要研究在衍生品定价取得突破性进展后产生的合约和用于衍生品定价的新模型，我们将看到套期保值理论是怎样被延伸和发展的。

20世纪70年代早期，布莱克、斯科尔斯和默顿的期权定价工作获得认可时，金融界仍然在所谓的"尼克松冲击"下晕头转向。在1971年8月，理查德·尼克松（Richard Nixon）终止了美元与黄金之间的固定兑换比率，开创了浮动汇率的新时代。随着股票和商品期权开始在新成立的芝加哥期权交易所中交易，一个更大的市场——货币期权市场也涌现出来。最初，1972年成立的芝加哥国际货币市场是为了出售货币期货（一种在未来的时间交换一定数量货币的协议），但是货币期货很快被演化为更广泛的

㊀ 萨维尔街：以传统的男士定制服装而闻名，是世界公认的高级西装定制圣地。——译者注
㊁ "极客"是美国俚语 geek 的音译，数学极客多指不一定是数学专业但又对数学等技术有狂热的兴趣并投入大量时间钻研的人。——译者注

货币期权。在衍生品的历史上，理论和实践第一次处于完全一致的状态。从日元对美元兑换到生猪交易等都遵循布莱克－斯科尔斯模型。

如果想要参与者信任市场，那么在交易中对合约和交易的标准化是很重要的，它可以使得大量的交易不存在混淆合约条款的风险或违约的风险，并且人们达成一致的公式也去掉了许多关于新的金融衍生品的难懂的部分，能使其通俗易懂。交易员只需要在得州计算器中输入一些数字便可以得到由布莱克－斯科尔斯期权定价模型提供的期权价格。（这一特别的功能曾被《华尔街日报》用半页篇幅来报道。作为经济学家的斯科尔斯向公司申请版税，但是却被告知这一模型公式属于金融学公共领域。⊖）

之后，交易员越来越习惯于使用布莱克－斯科尔斯期权定价模型，似乎每一个模型参数都已嵌入自己的生命。比如，假定一个股票的看涨期权以特定的价格出售，该期权的模型价格取决于股票的波动率，如上文所述，波动率并不是完全确定或稳定的。但是在市场价格已知的情况下，如果你运行模型就可以推断出与这个价格一致的波动水平。交易员常常发现，同时运用"潜在波动"与实际成本是很方便的，因为它是另一个可以与不同合约进行比较的标准。理论上，潜在波动对于每一个期权都是相同的，实际上"黑色星期一"事件已经让交易员们意识到布莱克－斯科尔斯期权定价模型低估了极端事件的影响造成的不正常波动。然而交易员继续使用这个模型，但会根据合约的细节来调整波动参数。因此，标的物的潜在波动会随如执行价格和行权期限等因素的变化而变化。这是表明这个系统不太好的一个警告信号，但至少它很方便。

然而，所有这些趋同并不意味着衍生品世界变得更简单。反之，其模型和产品变得越来越复杂。只要交易员对基本衍生品的定价感到满意，他们就会转向更复杂、更令人兴奋的产品。

⊖ See European Finance Association（2008）.

行权时间

对于基本的看涨和看跌期权的条款，其中一个更直观的变更，至少在概念上而不是数学上的，是允许你改变行权的时间。到目前为止，这里所描述的期权是"欧式"期权，只能在到期日行权，而"美式"期权允许在到期日前的任何时间行权（这些设计历史悠久并且与地理位置无关）。很明显，在相同情况下，美式期权比欧式期权价值更大，因为如果你持有的是美式期权，你就可以决定是否要提前行权，自由的行权时间可以增加它的价值——问题是增加多少？

尽管这似乎是一个简单的问题，但从数学上讲，它并不那么简单，即使对伟大的经济学家费希尔·布莱克（Fisher Black）来说也是个难题。爱德华·索普讲了1975年5月在芝加哥证券会议上和布莱克的会晤过程："我把我的美式看跌期权的解决方案给布莱克看，并给他展示了一张图。布莱克说还没有人解决这个问题。我意识到我对我的投资者负有受托责任，要保守我们之间的秘密，因此悄悄把装有世界上第一个美式看跌期权曲线图的文件夹放回了我的公文包。"[⊖]索普把他对投资者的义务置于数学荣耀之上，这表明了物理学和金融学的另一个区别，并且是一个很好的例子，说明在金融学中，最好的想法往往不急于浮出水面。

为了理解为什么理论上美式期权的定价是困难的，我们应该从期权卖方的角度来考虑。我们已经看到，因为标的资产的一些未知行为，期权是一种从数学上建立随机游走模型的风险投资。我们也已经了解了如何用一种聪明的方式通过不断买入或卖出标的资产来对冲这种行为的风险。然而，美式期权存在着在数学上更难建模的问题，这就是期权的执行时间所固有的风险。如果美式期权的价格高于欧式期权，那么美式期权行权时期权价格就要包含潜在的外在价值。可是问题是：我们不知道什么时候期权

⊖ Thorp（2003）.

被执行，因为这是由期权的持有者控制的。因此我们不知道增加多少外在价值，我们必须要对期权持有者的行为进行建模，有以下三种方法。

第一个假定是期权持有者的行权时间是随机的，毕竟在金融领域，我们喜欢给能建模的事物都建立随机模型，在我们开始为行权时间假定分布（掷骰子、掷硬币）之前，这是一个很大的障碍。如果我们用这种方式给美式期权定价，消息传开后购买者会找到比既定的"平均价格"更高价的策略，人们会排队购买美式期权然后在同一时间行权，我们也会损失一大笔钱。

那么，另一种选择是假定买方的行为是理性的，例如他们会在他们期望的效益最大化时行权，我们之前已经提到过这些想法。与效用理论一样，你必须弄清楚持有者的效用函数是什么，假定存在这样的情况。如果我们是持有者，那么我们就可以建立自己的效用函数，然而，我们处于期权卖方的立场，并不能要求买家完成一份心理评估的调查问卷。因此我们并不知道效用函数，所以就有了方法三。

方法三是假定期权的持有者在期权的理论价值最大化时行权，这是很微妙的，我们不相信期权持有者会在此时进行操作，但关键是他可以这么做，这是我们需要防范的最坏情况。这是公认的正确的方法。

为了理解它的运行规则，我们把它分为易管理的几个部分，第一部分是作为期权卖方，我们将用 Delta 对冲，来消除市场风险，剩余的风险只有行权时间的风险。我们不知道期权持有者的计划，他甚至可能改变主意，但为了保证我们不会在这笔交易中有损失，我们必须假设持有者以任何方式行权对我们来说都是不利的。（尽管我们不希望他会这么做，但这不是我们能决定的，不是吗？）这就类似于期权持有者在期权的理论价格最大化时行权，不管理论上的最大值是多少，这就是我们卖出期权的价格（加上我们的利润率）。如果我们以低于这个最高价的价格出售，持有者自己就会开始进行 Delta 对冲，以规避市场风险，然后在最佳时间行权。他

与我们的立场是相反的,但从我们这里买了便宜的期权,因此以我方为代价取得了无风险的利润。⊖

这种方法不仅具有理论期权价格,还能反映早期行权的信息,可以用以时间和资产价值为坐标轴和区域的图表来表示,被称作"持有"和"执行"。当标的资产的价格进入标有"执行"的区域时,我们的模型假设持有者将要行权。

这个想法的一个微妙之处是,期权持有者几乎肯定会在我们已经建模的时间外行权。也许他决定行权以套利或者止损,或是不经意间行权。一切他不在我们模型确定的时间内行权的偶然都可能发生。

聪明的读者,到这里有一个问题:如何看待持有者不在模型确定时间内行权?如果你认为我们很失望,因为这意味着我们的模型是错误的,那么你应该回头再读上面的内容,彻底弄清楚这一讲。

如果你认为我们并没有失望,那你就是正确的,不在最优行权时间内行权意味着此次行权不是最优的,那么我们就取得了利润(甚至高于在成本基础之上的加价)。说句玩笑话,读到这里你已经比《金融杂志》(Journal of Finance)的编辑厉害了。⊖复杂性通常适用于卖东西的人,因为它把去想如何从中获得最大收益的责任推给了买家(参考手机合约)。

值得一提的是,现在我们已经知道了量化分析师消除或者减少风险的主要的三种方法。回顾一下,我们有以下技巧:

  分散投资。用于现代资产配置理论(MPT),利用资产之间的相关

⊖ 如果一家银行对一份合约定价错误,那么其他银行就会开始与它们进行交易,利用错误定价来获利,但消息传出去后,套利通常不会持续太久。

⊖ 关于这个话题的一篇文章被《金融杂志》拒收了,请记住,美式期权的最优值只对 Delta 对冲的人有意义。期权持有者的选择是完全不同的,因为它可以随时行权。很多商人也是如此,如果你生产手机软件,你应该添加一些便宜的易于操作的功能,即使它们不会被用到。如果它们被使用,并且增加了通话量,那就会赚更多的钱。我们认为《金融杂志》的编辑应该没有从做生意赚钱的角度来考虑。

性以降低风险。
- **Delta 对冲**。这是一种极端的关联产品的方式，假定期权定价模型完美地捕获了期权与其标的资产的价格之间的依赖性（基本上是不会的），那么期权和标的资产之间的相关性也是完美的，因此理论上是可以完全消除风险的。
- **极端情况**。有些事情是你无法控制的，但可以被别人控制和利用，并且它们并不是随机的。在这里，你需要假定最坏的情况发生时造成的最糟糕的结果，但是最坏的情况一般不会发生，因此还会有一些额外的利润，这也是新金融产品往往被设计得尽可能复杂的原因之一。

决策成本

提前行权是一个简单的例子，你可以在许多复杂的金融工具中看到它。而它拥有"决策"功能是有着明显的原因的。并不是只有期权持有者可以做出行权的决定，卖家也可以，就像是可赎回债券，发行人可以用一个预定的价格来赎回债券，也可能是第三方做出影响合约价格的决定。无论谁做出了这个决定，同样的定价原则都适用，那就是如果不是你做决定的话，就假设最坏的情况发生；如果是你做决定的话就假设最好的情况能发生。

随着金融衍生品变得越来越复杂，我们也会看到一些衍生品中会出现一些决策特征，这也为量化分析师添加了很多数学上的兴趣。1973 年由布莱克和斯科尔斯提出的经典的"衍生理论"与物理学中的传热和扩散非常相似。传热关于温度通过介质的变化，例如起居室里的散热器是如何加热环境的；扩散是指粒子如何通过介质运动，如河流中污染物的运动。随着衍生品的发展，资产价格的概率分布也随着时间的推移而扩散，随着时间的推移，资产价格的集中度也越来越低。但在所有的这些情况下，问题的几何形状仍然是稳定的。散热器通过散发热量来加热房间，但是除非散热器存在一些真正严重的管道问题，否则它本身不会移动或改变热量扩散的路径。与之相类似的是欧式期权的买方只关心行权时间内的价格，这就为这个问题强制附加了边界条件。

相比之下，美式期权中存在的数学运算就比较复杂，因为它的行权时间是自由的。就像是物理学中与之相类似的冰山融化问题，热量可以在冰和冰周围的水之间流动，当冰融化或者水结冰时，冰和水的边界就会移动。这个边界可以通过物理坐标表示为时间的函数。冰和水的边界可以当作美式期权中执行和持有的边界，这一边界的变化并不是显而易见的，事实上，边界只是问题的一部分，用数学的语言可以称其为"自由边界"。美式期权的边界是一条介于最佳行权时间和最佳持有时间之间的一条线。

从欧式期权到美式期权合约细则的改变，这种简单的变化，给数学家带来了极大的兴趣。在大多数情况下，方程不能直接求解，因此，必须通过计算机模拟得到近似解，很多博士就这一话题写了很多文章。这就是典型的数量金融学在数学上的演变，有的甚至开始于布莱克－斯科尔斯模型问世之前。

新品种期权

早期数量金融的实践主要是在大学里或临时的咨询工作中进行的。1983 年，费希尔·布莱克成为第一个全职的量化分析师，当时他离开芝加哥大学，在高盛集团设立了一个量化策略组并且轻而易举就招到了一些刚毕业的数学和物理学的博士。"冷战"导致科学教育界的泡沫，那时美国试图在科学方面超越它的对手苏联，但是缺少实际性的（比如研发空间激光系统或者其他什么的）工作岗位提供给毕业生，人们的一些工作重心就转移到了金融中，并且因为薪水也更多了，所以布莱克很容易地招到了一些刚毕业的员工。

欧式期权和美式期权因为它们的简洁和普遍性，而且通常是在交易所内交易，比如芝加哥期权交易所，所以被称作"单纯"期权。随着数量金融学发展成为一种职业，量化分析师用他们的聪明智慧创造出了一系列的期权合约。这些合约通常不会在交易所交易，但可能是为特定客户设计的，所以被称为"场外交易"。⊖接下来的一些描述将帮助读者理解交易员和量化分析师的想法。

- **障碍期权**。假定你认为股票会上涨，但只能上涨一点点，由于它的杠杆效应你就会考虑买一个看涨期权，然而，你为看涨期权所付出的费用代表着该股有可能大幅上涨，但是你认为这并不会发生，因此你会买一个上升敲出看涨期权。如果股票价格上涨，这个合约就像看涨期权一样得到回报；但如果在到期前的任何时间上涨到一定程度并达到预先设定的触发点时，它都会被"敲出"并变得一文不值。对你来说这是很有利的，因为你只需要在你认为的股票可能上涨到的价格之上选择一个触发价格水平，而这个合约的成本远远低于单纯看涨期权。

- **回望期权**。假设你是世界上最伟大的投资者，能把握的机遇总是很完美，你总是以最低的价格买进股票，并且以最高的价格卖出，这其实并不是天方夜谭。确实有一种合约，它的收益依附于期权有效期内标的资产达到的最大或最小价格，它的收益是某一时期内标的资产的最高价与最低价的差额，这就是回望期权。它使你成为一个完美的交易员，但它是非常昂贵的。

⊖ 不知道为什么它不叫作"定制交易"，"场外交易"似乎与它的本意不同。也许是因为量化分析师在玛莎百货（Marks & Spencer）或当地的其他同类商场买了他们的西装？

正如上面所提到的，期权的标的物不一定是股票，可以是任何具有潜在价值的东西，例如商品价格、汇率等。如果你正在经营一家向外国销售商品的公司，我们来看看可能适合你的期权。

- **亚式期权**。你经营的一个生产小饰品的公司，以固定的外币价格在国外销售，你的销售额是有规律的，你更擅长生产，而不是预测汇率，所以不希望处于汇率风险之中。坦白地讲，你想把重点放在生产中，然后把货币对冲外包，这时亚式期权是适合你的。（补充一点，除了1987年它的美国发明家碰巧在东京工作以外，这个名字与亚洲没有任何关系。）这个合约的回报取决于某个时期内的平均汇率，所以执行价格是期权合约期内某个时期内标的资产价格的平均值。

上述所有的合约只需要对布莱克-斯科尔斯模型进行相当小的扩展，而且所有这些都是基于Delta对冲来构建无风险的投资组合理论。这样的合约被称作"奇异期权"或"结构化产品"（后者往往是当金融工具有利率风险敞口的时候）。还有很多的新产品，下面再介绍一种新的期权：⊖

- **多资产期权**。到目前为止，我们看到的衍生品只有单一的标的物。这意味着回报只取决于单个金融量的行为，比如股票或汇率。想象一份与几项资产都相关的合约并不困难，例如收益就是10股中表现最好的那只股票。或者标的资产位于不同的资产类别中，比如合约以美元计价，标的物股票却以英镑计价。当有多个潜在的问题时，你就会遇到与现代投资组合理论相同的问题，即如何对资产之间的关系建立模型。假定它是不稳定的，你是否依赖于其相关性？

⊖ 奇异期权有各种奇怪的名字和特征，喜欢美食的量化分析师可能对"马达加斯加的香草期权"（又译单纯期权）感兴趣，谷歌搜索发现并无此期权。可能这是一个很好的机会来创建一个新的比平常稍微复杂一点的衍生品，而且它应该是非常昂贵的。

Delta 并非万能

另外还有债券市场，债券代表贷款，它们的价值随着利率的变化而波动，如果债券的收益率为 8%，基础利率只有 6%，这似乎是一种合理的投资，但如果基础利率升至 12%，债券就失去了吸引力。因此，债券价格往往与基准利率成反比。20 世纪 80 年代，美联储的基准利率在 6%～19% 间跳跃，央行挣扎于滞胀的影响之中。这使得债券成为一个令人兴奋的领域，而用期权理论给以利率为标的的债券衍生品建模一直只是个时间问题而已，建模的目的实际上并不是要为债券本身定价（它们的价格是由市场来决定的），而是评估更复杂的不可交易的奇异期权或结构化产品。

如今，期权理论可以通过假定利率遵循随机游走被用于债券，一方面股票、货币和大宗商品间存在着重要的区别，另一方面利率和信贷间也有重要的区别。你可以找到以所有这些或更多品种为标的物的衍生品，但第一组比第二组更容易建模，因为第一组模型的标的物是可交易的。

股票和股权是可以用来交易的，因此以它们为标的物的期权是容易对冲的，货币和大宗商品期权也是如此。

但是事实上，很多时候期权的标的物是不能被交易的，这就存在着定价问题。如果你不能为期权和标的物之间建立一个无风险的投资组合，那么你就回到了马科维茨的世界，不再是在那个单一的无风险的点，而是在非零风险的开放空间，存在着难以衡量的预期回报和市场价格风险。

最重要的是，这些期权都以利率为基础是出乎意料的，这是因为利率是没有实际交易的。说真的，债券是可以用来交易的，掉期也一样，但是这不同于你现在从银行获得的利率，这 0.5% 是不能用来交易的。可以把债券看作亚式期权，债券的价值取决于合约期内利率波动的平均值。

这就提出了一个建模问题，因为甚至是最简单的零息国债都可以变成利率的衍生品，我们可以讨论一下布莱克-斯科尔斯的动态对冲观点，为了消除利率风险我们必须采取一些手段，例如采用一个月期债券来对冲一年期债券的风险。

Delta 对冲作为早期的数量金融学中最基本的和最关键的观点，在一些市场上发挥作用的难度要远超过其他市场，但这不能阻挡量化分析师运用它。

再谈市场风险价格

这看起来很深奥，但是在数量金融学的发展中很重要。因为这是第一个也是最重要的一个时机，量化分析师开始弄虚作假，或者我们可以称之为暗箱操作。

区分标的物是否是可交易是好模型和差模型的关键区别，当标的物很容易对冲时，布莱克-斯科尔斯模型就可以推导出一个期权价格方程，只有一个未知数的方程，所以能解出未知数的值。但如果我们对利率产品也用相同的推导过程，得到的结果是一个两个未知数的方程，就不能解出未知数的值。在以上的例子中，未知数是一年期债券和一个月期债券，这意味着我们不能得到其中任何一个的价格。相反，我们只能对它们进行相对的估价，事实证明如果我们引入一个统一的函数，就可以对所有的利率衍生品进行估价，这就是利率的市场风险价格。对冲观点告诉我们，因为所有固定收益工具都有相同的风险敞口——利率，所以都应该得到相同的风险补偿，这就是市场风险价格。我们又回到了哈里·马科维茨的观点，而不是我们所期望的安全的令人觉得舒适的无风险点。

我们希望的是市场风险价格可以作为体系的一个固定参数，能给解方程提供一些额外的信息。这会让我们看起来又回到了正轨，表面上确实是这样的，但实际上这种对冲并没有那么简单。

在经济学或者金融学的教科书中，我们会觉得市场风险价格是好的，毕竟有个确切的数字，比如 3，这是衡量超出无风险利率一个单位风险所需的价格补偿。这看起来有多合理？但实践中的市场风险价格是不稳定的，每种风险来源也不同，股票有自己的市场风险价格，也有利率、货币等，而且很难衡量。

图 5-1 显示了美国短期利率风险的市场价格。⊖

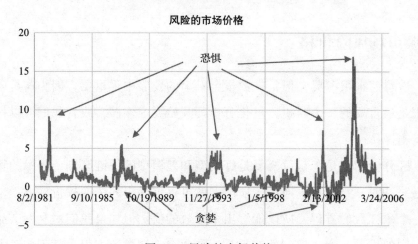

图 5-1　风险的市场价格

这是保罗·威尔莫特最喜欢的财务图之一，因为它突出了最应该被凸显的部分。风险的市场价格并不像教科书中讲述的那么好、那么稳定，实际是没有条理的，会一天高一天低地波动。有时候，它甚至给人们提供花钱购买风险的错误信号。当然，人们（甚至是酒吧经济学家）都知道，这就是人的本性。我们在图中标注出了"恐惧"和"贪婪"，这么说其实有点不科学，但是峰值确实在很大程度上代表了一个可怕的市场，此时承担风险需要比平时更大的补偿。贪婪就出现在是补偿发出错误信号的时候，这时就像买彩票一样，人们是负预期的。

布莱克-斯科尔斯模型依赖于已知的波动率，波动率已经是一个不稳

⊖ 参见 Ahmad 和 Wilmott（2007）对方法论的研究，图中的数据是论文中的更新版本。

定的参数了，但是现在又加入了一些更加糟糕的东西。此外，假设中的一年期债券和一个月期债券的相关性在实践中并没有出现过，这种相关性并不理想。完美的相关性是在假定即时远期利率是所有价格的唯一驱动因素的副产品的基础上的。但是通常情况下，有不止一个随机因素影响着价格。

在量化分析师发布了越来越多复杂的、不可对冲的工具的时候，他们达成了一致决定，不去担心这些问题。布莱克-斯科尔斯模型是非常适用于可交易的标的物的，尽管会带来一些重大的不足，但是量化分析师想同样将该模型应用在不可交易的标的物上。从另一个角度看这实在是太诱人了。在这么多金钱的赌注之下，我们就不要有那些担心了，逻辑上的滑坡谬误啊！量化分析师不得不成为认知失调的大师，不去担心模型的适用性也成了工作的一部分。

激情与疯狂

如果不太担心模型对于不可交易的标的物的估价的实用性，那么也就不会对以下衍生品有疑问：

- **信用**。做生意是有风险的。他们发行合约，比如债券会产生违约风险（利率也会），违约风险是不能被交易的，而且很难建模，这也是银行最大的担忧之一。他们通常通过谨慎地筛选贷款候选人来降低风险，但这需要做大量的工作。另一种方法是诸如信用违约掉期之类的工具，将在下文中进一步讨论。这些都可以被当作在发生信用风险事件（如违约）的情况下可以支付的一种"保险"。为了给它们定价，一些人从基本面分析中萌生了建模的想法，其他人则把破产看作一种随机事件，就像抛硬币一样。因此，信用衍生品的模型存在一定的争议。

- **宏观**。造成信用风险的部分原因是整体经济的下滑，在经济衰退时期，企业的破产率上升。为了防止这种情况发生，一些衍生品使用经济变量，如基础的制造业指数或工资指数来作为标的资产，但很难建立模型，而且很难对冲。
- **通货膨胀**。可以用一种金融工具把通货膨胀水平也作为标的物，这种标的物是不能被交易的，政府也试图去控制通货膨胀，但是没有完全成功。
- **房地产**。还有一些基于美国 S&P/CS 房价指数的房地产衍生品，这些可以用来对冲房地产风险或投机房地产市场。尽管房地产是可以被交易的，但它的流动性很差，所以可交易性也就无关紧要了。
- **能源**。能源衍生品具有很好的建模潜质，能源是难以存储的，它的价格变化不定并且有时可以达到一种极端的程度；能源对冲起来很困难，可以参见下面对安然公司的讨论。
- **天气**。天气对很多个体企业和整个经济都有很大的影响，因此，如果你想要保险一点，可以考虑天气衍生品。但是你不能通过买入或卖出雨雪来对冲天气，至少不能直接进行这种对冲。这里我们可以举一些有趣的例子，比如买一个雨伞生产商的股票来对冲降雨，或者用橙汁商品来对冲晴天，但在目前这些还不能实现。

我们开始看到数量金融对数学家的吸引力（也许也有薪水的些许影响）。通过数学建模把金融概念翻译成数学原理，我们有微分方程和自由边界，有时还有很好的公式，如果找不到公式，就需要做一些复杂的数理分析，复杂可以很有趣。

如果用错了公式也要付出昂贵的代价，我们需要谨记数量金融学在动态对冲中扮演着两个角色。在数学上，比如用布莱克-斯科尔斯模型可以确定期权的价格，一个交易者不用实际买卖股票就可以使用这个公式。然而在理论上，期权卖方也可以将对冲作为一种消除期权风险的方法，银行可以在发行期权的同时进行 Delta 对冲，从手续费中赚钱。因此，如果你卖的是一个不可交易标的物的期权，你可以用这个模型得出一个理论价格，但是在实践中风险是不可能被消除的。

另一个问题是，虽然衍生品可以用来降低风险，但它们通常被用来做高杠杆的赌注，因此，模型对于风险评估是至关重要的。

在 20 世纪 90 年代，一些大公司，如宝洁和德国 MG 集团都曾经历衍生品交易的巨大亏损；另外，加利福尼亚州富裕的橙县利用衍生品来押注利率而被迫破产。在能源衍生品领域，总部位于休斯敦的安然公司是无可争议的领导者。据报道，2000 年该公司收入超过了 1000 亿美元，经计算，每名员工的收入超过了 500 万美元，⊖但是第二年它就破产了。这些只是为接下来的讨论做铺垫。

伟大与荒谬

金融衍生品显然不是最稳定的金融工具，我们应该谨慎处理。之后我们将详细讨论好模型的重要性，但这里我们只做一些简短的论述。

首先，模型稳健和内部一致是一件好事情。在此范畴内，我们将股票、债券指数、汇率和大宗商品作为标的物。只要不是多资产合约，至少这些标的物是可以被交易的，模型也对这类标的物具有很强的适用性，这样量化分析师也都会倾向于使用相似的模型。

利率模型并不成功，迄今为止，存在太多的这样的利率模型，对同一个金融工具不同的人使用不同的模型，而在模型内无法进行持续对冲也是个重要的问题。利率衍生品市场巨大，因此发生系统性灾难的可能性也同样巨大。但积极的方面是，利率的波动比较小，不存在大涨大跌的风险刺

⊖ Ackman（2002）.

激，至少在我写本书的时候是这样的。

　　信用风险模型更糟糕，不能进行对冲并且不知道怎么给违约建模，违约并不是随机的，而是由商业决策决定的。我们没有公司的数据，况且破产往往是一次性的，高风险业务存在着很大的不确定性。而且信用工具的市场规模很大，信用工具也很危险，这些都需要仔细的研究，尤其是臭名昭著的担保债务凭证。

　　在讨论量化分析师对担保债务凭证进行的工作之前，需要明确说明，担保债务凭证本身是个很好的金融工具，要担心的是对它的滥用和误用。担保债务凭证是资产证券化家族中的一种金融工具，而资产证券化的价值和现金流通常都是与流动性较差的标的资产的资金池相关。这些标的资产可以是房产租金收入、信用卡的应收账款、学生贷款、汽车贷款、抵押贷款等。例如，学生贷款，成千上万的学生贷款是来自不同的学生，这是有助于分散和控制风险的。

　　担保债务凭证起源于 20 世纪 80 年代末，但却在银行家偶然发现滋生的风险后才变得流行起来。设想一下，例如底特律，今天被称为房地产界的《僵尸启示录》：野狗漫游在废弃房屋的街道上，帮派控制的街道即使是警察也不敢轻易进入；还有一群食人脑髓的僵尸政治家。当然，其实并没有那么糟糕，但在 2014 年，有人曾提出要用"投资者专用"的三居室房子为抵押换取一部新的 iPhone 6 或 iPad，而这通常就是市场崩溃的信号。这与 10 年前房价上涨时的情况形成了鲜明的对比，当时像美国国家金融服务公司一类的放贷机构信贷方式之宽松曾风靡底特律，贷款人不需要有工作或者信用记录，只要能签署自己的名字就可以得到抵押贷款。⊖ 2004 年，底特律约有 8% 的房屋是靠银行的次级贷款买的，而在美国其他地区也出现了类似的情况，但放贷方并不担心这个事情。因为它们用了担

⊖ 当时底特律联邦政府已经意识到这个问题了，正如一位议员所说"我不认为掠夺性的贷款机构把整个城市和居民都当作它的目标客户是有疑问的"，但是，美国联邦政府认为试图通过对最高利率设定上限来规范贷款行业是非法的（Krupa, 2002）。

保债务凭证方法来重新包装风险，放贷方将这大量的借贷组合起来，重新包装使其证券化，再以证券形式出售给投资者。底特律住宅的抵押权可能最终落在某家想分散投资的德国银行手中。

从大多数的观察者观点来看，这都是好的。正如2006年国际货币基金组织宣称要延伸监管触角，银行的信用风险已经不只保留在它们的资产负债表上，而是分散到了更大范围甚至更多元化的投资者群体上，这些都有助于银行系统乃至整个金融系统变得更有弹性。⊖ 国际货币基金组织的观点得到了本·伯南克（Ben Bernanke）的呼应，伯南克在当年宣布："对于那些更愿意、更有能力承受风险的人来说，经济和金融体系变得更有弹性了。"⊜

那么，"信用风险分散"是怎么发挥作用的呢？担保债务凭证从众多的标的资产中获得现金流，假设它们是抵押贷款，由抵押贷款构成资产池，被组合后分成不同系列的债券。之后投资者可以选择性地购买债券，其中有些系列是高风险的。具体来说，可能有以下内容。

- 所有抵押贷款的支付、利息和本金都混在一起。
- 当有付款资金流入时，将这部分资金汇聚起来支付给投资者。
- 持有优先层的投资者优先获得报酬，然后依次是夹层和劣后层的投资者。在通常情况下，层级的划分会比以上三个层级多，层级越低报酬资金不足的风险就越高。此时如果抵押贷款违约，投资者就得不到报酬。
- 不同的层级是按照贷款的信用评级划分的，最高的是AAA，然后是AA等。信用评级越高的层级，在其他条件相同的情况下，其成本就越高，预期收益就越低。信用评级越低的层级，其风险就越高，预期收益也会越高（再次出现现代投资组合理论）。

⊖ International Monetary Fund（2006, P.51）.
⊜ Bernanke（2006）.

投资者通常在判断自己承受风险的能力和估计预期能达到的回报后，选出适合的投资系列，毫无疑问它们是很好的金融投资工具。

资产组合

然而，从数量金融学建模的角度来看，这些金融工具都是令人害怕的。2006 年保罗写的一本信用衍生品的书中提到：有多种标的物的信用衍生品最近很受大众喜爱……但是我不得不说有些工具和模型被用于信用衍生品时，让我对全球金融市场的未来充满了担忧和顾虑（但这并没有阻止他在 2008 年差点破产）。

用于担保债务凭证定价的一种模型叫作 Copula 模型，这是概率论中的一个数学概念，它有助于分析多个随机变量的行为，其中随机变量是默认的。接下来我们将要描述和评论这个模型，在担保债务凭证使用下，我们不能把 2008 年信贷危机的责任推卸到任何模型上，恰恰相反，没有能够在提供对冲风险机制的同时给出价格的模型才是更大的问题。

Copula 模型根据单个变量的随机行为给出多个随机变量的概率行为。直到现在，我们一直都关注诸如看涨期权之类的衍生工具，这类衍生工具只有一种标的物，例如股票。Copula 模型将单一标的物的方法推广到了资产组合上，这与担保债务凭证是息息相关的，因为担保债务凭证的资产池是由多个个人资产组成的，比如很多抵押贷款。将抵押贷款复杂地融合起来的证券系列是备受关注的，对它们的估价取决于抵押贷款之间的关联度。如果关联度非常高，那么即使是高级证券也面临着违约的风险。

Copula 模型最初基于一种精算技术，用于解决"心碎综合征"。一个人伴侣的死亡大大增加了他们在第二年死亡的概率，同时影响（降低百分之几）联合年金的价值。⊖Copula（来自拉丁语，其意为"联合、连接"）

⊖ Spreeuw and Wang（2008）.

是一种计算双方在某一年龄或在某一年龄之前死亡的概率的方法，因此也计算了联合年金的价值，同时考虑时间的相关性。高斯 Copula 是利用高斯分布的一个函数，它是前面讨论过的正态分布的另一个名称。（这项工作没有获得诺贝尔奖确实出人意料，但获得了精算师界 1998 年度的精算研究基金 Halmstad 奖。）

量化分析师的想法是以个人违约具有相似的相关性为默认假设来进行模拟。如果一个业主出现抵押贷款违约，那他所在的街区短期内再次出现违约概率就会增加。这听起来似乎有理，但如何将其推广到 1000 个抵押贷款上却很模糊。心碎综合征涉及的是个体间的相关性，但如果风险是会传染的呢？如果导致全球金融行业的"冠状动脉疾病"发作，又会发生什么？

美国《连线》杂志 2009 年刊登了一篇德国数学家费力克斯·克莱茵（Felix Klein）的关于 Copula 模型的文章——"杀死华尔街的公式"[⊖]，正如我们所关注的那样，他的文章主要研究了标的物之间的相关行为。第 3 章中我们已经做过组合数学了，下面我们再快速地举一个例子：在担保债务凭证中有 1000 个抵押贷款，那么有多少个相关性系数？答案是 $1000 \times 999 / 2$，将近 50 万个。怎样去计算这些参数？是否应该挨家挨户地采访抵押人看看其支付能力是否与邻居相关？难道一个简单的数字就能承载相关性的信息吗？比如，通过数字就能判断出住在 99 号的史密斯夫人和 101 号的加西亚博士之间的相关性吗？如果发生了金融震荡，它不会改变吗？接下来，我们看看量化分析师关于相关性的研究。

模型滥用

量化分析师怎么做？他们假定所有的相关性系数都是 0.6。难道就这样？他们采用一种微妙和复杂的概率概念，比如 Copula 模型，结合这 50

⊖ Salmon（2009）.

万个参数分析，从始到终，类似懒惰、无知、冷漠这些人性的东西，都被凭空获得的相关性系数和1000个抵押贷款中每一对的相关性都相同的假设前提刨除在外。

从上文中我们已经看到了在布莱克-斯科尔斯模型中使用波动率是存有疑问的，因为它是不稳定的，这点我们已经强调了。为利率期权制定市场风险利率是一种掩盖问题的方法。但是诸如房地产市场这种公认的复杂实体的相互关系，被简单假设为可以通过市场相关系数的单一数字来完全描绘，这将模型滥用推到了一个前所未有的阶段。

尽管萨尔蒙（Salmon）等人已经对Copula模型提出了批判，但仍有一些人在对此辩护，声明"我们从未真正相信过模型"或"我们用了更复杂的模型"。⊖这可能是真的，但是不管使用什么模型，如果有一个具有1000个标的物的担保债务凭证，你就会触及个人标的资产相关性的问题，想要全都做得精准实在是太复杂了。

的确，模型的简洁是它的主要卖点，简洁的模型不仅美观，而且还有许多其他优点，包括易于传播等。就像布莱克-斯科尔斯模型一样，Copula模型很快就流行起来，交易员将其融入他们的工作实践中，并将其作为一种"交流工具"。交易员开始用隐含相关性而不再是隐含波动率报价。同样，相关证券的隐含相关性往往是不一致的，比如相同的抵押贷款资金池但票据系列不同时隐含相关性不同，优先层级比劣后层级往往有更高的隐含相关性，这也应该引起注意。但正如一位交易员对社会学家唐纳德·麦肯锡和泰勒·斯皮尔斯所说的那样，"如果每个人都有同样的模型并且在同一个模型上都达成一致，那模型好坏就已经不重要了"。⊖特别是会计和审计人员现在都可以使用模型来评估一份合约，即使它的真正价格

⊖ 法国外贸银行的米歇尔·克劳奇（Michel Crouhy）曾表示，"为了评估他们自己承担的风险，银行使用了更全面的模型。"（ParisTech Review，2010）

⊖ MacKenzie and Spears（2014）。

取决于未来抵押贷款是否违约。因此,如果交易员以高于模型计算价的价格卖出一份合约,利润就将计入他的奖金;如果没有模型,"人们就会陷入严重的困境,所有的交易员都会辞职"。

在2004年8月对Copula模型的质疑进一步削弱,当时世界上两家主要的信用评级机构穆迪和标准普尔都把这个公式作为评估担保债务凭证的指标。就像布莱克–斯科尔斯模型在期权交易中带来的巨大扩张一样,高斯Copula也同样刺激了担保债务凭证的交易。获得信用机构背书意味着养老基金等受监管的机构可能会蜂拥而入,这些机构甚至不需要建立自己的模型,它们可以下载标准普尔的"抵押债务凭证评估程序"。

2004年发行了1570亿美元的担保债务凭证,到了2006年这一数字激增至5520亿美元。⊖其中信用违约掉期的使用推动了担保债务凭证的发展,信用违约掉期可以用来防止贷款违约,这使得银行可以从资产负债表中消除风险。而且,由于这些债券只有在投资违约时才得到偿付,它们也可以作为一种卖空资产的方式从而成为一种对冲工具。截至2007年年底,在保险金额上,信用违约掉期的市场价值已经达到了大约60万亿美元,相当于全世界的GDP总量。对冲基金也随之迅猛发展,一家在这方面做得很不错的公司——美国迈格尼塔投资公司(Magnetar Capital),它通过购买没人想要的高回报的垃圾系列债券来支持担保债务凭证,并使用信用违约掉期在优先层级上做空来对冲它的风险。这种情况会在金融危机的相关性风险爆发时得到丰厚的回报,违约事件会从劣后层级证券蔓延到优先层级证券(理应是安全的),当然这也是确实可能发生的。

击鼓传花

唯一现实的估价方法是假定标的资产之间存在极端的相关关系,以至

⊖ 参见证券行业和金融市场协会(Securities Industry and Financial Markets Association)。

于担保债务凭证过于昂贵而没人购买。尽管从估价的角度来看，这是一种成熟和负责任的做法，但它不会被交易员所喜爱，交易员关心的只是交易成功后得到的奖金，拿到丰厚的奖金之后，其他一切都不重要了。

尽管已经有了对Copula模型或其他模型应用于担保债务凭证估价时的争议，但是仍然有一些人在乐此不疲地使用着模型，在2008年以前的许多会议上，就有学者或者实践者推销他们的模型和风险管理软件（见专栏5-1）。然而并没有人站出来说这太危险了，不能进行交易。如果这些复杂的模型衍生品交易规模很小，那就不重要了，但实际上交易规模很大。这种有趣又危险使模型衍生品的交易变成大的商业活动。

在孩提时代，我们会在生日聚会上玩类似于"击鼓传花"的传礼物的游戏，游戏开始前将礼物用纸层层叠叠地包裹起来，伴随着音乐人们依次传递包裹，音乐每停一次，拿着礼物包裹的人就打开一层纸，音乐响起后继续传递包裹，最后礼物就属于打开最后一张纸的那个人。这就是债务抵押凭证的情况，但传递的不是礼物。

抵押贷款机构借钱给人们买房，对于借款机构这是有风险的事情，但它们不会长期持有这种风险，会把风险转移到银行，让银行暂时持有风险。银行在其"盟友"投资银行的量化分析师的帮助下，将抵押品重新组装、划分为不同系列的金融产品而出售给投资者。购买产品的投资者就成了风险承担者，如果投资者从保险公司购买了信用违约掉期的保险，那么则是由保险公司承担风险。

从借款人到抵押贷款机构、银行和投资者，再到保险公司之间资金的流动，已经成为非常流行的商业活动，但其间所用金融工具的市场规模大小才是最危险的部分。如果交易规模很小不能够估价或对冲，这时的风险是无关紧要的；但是如果交易规模很庞大，那就有可能造成整个体系的系统性风险。人们对合约可以被估价和对冲的想法带来了历史上从未有过的安全感，这使得交易规模变得很大，而且很明显含糊不清的量化模型起到了关键的误导作用。大多数金融工具都是场外交易的,这意味着债务收回之前,整个运行机制都是不透明的。

金融危机最严重时,信用违约掉期合约的最大发行者是美国国际集团(AIG),但是它也没有把"风险包裹"保存很久,最终宣布破产并将后果转嫁到纳税人身上。如果读者好奇是谁最终认购了价值1.2万亿美元的未平仓的衍生品合约,答案就是你自己。

专栏5-1 保罗的忧虑

在21世纪初,我参加了相当多的会议,每次会议中,演讲者几乎都是同样的人,所以这些活动更多的是提供了与朋友和同事交流的机会,而不是学习相关经验。这些发言者每次都会给出大致相同的发言,只不过在他们的研究中增加一些细微的调整。我在听讲时经常坐立不安,一个不断出现的话题,"Copula模型用于担保债务凭证"成为历久不变的主题,被一些不知名的教授讨论来讨论去。我不敢相信这些模型受到了所有公司的人的青睐,我想知道那些杰出的教授是否也有担忧,还是他们真的相信演讲者所说的"废话"?我怀疑他们相信了演讲者的观点。因为如果自己的观点被强烈的反驳的话,那很容易失去原有的客观的观点,但是观众中难道就没有人没被演讲者的观点说服吗?

我环顾四周,希望能吸引到其他观众的目光,或者我们会沉浸在相互的眼神中以表达我们的担忧,或者至少我们是不轻易相信的。但是没有,每个人都在全神贯注地聆听着,只留下我以孤独的目光在大厅里回望。我就像1978年的电影《外星人入侵》中的南希一样。我假想着这就像一个理智的人参加山达基(Scientologist)教徒会议,而Copula模型正是这个有着不可靠的科学基础的新宗教。德国人讲得很

> 对，根据维基百科的说法，德国政府将其视为一种"伪装成宗教的、滥用宗教名称的邪教组织"，但遗憾的是他们指的是山达基教，而不是 Copula 模型。
>
> 而且，遗憾的是我没有意识到担保债务凭证发展的程度比我想象的还要恐怖，虽然基础的担保债务凭证是很好的工具，但是很难对其进行估价和风险管理，我没有意识到市场规模已经如此庞大。
>
> 有些被谈论的工具是担保债务凭证的平方或立方等，这些是在担保债务凭证的"篮子"里装入了其他的担保债务凭证，并装在其他担保债务凭证的"篮子"里……我开玩笑地说这是发明了指数担保债务凭证，因为指数函数比其他函数都要增长得快，我想让人们尽可能认真地对待这个问题。

货币紧缩

担保债务凭证和信用违约互换（credit default swap，CDS）等金融工具的实际效应并没有降低风险，而是导致货币和信贷的巨大扩张。我们一直倾向于认为货币供应是由中央银行控制的，但实际上绝大多数的钱是从私人银行贷款的。英国金融服务管理局的前主席阿代尔·特纳（Adair Turner）曾指出："经济学教科书和学术论文通常描述的是银行怎样去吸纳储户来存款并把钱贷给借款人，但是对银行实际在这方面的工作的描述却不充足，实际上银行创造了信贷资金和购买力，这对于经济和社会发展影响深远，银行可以创造的私人信贷和资金的数量可能是无限的。"[1] 当你从银行按揭贷款时，银行不会从其他客户的账户里取钱，它们只会从新的地方补足资金。当经济状况良好时，房屋等资产的价格就会上涨，进而以积

---

① Turner（2014）.

极的反馈作用影响信贷、房产等就可以作为更大额贷款的抵押物。而中央银行通过调整银行间贷款利率等方式，只对这一过程产生间接影响。

  当然，银行要管理风险，这无形中就为贷款活动设置了上限。21世纪早期，债务抵押凭证和信用违约掉期的发明以及对二者大量的滥用，使得银行可以将风险打包并出售给别人。不管银行以何种方式摆脱资产负债表，都意味着它们可以发行更多的贷款，货币泡沫进一步膨胀。2007年信贷紧缩造成重大伤害的本质原因是货币危机，类似于17世纪约翰·劳在法国发行纸币一样，但这次信贷紧缩造成的影响却是全球性的。模型（比如高斯Copula模型）把金融世界模拟为一个稳定的体系，并没有计入突发的金融危机或者机构之间不良的影响，给人们造成了一个虚假的安全感。简单的模型有很多优势（包括作为"交流工具"），但是拒绝滥用模型。

  根据麦肯锡和斯皮尔斯的观察，"或许投资银行的衍生品模型总是有着我们某位受访者称之为'芭蕾舞'的一面，高收入的量化分析师不仅要试图捕捉世界的形成方式，还要确保行动协调，量化分析师就像是芭蕾舞者，这些舞蹈要步调一致，相互协调时才能取得成功。"不幸的是，这只特殊的芭蕾舞有一个悲剧性的结局，与著名舞剧《天鹅湖》一样，当时一只黑天鹅悄无声息地闯了进来。

  货币有一个可与量子物理学相匹敌的特定属性，那就是它是真实存在的，从某种意义上来说，货币的出现对人们的生活和经济发展有着巨大的影响。在一个城市，比如底特律，房地产市场的繁荣意味着更多的美国人可以买房，但当情况发生变化时，这种利好的景象就会突然消失，就好像它从未存在过一样。在下一章中，我们将更深入地研究量化分析师如何试图用数学方法来揭开货币的神秘面纱，并解释为什么最后往往以爆炸结束。

第 6 章
量化分析师

**THE
MONEY
FORMULA**

数量金融学在很大程度上是在浪费时间和人力。它创造了就业机会，但这些机会的社会价值令人怀疑。这些量化工程师年轻聪明，本可以解决些真问题，以更好地服务社会。为什么却要整天盯着屏幕来寻觅资产价格的规律呢？

——对 wilmott.com 上的调查问题"如何在晚宴上描述数量金融"的一条回复

预测彗星轨迹要比预测花旗集团的股票走势容易得多。当然，与前者相比，预测股票走势可以赚更多钱，这也是它的吸引力所在。

——詹姆斯·西蒙斯（James Simons）

从 20 世纪 80 年代起，衍生品的交易日益增加；到了 20 世纪 90 年代，产品的复杂性也日趋增强；来到 21 世纪，信用工具的问世，衍生品交易向高频电子交易的转变……在这个过程中，量化分析师在银行业中的地位逐步提高。对于量化分析师来说，教育的要求越来越严格，但正如现实中经常出现的，常识的要求则接近于零。量化分析师是典型的科研专家（这里指的不是学术界中的科研），他们要做深奥的数学运算，写计算机代码，量化评估一家银行或对冲基金的风险水平，并经常给出实际交易中用到的算法。因为现在当个码农成了一件很酷的事情，所以做一个量化分析师也很酷（高额的薪酬也是原因）。但是，这些能像当作家一样酷吗？

在这一章，我们将慢慢为大家揭示量化分析师究竟是做什么的，以及同样重要的，他们的工资有多高。我们从 wilmott.com 的调查中得到了一些反馈和结果，所以你听到的都是一手的、真实的消息。首先，我们追溯一段历史来解释这些"宇宙主宰"⊖如何利用科技的帮助，在世界金融体系拥有现在这样令人望而生畏的力量。

早期，例如 20 世纪 70 年代以前，交易者在股票市场中通过面对面的方式进行股票的买卖。在美国，主要的股票交易所一直是纽约股票交易所（New York Stock Exchange，NYSE），它由 24 名经纪人在 1792 年建立起来。在此后的近两个世纪里，纽交所几乎垄断了股票交易。交易者穿着代表他们各自公司的颜色鲜艳的马甲挤在交易所里，用大声的指令和奇怪的手势传达自己的意图。1972 年，随着纳斯达克的出现，终于有了一些竞争。纳斯达克一开始是通过电子报价系统进行交易的，最后演变成了交易所。但即使在纳斯达克，大多数交易依然是通过电话进行的。这种通过电话下单的方式一直运行得很好，直到"黑色星期一"，当时许多经纪人直接拒接电话。为了应对这种局面，电子交易平台很快成立了。在英国，玛

⊖ 原文为"Master of Universe"。——译者注

格丽特·撒切尔（Margaret Thatcher）的一揽子计划㊀为伦敦证券交易所引入了电子交易。从此，金融世界里开始了从人类到机器的转变，以及从打着手势的交易者到写着代码的程序员的转变。

与社会中其他行业一样，金融也发展得网络化了。交易者不再挤在拥挤的地板上冲着彼此大喊大叫，而是通过电子平台提交交易并用电脑来处理业务（于是人们开始冲着这些物件喊叫）。在 20 世纪 90 年代，一些技术上的因素加速了电子化进程，例如美国股票价格的十进制化（最小计价单位从 1/16 美元减小到 1 美分，从而便于将交易划分为更小的部分）及高速通信基础设施的改善。很快，人们也意识到，计算机程序不仅可以用来处理人类的订单，还可以在一开始就做出是买入还是卖出的决策，而这只是个时间问题。

在 2001 年，也就是 IBM 的深蓝计算机击败国际象棋特级大师加里·卡斯帕罗夫（Gary Kasparov）的几年后，同样来自 IBM 的一份报告得到了广泛的关注，该报告显示计算机算法在模拟市场交易中的表现要优于人类。㊁由高盛公司（Goldman Sachs）和德意志银行（Deutsche Bank）等重量级公司以及自动交易柜台（Automated Trading Desk，后来在 2007 年被花旗集团收购）或文艺复兴科技公司（Renaissance Technologies）等新兴的专业公司雇用的数学家和物理学家很快开始研发所谓的电脑机器人（computer robot）或"机器人程序"（bots），它们可以用来跟踪市场，寻找规律，并以人类意想不到的速度执行订单。

据纽交所称，美股的平均持股期从 1960 年的 100 个月"稳步"下滑到 1970 年的 63 个月、1980 年的 33 个月、1990 年的 26 个月、2000 年的 14 个月，以及 2010 年的 6 个月㊂。此时交易活动已经开始由做高频交易

㊀ 原文为"Big Bang"。——译者注
㊁ Das et al.（2001）.
㊂ Harding（2011）.

（HFT）的公司主导，这些公司每天进行成千上万的股票和期权交易，而其持有时间通常只有几秒钟。⊖最初这些交易主要集中在利用不同交易所（同一产品）之间的微小价差套利或是在做市商更新价格之前对变化做出反应的简单策略上，但随着时间的推移，策略开始变得复杂。如今这些复杂的算法可以自动在头寸中进行切换，通过巨额数量的交易来弥补每笔交易中极其微薄的利润，并且通常会用假订单诱骗对手方进入或跳出交易，而这些假订单则会在最后一刻被取消，这些策略可能会喜欢被用一些电脑游戏的名字命名，比如秘密行动、匕首、狙击手和游击队。

最初，市场电子化合约使得股票市场更容易进入并保证市场公平。买卖双方可以在电子易货网络中进行配对，从而减去传统交易市场中买卖双方中间的做市商（他们给出买入价格和卖出价格并从其价差中获利）环节。突然间就可以以少量的费用获得海量的格式简单的交易数据。然而，尽管几家主要的交易所逐步开放，但还是出现了许多其他的私人交易所或是资金池，因为后者可以更好地迎合大型机构和对冲基金。对于这些私人交易所或资金池来说，监管比较宽松，因此它们可以自由选择以一定价格向用户提供一部分其他交易的信息。有的资金池是公开的，所以交易是免费可见的，但在所谓的"暗池"中，信息都是保密的或者会以一定价格卖给需要的客户的。证券交易所，比如纽交所，曾经是一个封闭的场所，交易所会员资格是由财富和特权决定的，理论上，新的系统应该更加开放，但在实践中，"通行证"和信息与以往一样被严格控制着。唯一的不同在于，现在是量化分析师和他们的电脑每天在看市场中发生着什么，他们发出小额的买入或者卖出订单的指令，以此探测市场的深度，估测市场的总额，通过量化计算揭开市场中的大订单的面纱。传统的大规模的买家，比如共同基金，或者规模较小的个人投资者则只能在黑暗中摸索。

⊖ 根据咨询公司 Tabb Group 的统计，高频交易（HFT）公司占美国每日股票权益的 73%，高于 2005 年的 30%。(Bailey, 2015)

如今，大多数交易都不再在交易大厅，而是在大量的计算机设备上进行。纽交所在华尔街仍有一个楼层，在电视上给公众以十分繁忙的印象，但纽交所的实际运行是在 30 英里外的新泽西州莫瓦市（Mahwah，NJ）的数据中心。速度已经变得如此重要，以至于光速都成为制约因素，对冲基金支付一定的费用就是为了将它们的计算机服务器放置在交易所附近，因为这样可以避免在订单处理时的的微秒级延迟。其他机构则用三角定位法找寻它们与不同交易所之间的最佳位置。2010 年，高频交易公司 Getco 铺设了一条电缆，将它在芝加哥商品交易所附近的电脑连接到新泽西州的纳斯达克交易所，从而将订单时间从 16ms 缩短到 13ms。[1]这些机构有时倾向于用微波，因为光线在通过光纤电缆时速度会减慢 31%，如果你赶时间的话，这是很烦人的。或者也可以使用激光，它具有更多的带宽，并且受天气影响较小。

我们将在下面进一步讨论，尽管存在风险，但自动交易正在占领世界各地的股票市场（到目前为止，中国是为数不多的受到政府法规和交易印花税保护的国家之一）。[2]根据美国商品期货交易委员会的统计，"至少 50% 的金属和能源期货采用自动交易，农业合约中有近 40% 采用自动交易"。[3]那么，这些机器由谁操作？你应该能猜得到：量化分析师。

交易是一项统计学的实践，因此为了得到收益，必须设计出好的算法和交易策略。与此同时，巨额交易量意味着为了防止失控，必须严格控制风险。例如，许多对冲基金因为可能会收到巨大的回报而做期权交易，但其风险就像我们在之前章节中讲的一样，必须由在相应股票中的多头或空头来对冲。而且，由于在这些交易中通常采用杠杆来提高收益，所以注意下行风险尤为重要。与其他领域不同，自动化程度的提高并没有导

---

[1] Patterson（2012，p.287）.
[2] Mamudi et al.（2015）.
[3] Massad（2015）.

致大量的工作被机器取代。从编译交易算法到设计定制的衍生工具，以及分析和控制风险，量化分析师的技能包可谓供不应求。正如招聘公司 Selby Jennings 的贾里德·巴特勒（Jared Butler）告诉《金融时报》的："交易员曾经是金融界的一等公民，但现在不再是这样了。科技人才才是最顶端的。招一名计算机科学家并教给他金融知识相对容易，而不是反过来"。⊖

量化分析师不再只是帮忙写故事，他们自己就像一个后现代作家，开始走进它，并且尝试着新的叙事形式。量化分析师地位的变化使得金融业更赚钱，并且从科学和工程等领域挖走了许多数学天才。这给我们带来了一个重要的话题：薪酬。

量化分析师的薪酬为何这么高

你有数学、物理、工程或是计算机科学的学位吗？那么在过去的 20 年里，你只能有一份合适的工作，那就是数量金融。如果你有金融或经济学的学位？仍然是同样的工作等着你，只不过你如果要得到它，你的简历上必须体现出你具有一些重要的、核心的数学知识。⊖

为什么量化分析师是一个理想的职业？如果我们说薪酬可能在这里发挥了关键作用，我不认为我们泄露了任何秘密。在我们给你完整的工作描述之前，我们先来看看这些数字。记住：控制住你的嫉妒。

以下数据来自 wilmott.com 的招聘板块，

⊖ Wigglesworth（2015a）。

⊖ 最近，保罗走进了他的银行的一家分支银行。收款员说："你是威尔莫特博士吗？你有一个维基百科页面。"好吧，他所持有的支票可能是他身份的线索。事实证明，收款员相当希望进入数量金融行业。虽然数学是他在学校最喜欢的科目，但他没有得到学位。保罗在残酷的诚实和友善的误解之间挣扎。他咧嘴笑了一下，选择了残酷的诚实，并不确定事情是否如预期平静下来。

初级量化分析师，1～3年工作经验，伦敦的对冲基金职位：75 000～99 000美元

纽约量化研究分析师（金融工程师职位）：200 000美元

或者这样呢：

香港高级算法交易开发人员：100 000～150 000美元

注意，这不是年薪，而是月薪。

在该网站上进行招聘的薪资最高纪录约为200万美元。这是在公共网站上公布的工作，并不是私下和猎头谈判、协商出来的薪酬。你可以申请这些工作，或许还可以讨价还价。

哦，这还是在发奖金之前的薪酬。

你大概了解情况了吧？

并不是每个人都赚到这么多钱。在最底层，你将只是一个程序"猿"，运行其他人的模型。但是在最顶层，你将是一只基金的所有者，并能与总统和统治者一起用餐。让我们把这个工作分解得更细一点：这个清单是一个完全按照主观顺序排列的，即从我们认为的最无趣到最有趣，而不是按照工资或重要性排列的。

> **初级量化分析师**。作为一名初级量化分析师，你可能才刚刚离开大学，这意味着你在本科阶段学过一些科学或金融方面的知识，然后在研究生阶段接触到了一些更具体的金融数学方面的知识，或许获得了硕士学位，或许是进一步获取了博士学位。你可能在25岁左右，希望得到一份银行的工作。同龄人不会像你那样幸运，许多人最终会进入软件公司、咨询公司或保险公司。在平衡生活与工作等方面，很多工作都比在银行工作要好，但都没有后者这样迷人，请允许我们用这个词。严格来说，博士学位对于数量金融工作不是必需的，在技术层面上本科二年级数学知识就够用了，

但是银行常要求博士学位。也许这表明你可以独立工作……要知道，这不再是20世纪，博士生不再像以前那样了……但更可能的原因是因为雇主可以招得到博士生。并且如果雇主自己拥有博士学位，那么他更有可能也会聘请一个相似学历的人。作为你研究生课程的一部分，你将学习编写计算机程序。为了最大限度地提高你获得量化工作的机会，你要非常重视编程，至少你要非常熟悉 C++ 编程语言。理想情况下，你还将精通其他各种语言。流行的编程语言在不断变化，新语言出现，然后大部分都会消失。这段时间流行的编程语言是 Python。⊖ 你是一个程序"猿"，你要会修改别人写的代码，你要会运用其他人创建的模型，你要在工作上花费很长的时间，这最后一点适用于银行业的每个人。

模型检验。顾名思义，模型检验是检查模型是否能够正确运行。正如下一章进一步讨论的那样。令人遗憾的是，这种验证不是真正为了验证这些模型是否好用而做的（而是是否能用）。我们可以从 wilmott.com 上恰如其分地引用一些关于这个无趣工作的发言。一位叫 katastrofa 的网友说："模型检验能让量化分析师下地狱。"另一个叫 deimanter 的网友补充了一些新想法："我对于模型检验工作的印象是在大银行里可能特别枯燥，你的主要任务将会是不停地去按 Shift+F9。在一些小的机构，你可能会自己开发一些不会有人使用的其他模型，这却是你可以指望的最好的事了。跳槽可能很困难，你待得时间越长就越难离开。"这有多么令人失望啊！（顺便提一下，Shift+F9 指的是 Excel 中重新计算工作簿的指令。）网友 Gamal 稍微，也只是稍微乐观一些："如果你喜欢每天上网 8 小时，那这是一个不错的地方。"只有 8 小时吗？模型检验在银行

⊖ 在编写这段话时，新兴的编程语言已经变成了"茱莉亚"。

中是一项新的工作,在2007年的建模危机之后才开始流行起来。因为它缺乏创造力,所以相当的没意思。而且因为它不接近前端的投资（如果有的话,这可能是那些人沮丧的根源）,相对来说,薪酬是比较低的。

- **量化模型的开发人员**。这几乎是默认的量化工作,因为周围似乎很多人都从事这份工作。这项工作主要是用流行的编程语言实现模型功能。尽管这是一个比较资深的头衔,但其本质基本上只是编程,或者说就是"开发人员"。在其他公司,例如在谷歌,你可以被称为软件开发人员。除了非常擅长编程,你还要知道一些数值算法。这意味着你会了解蒙特卡罗模拟,以及一些基本的理论知识,或者也可能是求取偏微分方程的数值解的方法。如下所述,它还可能越来越多地涉及"大数据"的分析,并将机器学习技术应用于各个方面,从互联网搜索到天气模式。如果你的工作也涉及资产或投资组合,你将会被要求编写代码来实现资产分配的最优化。

- **风险管理**。作为风险量化分析师,你将衡量合同和投资组合中的风险。你不会成为银行中最受欢迎的量化分析师,因为你将会是那个告诉人们必须减少风险头寸的人,而这可能会降低他们的奖金。但是要抱有乐观的态度,反正交易者是不会听从你的建议的。

- **量化分析师**。像神话中的生物独角兽一样,这几乎是一份美好而令人羡慕的工作。现存的少数研究人员在发明新的模型,用以改善现有的但可能已经失败了的模型。也许你会尝试加快模型的运行速度,或者使其更准确,或者发现新的数据源。你无疑会拥有博士学位,你也会是随机微积分的专家。你的研究很可能与别人正在做的大同小异。虽然你感觉你的工作像是在学术界中,但你必须工作更长的时间,并且你不会有太多的自由来进行理论研究。

在理想的世界中，你将创造出真正原创的模型和技术，但在现实世界中，银行并不喜欢太多的独创性。有时你将会在学术期刊上发表文章，也会在国际会议上发表演说。你会出名，并受到量化新人的仰视。然而，如果你的研究被证明是非常巧妙的，但在盈利能力这个方面有所欠缺，那么还是"放手"吧。不过不要绝望，有很多硕士项目会转眼间请你做教授。

- **买方和卖方量化分析师**。作为这些中的一员，你就离投资很近了，并且你会与交易员密切合作。不要犯错，你可能有比他们更好的条件和更高的智商，但是你在食物链底端，做好出现问题时被责备的准备吧。这个工作需要脸皮够厚，不过薪酬也会很高，这样的员工总是会被需要的。关于编程，会从现有程序的简单调整，到调试主要代码再到从零开始实现新的模型。交易员才不关心他的想法有没有扎实的理论基础，他们只关心这些：能赚钱吗？好的。赚钱速度快吗？好的。

- **量化交易员**。管理好自己的交易账簿是量化工作的重中之重。作为交易者，你使用量化工具来协助决策及配置投资组合。这就需要一个非常特殊的人来做这个工作。首先你要有很多数学技能，特别是统计学的。并且，你要有承担风险的胆量。你不能太痴迷于数学。如果某些东西有效（赚钱），那么它不正确的可能性就是很小的。听着，如果在本该是减号的地方你写成了加号，但是却赚了钱，那么去改正这个错误就是愚蠢的。你要务实，要聪明。并且，既然你可能已经在做自己的程序了，那么你离启动自己的对冲基金只差法律文书和几亿美元的距离了。

在整本书中，我们已经从 wilmott.com 上的非正式而极不科学的量化调查中吸取了一些反馈，得到了来自 47 个国家的数百人的一些统计结果，他们经历了详细的、包含 50 个部分的问卷和心理测试，靠这些问卷我们可以获得量化圈子的一些动态，这也是一个收集想法和素材的大胆尝试。

平均智商估计值（这是他们自己说的）：122。戴维曾经在学校做了一次智商测试。计算机可读答卷有正反两面，但只有一条说明：首先在绿色面记录答案，然后是红色的一面。从那以后，他的智商值就一直是一个标有星号的统计值了。（另一个测试表明他是色盲的，但这其实不是一个借口。）

95% 上过大学。

42% 拥有博士学位。

72% 具有专业资格。

12% 是女性。

11% 的人认为在工作中有性别不平等问题（就跟女性的比例差不多）。

一般而言，他们认为最高的税率应该是 27%。

1/3 的受访者认为，如果税收上涨，他们的公司会考虑搬迁。

70% 向慈善机构做过捐赠。

66% 的人喜欢非小说类文学作品而不是小说。我们认为本书符合 66% 的非小说类文学作品标准。那些喜欢小说的人似乎更喜欢科幻类作品。

量化分析师喜欢的电影包括《教父》和《奇爱博士》，也有一个人喜欢《球场古惑仔》。

93% 的人没有药物依赖，6% 的人写着"阿司匹林"，这可能会使我们的其他结果站不住脚。

一半的量化分析师滴酒不沾。

43% 的人同意市场有效假说是成立的。我们沿用过去的市场规律，以免我们的结论会影响人们的想法。

70% 的人同意最近的危机"只是一个热身"。

量化分析师选择的汽车品牌是丰田。

我们也问过他们的宗教信仰。令人遗憾的是，他们中不止一个回答是

"绝地武士"，尽管在 wilmott.com 中飞天面条神教的教徒众多。

所以，想象一个滴酒不沾、高度依赖阿司匹林并且开着丰田的爷们儿，就差不多是真实的量化分析师的样子了。

量化分析师与监管者

我们想把这些量化分析师的薪资和教育水平与监管者进行比较，但是发现很难找到关于后者的直接答案。英国的两个主要金融监管机构是英国央行的子公司保诚监管机构（PRA），它负责监管银行、保险公司等的财务，以及金融行为管理局（FCA），它更多地涉及商业行为和消费者问题（它们的职责有一定程度的重叠）。我们以信息公开为由质问了它们，问量化分析师的教育水平，薪资中位数及其他如刑事起诉中会问到的问题，但遗憾的是它们答复的信息内容相当少。这两个组织关于对量化分析师的起诉并没有提出有效的证据，这并不奇怪，因为它们似乎并没有深入做这件事。当被问及员工的教育水平时，PRA 说："我们需要仔细审查在 PRA 工作的 1241 人的个人记录，以确定我们是否掌握有关他们教育水平的具体信息，例如每个人受教育的地点、方式以及程度。"（真的吗？它们可能实际上不知道它们员工的教育水平。）

FCA 更加过分，宣称虽然为我们去找关于员工教育水平的信息会耗费大量时间，但还是进行了内部调查，结果显示 2169 名员工中有 44 名自称有博士学位，252 名没有回答他们的教育水平。这对我们来说很好，但为什么要在内部调查中询问员工的教育水平呢？它们肯定有得到这些数据的方式。在通常情况下，在招聘之前学历证书资格认证是必需的。这 252 个拒绝告知雇主他们教育水平的人是谁？（要说一下，这还不是那些压根没有回应内部调查的员工，这是一个故意而非不知情的行为）。实在是用奇怪的方式来运行一个监管机构。无论如何，它们只有 2%，顶多 10% 的员工是博士生。对比之下,对冲基金可能通常有 1/3 的员工拥有博士学位(几乎包含每个从事量化工作的人)。而有那么多对冲基金公司都在被这些监管者监管着。

关于薪酬,FCA 告诉我们,最低的初级助理的薪酬范围在 20 000 ~ 40 000 英镑。"可能担任团队领导或导师"的高级助理的薪酬范围在 46 000 ~ 81 000 英镑,管理人员的薪酬范围在 65 000 ~ 118 000 英镑。PRA 只给我们提供了他们的年度报告,其中,2015 年它们 CEO 的薪酬范围在 18 578 ~ 266 777 英镑,中位数为 67 952 英镑,但并没有按照我们的要求对每个工作类别的薪酬进行说明。

与科学家或工程师比较,这已经是非常体面的薪酬了。但与量化分析师相比的话,就是小巫见大巫了。当谈到人们收入时,我们不喜欢使用"较小数量级"或"显然缺少一个数字"的表述,但是确实是在这个大致范围内。这说明监管者不如量化分析师影响力大,但也意味着招聘最优秀的专家永远是一个挑战。而且,当监管机构没有足够的合格人员时,很容易出现问题。例如,在 FCA 2015 年对对冲基金的一个调查中写道:"风险价值是投资组合在给定置信水平下的潜在损失的量度。我们要求这些公司对其基金提供风险价值的计算。"⊖ 所以,在这里没有欺诈的机会(稍后,我们会展示如何轻易地调整这些方法以得出正确的答案)。

作家与经济学

沿着薪酬表来继续我们的讲述思路,这很有趣,如果只是为了幽默,还可以将这些与另一个与之完全不同的职业做比较,那便是我们两个都有过一些写作的经验。写作是一项伟大的工作。作家可以做出自己的作品,

---

⊖ 金融行为管理局(2015)。报告承认,"VaR 并不是最优措施",但仍继续使用。

并自己设定完工期限；他们可以在家工作，并且除了他们自己、他们的读者及编辑（偶尔）外不用向任何人汇报。只是有两点：进入的门槛很高，薪酬有点不稳定。但这不是你感兴趣的。

非特约稿被出版商接受的可能性估计只有万分之一，㊀类似于一个剧本被拍成电影的概率。㊁即使后来取得巨大成功的作家在最开始也步履维艰。例如，因《哈利·波特》成名的罗琳，直到第13位出版商她才得到了青睐。拥有优异的简历或是一个很棒的学校的学位在这里也是没有什么用的，人脉资源也没有太多用途。如果想出名的话，最好还是做别的吧。成为作家经纪人倒是很有用，但是这"比寻找出版者更难"！这是出版商对罗琳说的，彼时她还在以笔名罗伯特·加尔布雷斯（Robert Galbraith）写小说。㊂你永远都可以自己出版，因为我们两个都这么做过，但要找到读者群是更困难的挑战。㊃

然后，即使你出版了第一部作品，这也只是一个开始，因为实际上它大卖的机会是极小的，图书的销售份额是由少量大作家瓜分的。㊄如前所述，新古典经济学和大多数风险评估工具都是基于正态分布的，这是一种

㊀ 关于这个的预测各家有各家的说法，但这是一个比较普遍的数值。在美国，据估计，非特约稿被出版商接受的可能性估计约为1/15 000（Sorensen，2004）。

㊁ Morris（2014）。

㊂ See Rowling（2016）。

㊃ 保罗写道：在1992年，我是牛津大学和南安普敦大学提供衍生品专业培训课程一小群人。我们将课程转化为一本书——《期权定价：数学模型和计算》。我们向几家出版商介绍了我们的工作，但回应是不温不火的，这需要一个积极的转变。所以我们决定自行出版，这证明是一个非常好的决定。我们成立了一个出版社，牛津财经报。我的母亲和继父处理订单和供应。（她完全不理解我有一个24小时订购热线的想法……她作为一个在带有传真机的平房里的小老太太……并接受所有时区的订单。）甚至在这本书出版前，人们都在购买副本。在PDF版之前，最初的副本包括一堆A4页面与文本和一堆单独的A4图；购买者必须将图剪切并将其和文本粘贴在一起。（是的，这就是表达"剪切和粘贴"的来源，实际上的切割和实际上的粘贴。孩子！）为此，他们付了200美元！

㊄ 例如，在1994年，仅这五位作者：约翰·格里沙姆、汤姆·克兰西、丹尼尔·斯蒂尔、迈克尔·克里克顿和史蒂芬·金，就占了美国图书销售的70%（Sorensen，2004）。

耻辱，因为许多重要的经济现象，从销售到股市波动，从财富分配到公司规模，实际都能更好地被一个高度倾斜的幂律描述。如果图书的销售也服从正态分布，那么作者就可以在一定范围内可靠地预期每年的平均销售量。但现实是截然不同的。如果你有畅销书或是能大赚的电影版权可以卖，或者获得了例如由对冲基金赞助的"布克奖"（2015 年的奖金是马龙·詹姆斯（Marlon James）获得的，他的第一本书出版前被拒绝了 78 次）这样的奖项，你就可以赚到很多钱。如果作为一般的赚钱策略，没有基本工资或稳定的收入，那么我们不建议你从事写作。2015 年由加拿大作家协会对大约 1000 名出版作家、小说和非小说作品的调查结果显示，他们通过写作得到的平均年收入是 12 879 加元，约合 10 000 美元。⊖这大概比监管机构的薪资水平还小一个数量级。这个数字还在下滑，可能是因为现在已经没有人还买书了。(除了你，谢谢！)⊜当然，平均水平说明不了什么，因为这个分布的偏度是极高的（中位数在 5000 加元以下），但假使目标是可靠的收入，那么如果可以，你一定要用数量金融学来实现。

作家也必须接受销量是不可预测的这个现实，并且只有部分在他们的控制之内（不过一本畅销书，不仅能提高作者的个人收入，并且会增加下一本书畅销的机会）。收入就像一种好的经济会遭遇的崩溃，你永远不知道它们将会有多大，或者它们来自何方。谁会想到一个鲜为人知的法国经济学家的 700 页的关于不平等的论述会是 2014 年的最佳畅销书（托马斯·皮凯蒂的《21 世纪资本论》）之一呢？⊝据一位历史学家所说，即使是创作了历史级别的畅销小说的塞万提斯·萨维德拉（Miguel de Cervantes），在他那个年代也被认为是一个"失败者"，他的第一部小说彻底失败，他

⊖ 所有来源包括特许权使用费、自由条款和政府补助金。自我出版占总收入的 8%（Writers' Union of Canada 作家协会，2015）。

⊜ 加拿大作家说，在通货膨胀之后，2015 年的收入比 1998 年的最后一次调查收入减少了 27%，英国的作家调查显示出类似的趋势（Flood，2014）聚合站点，如 Huffington Post。

⊝ Piketty（2014）.

在监狱里度过了一段时间，而《堂吉诃德》也只是在他死后才获得关注。[1] 作家危险的一个原因是，尽管你可以剥夺他们的钱，把他们关在监狱里，但他们仍会继续写作。

许多作家通过向其他想成为作家的人教授写作来养活自己，这是遍布世界各地的大学（或在监狱里）涌现出的创造性写作项目之一。这其中的经济学并不清晰，雇用一些作家来产生更多的作家并不是解决问题的长效机制。但是就算（那些想成为作家的）学生被提前告知他们的薪酬前景，可能也没有太大的区别。戴维曾参加过编剧会议，其中有一位被认为是非常成功的作家，因为他曾经写过电影的剧本，他告诉观众他们的剧本被接受的统计学概率是多少。但是没人在意他说了什么，因为每个人都认为他们具有卓越的、有价值的想法。这就像对 25 亿个精子解释一样，纯属浪费时间。（如果你问了，戴维的想法是一个故事，[2] 在其中 The Earth 就是个混蛋！其中内容在一家制作公司经过多次的演变，但也没形成作品，所以后来他把它变成了一本书，才得以出版。）

而这与这篇文章的主题数量金融学有什么关系呢？一方面，现有的经济学对有效市场理论提出了不同的观点，特别是市场价格反映"内涵价值"的观点。在 2007 年尤金·法玛在采访中被问及 CEO 的平均薪酬时（当时美国 CEO 薪酬是非技术工人的 354 倍），他说："你只是在看市场的工资。这个数字可能很大，但这不能说明它太高了。"[3] 同理可得，作家的平均薪酬只是市场的工资，这个数字可能很小，并不能说明他们薪酬低。这可能是作家和量化分析师一样，相比商学院终身教授，不那么看重有效市场理论的一个原因。

---

[1] 历史学家 Fernando de Prado，援引自 Minder（2014）。

[2] 原文是 "David's idea was a story in which the Earth was the villain!"，译者猜测是指戴维·欧瑞尔《我们的地球：关于正在改变我们世界的事物的 14 个访谈》（*our earth: Fourteen Interviews About Things That Are Changing Our World*）（2010）一书。——译者注

[3] Clement（2007）. CEO pay: Kiatpongsan and Norton（2014）.

作家通过在自由市场的实践经验，也知道这个世界不是"正态的"，并且风险和报酬之间不是完美相关的，以及市场会受到强大的反馈效应的影响。所以，举个例子，一本书名列畅销书榜上，这会激发进一步的销售、读者的议论和评论以及提高摆在商店中更好位置的机会，这些反过来会带来更多的销量。这种赢者通吃在许多领域都是很常见的。平均来说，视觉艺术家（指画家）的收入与作家的收入是一样的，但其分布更加不公，至少如果你把去世的艺术家算在内的话。⊖在撰写本书时，高更（Gauguin）一幅惊为天人（我们是这样认为的）的画作拍出了创纪录的 3 亿美元。人们猜测买家来自卡塔尔，但对冲基金的老板也是其中的主力军。赢者通吃也适用于数量金融学的世界，最大的差异在于底薪加上奖金以外的部分会被赢者通吃。

那么，除了别人的谄媚、疯狂的粉丝、激动人心的风险以及出版商偶尔发放的免费书籍，为什么会有人选择成为作家呢？因为这是一个机会，做一些真实的、你相信的东西。它具有一种"内涵价值"，而不是在你的支票上写一个数字那样肤浅。你可以同时做一些其他事情，包括银行业（艾略特在美国劳氏一边工作，一边写出了《荒原》），并且你可以自己安排自己的时间。

耀眼的科学

尽管一些量化分析师喜欢投资艺术，但其他人则认为科学更有吸引力。例如，创办了温顿资本的戴维·哈丁（David Harding）慷慨资助了剑桥可持续发展物理学院的温顿计划，柏林的马克·普朗克人类发展研究所的哈丁风险文化中心，并用 500 万英镑在伦敦科学博物馆建立了一个新的数学画廊，还为科学作家设立了英国皇家学会温顿科学书籍奖。温顿资本

⊖ Hill Strategies Research Inc.（2014）.

还资助了一项科学竞赛，以改进测量暗物质的算法（暗物质是神秘的，难以捉摸的物质，被认为存在于宇宙中及看不到的地方⊖）。

大卫·肖（David E. Shaw）在 2001 年放弃了对冲基金的日常业务，创立了专注于进行生物化学研究的德邵研究所。该公司的招聘广告指出，成功的申请人中，有相当数量在"美国和国际奥林匹克数学竞赛以及普特南竞赛中取得了成功"。这就像在说"我们很多健身教练是奥运奖牌获得者"，或者"我们的大部分司机都是一级方程式赛车冠军"。

科学领域的另一个重量级机构是由著名的投资经理约翰·邓普顿（John Templeton）捐赠 30 亿美元设立的邓普顿基金会。每年，它将拨出超过 1 亿美元的赠款用以支持高能物理学，特别是有关弦理论和多元论的研究。作为对比，美国国家科学基金会为高能物理学的预算约为 1200 万美元。邓普顿的这个基金会在发现科学理论方面是否会像他挑选股票一样成功，让我们拭目以待吧。（戴维在《科学之美：从大爆炸到数字时代》中用晦涩的论述批判了与数学理论相违背的弦理论和多元论。从我们讨论这个主题开始，这本书的销量在大多数国家是不乐观的，中国除外，新华社选择了其翻译版本作为新年阅读书目进行了推荐。正如我们所说，真是难以预料。）

古有梅迪西斯聘请伽利略为宫廷教授，今有文艺复兴科技公司（Renaissance Technology）的詹姆斯·西蒙斯成为科学家最大的赞助者之一。作为在 2015 年福布斯榜（另一个遵循幂函数法则⊜的排名）上排名第 76 位的世界亿万富豪，西蒙斯的个人财富据估计约为 140 亿美元，并且他似乎打算将其中的一大部分拨给他的西蒙斯基金会，以大力推动一系列的科学研究。⊜其"数学和物理科学"项目聚焦于计算机科学和理论物理学，

⊖ 也可能，暗物质其实不存在（Orrell，2012，p.202）。
⊜ Orrell（2008，pp. 276-277）。
⊜ 参见 www.simonsfoundation.org/。

为主要的科学家发放了百万美元的研究经费。"生命科学"支持物理和生物学交叉领域的研究,包括一个被称为"全球大脑"的脑模型项目。"教育和延伸"号召一个针对中学师生的名为"美国数学"的项目。此外,还有一个自闭症研究计划和数据分析中心,它研究了基因组学和神经科学等领域的大量数据。基金甚至会拥有自己的在线科学杂志《宽客》(Quanta),并因此聘请了几位科学作家。○

虽然任何来源的资金可能都是受科学界欢迎的,但并不是每个人对这种根据对冲基金老板的口味来引导科学研究的想法感到满意。例如,邓普顿基金会被指责模糊了科学与宇宙学家肖恩·卡罗尔(Sean Carroll)所说的"明确的宗教活动"之间的界限(这可能解释了奇怪的多元宇宙)。◎有一种风险是亿万富翁可能会扭曲科学市场,就像他们以同样的方式扭曲艺术市场,将其变成一个奢侈品行业一样。你可以得到最新版本的万物理论,而不是高更或杰夫·昆斯。然而,西蒙斯基金似乎会用共同基金对高质量的科学进行坚实而广泛的拓展。这可能也是由于西蒙斯自己也是一名成功的科学家。他不仅仅资助了弦理论的研究,而且作为一名年轻的数学家,与他人共同提出了陈氏–西蒙斯定理⑤,这个定理后来被弦理论家爱德华·维滕(Edward Witten)推广,并成为该领域重要的数学工具。

机器人

我们回到数量金融学的话题,西蒙斯有个有趣的职业发展道路,如果有一家公司能够体现数学金融领域的兴起,那就是他的文艺复兴科技公司。

○ 参见 www.quantamagazine.org/。
◎ Carroll(2005)。
⑤ 这是一个与我国著名数学家陈省身先生共同研究的成果。——译者注

在 23 岁西蒙斯获得数学博士学位后，与两个朋友一起庆祝，购买一辆兰布雷塔斯摩托车从波士顿骑到了波哥大。几年后，西蒙斯与父亲一起合作买了一家哥伦比亚地砖瓦厂。1964 年，西蒙斯作为电码译员开始与国家安全局（NSA）合作。1967 年，麦克斯韦·泰勒（Maxwell Taylor）将军为《纽约时报》杂志写了一篇赞成越南战争的文章，西蒙斯在同一本杂志上写了一篇反对的文章，于是他很快被国家安全局解雇了。[⊖]不过，他受到了学术界的欢迎，很快被任命为纽约州立石溪大学（Stony Brook University）数学系主任。在那里，他建起一个强大的数学家组织。

西蒙斯也兼职做着贸易，他的哥伦比亚工厂经营得相当不错，所以在 1974 年，西蒙斯和他的合伙人决定拿出一些利润，向一名大宗商品贸易商投资 60 万美元，对糖价进行杠杆套利。在几个月的时间里，60 万美元变成了 600 万美元。[⊜]西蒙斯觉得自己也可以像该贸易商一样做到这一点，便在 1977 年离开了石溪大学，开始全职做交易工作，并在石溪大学附近的锡托基特长岛镇（Long Island town of Setauket）上成立了一家名为 Monemetrics 的公司。他的第一批雇员中，有一个是国际开发协会的前同事莱尼·鲍姆（Lenny Baum），还有一个数学家詹姆斯·阿克斯（James Ax）。

鲍姆是 Baum-Welch 算法的共同发明者，该算法被用于构建隐马尔科夫过程。马尔科夫过程是一个迭代过程，其规则是下一步的转变仅取决于现在的状态。一个简单的例子是随机游走。你下一步到达的位置仅取决于你当前的位置，以及关于随机过程的规则（例如，步长的标准差）。隐马尔科夫过程是你遗失了桌面上的某块地方。或者，它的规则是隐藏的。可能会在后台进行一些行动，但是你所看到的每一步都是表面可观察到的状态。Baum-Welch 是一个挖掘隐藏参数的数学过程。从破译代码到语音识

⊖ Simons（2005）.

⊜ Teitelbaum（2007）.

别，所有的一切都用到了该算法，但西蒙斯认为它可以应用于金融领域。市场是一个巨大的隐马尔科夫过程，你要做的只是弄清楚规则。

詹姆斯·阿克斯接手了这项任务，并尝试将该技术应用于期货合约。在1988年，他和西蒙斯建立了一个新的对冲基金——大奖章（Medallion），该基金以他们获得的数学奖命名。但是漏洞并没有全部解决，在1989年，基金亏损了。阿克斯离开了大奖章，回到量子力学的基础研究，学会了打高尔夫球，参加了一个写作班，并写了一部名为《机器人》的科学惊悚片的剧本。⊖ 西蒙斯通过他在石溪大学得到的充分磨炼的招聘技巧，聘用了大批数学家来接管基金。1990年，大奖章基金的回报率超过了50%，这是一系列辉煌成果的开端。1993年，该基金对外界投资者关闭，目前仅作为西蒙斯及其员工的投资工具。

詹姆斯·阿克斯于2006年去世，我们没有看到他的剧本，但是"机器人"这个词通常是指在包括互联网在内的计算机网络上运行自动化任务的软件机器人。可能"机器人"是一个大反派。如果真是这样，那么作为大奖章基金的联合创始人，阿克斯有这个想法是很正常的，因为在许多方面，基金类似于一种复杂的机器人，随着它接触市场，它的人工智能会对市场的行为进行自动学习，通过其电子大脑发出的数以毫秒计的脉冲进行买卖。

全球大脑

20世纪90年代初，西蒙斯从IBM的语音识别小组中挖走了两位机器翻译专家罗伯特·默瑟（Robert Mercer）和彼得·布朗（Peter Brown），给他们提供了比之前多50%的收入（但他们能带来的收益可比这多得

⊖ UCSD Department of Mathematics（2016）.

多)。⊖随后他们在 IBM 的大部分同事也步他们后尘去了文艺复兴科技公司，这导致一些人抱怨说，文艺复兴科技公司的做法使机器翻译倒退了五年。⊜该公司对语音识别的兴趣也使得人们怀疑它们采取了某些措施来收听华尔街的对话。但实际上，他们的方法可能与此没什么关系，就像他们的方法与弦理论没什么关系一样（虽然现在一些公司可以自动浏览新闻报道和推特，以预测市场情绪并产生买卖推荐）。

对冲基金策略的两个主要组成部分是弄清楚市场下一步可能会怎么做，并将该预测整合进其交易平台。特别是对于大公司来说，这些都是相互关联的，因为进行巨额的交易也会影响市场。这两个步骤不仅要考虑到预期的利润，还要考虑风险分析和税收费用。一些对冲基金，如短命的美国长期资本管理公司（LTCM），采用"趋同"的方式，寻找价格相关的两种不同资产，例如相似地区的公司股票，但还要求相对于一家公司来说另一家公司的资产价格被低估。于是它们可以买入被低估的资产，卖空价格过高的资产，等待其价格收敛。不幸的是，收敛可能永远不会发生。这就像基于合理标准来选择畅销书，例如相似书籍的表现，但这样我们将会错过很多候选读者。

文艺复兴科技公司的做法是摒弃任何先入为主的观念，只是寻找数据中的短期规律，这之中可能反映了与交易相关的人为行为，它与基本面的信息同样重要。例如，大奖章基金似乎符合天主教的口味，对交易国际商品期货、股票、货币互换、债券、抵押衍生品等更有兴趣。该基金拥有自己的交易柜台，还雇用了大约 20 名交易员。在一年中，该公司执行数千万次交易，而其中许多交易只持续了几秒钟（迈克尔·刘易斯在《闪光男孩》(Flash Boys) 中称，该公司率先推出了许多高频交易技术）。⊜正如西

⊖ Delevingne（2014）.

⊜ McGrayne（2011，p.247）.

⊜ Stevenson（2014）.

蒙斯在 1999 年的格林尼治圆桌会议上所说："我们研究的是规模小、时间短的异常现象。我们对此做出预测，不久之后，我们重新评估情况，修改我们的预测和投资组合。我们整天都这样做，我们总是进进出出，所以我们依靠不停地交易赚钱。"㊀

为了规避可能影响市场价格的指令交易，大部分交易发生在私人"暗池"交易所。通过杠杆作用来提高收益：公司向经纪商存入资金（比如说是巴克莱银行或是德意志银行），就可以贷到更多的钱。文艺复兴科技公司管理这些钱一年，偿还经纪商贷款和费用，并留下了收益。该过程可以构造为购买一篮子资产的期权，其中文艺复兴科技公司管理着篮子，并始终拥有行权的权利，而如下所述，这点恰恰是文艺复兴科技公司为取得低税率的资格而辩论的焦点。㊁

因此，相比通过机器学习在大数据中找到模式并快速执行，预测模型与基本面分析的关系要更小。正如默瑟所说："文艺复兴科技公司每天通过报纸、美联社、所有行业贸易、报价、天气报告、能源报告及政府报告等渠道获得 1 万亿字节的数据，目的就是想弄清楚未来的价格走势，及物品在未来每一时刻的价格……我们现在获得的信息将以价格的形式在下一个周期反映出来。人们并没有办法真正把握市场的变化。人们很难找到信息，但在某些情况下，那些信息已经存在那里很长时间了。它非常接近科学上的大海捞针的问题。"㊂

像文艺复兴科技公司的前员工在法律案件的笔录揭露的那样，文艺复兴科技公司的另一个信息来源是公共交易所的限价订单簿数据，其中列出了以特定价格购买和出售资产的所有订单。㊃市场变化的最佳指标之一是其他交易者的活动。例如，如果有一列订单排队购买股票，那么一个灵活

㊀ Lux（2000）.
㊁ Levine（2014）.
㊂ McGrayne（2011, p.288）.
㊃ Burton andTeitelbaum（2007）.

的交易者可以通过插入自己的订单来购买股票，然后快速转售，就像黄牛最先在线购买一场流行音乐会的门票并从中获利。预测的一部分就是要知道个人交易会如何影响市场。任何大规模的订单将被其他机器人感知到，这些机器人将接着尝试从他们那里获利，无论是通过卖给他们还是通过抢在他们前面买入。随着模仿者的出现和市场的变化，交易策略必须不断发展。㊀由于大多数交易是由机器人进行的，在某种形式的回归循环中，一台机器要学习算法，必须去学习其他机器的算法，就好像市场正在变得拥有自我意识。这个问题复杂的技术特性就像是建立一个全球金融大脑，而这就是为什么文艺复兴科技公司会聘请数学家、统计学家、物理学家和其他科学家，而不是有金融背景的人。㊁（讽刺的是，现在与西蒙斯和布朗共同行使首席执行官职责的默瑟进入了语音识别领域，因为他似乎是一位典型的宽客，而对轻松的交谈不感兴趣。正如他告诉《华尔街日报》的："我很高兴在我的生命中不用对任何人说话。"㊂）

金融创新

虽然文艺复兴科技公司的确切工作被严格保密，但它的市场表现有目共睹。在 2008 年的金融危机中，当标准普尔 500 指数下跌 38.5% 时，大奖章基金却几乎翻了一番，涨幅高达 98.2%。1994 ~ 2014 年中期的数年间，该基金扣除费用前的年均收益率为 71.8%（费用约占一半，但由于该基金是员工所有，它们只是付钱给自己）。对外部投资者开放的其他基金也持续呈现正收益，即使收益不是那么惊人。（一个例外是文艺复兴期货

㊀ 西蒙斯（2007）援引汉密尔顿的话："几乎好的预测信号会在五年前出现，你必须紧跟新事物。市场总是违背你的意愿。"

㊁ 正如西蒙斯在国际金融工程师协会年会上对一位听众说："我们雇用物理学家、数学家、天文学家和计算机科学家，尽管他们通常对金融一无所知。我们也不会去华尔街聘人。"

㊂ Patterson and Strasburg（2010）.

基金（the Renaissance Institutional Futures Funds），自 2007 年成立以来平均回报率仅为 2.86%，已于 2015 年退市。㊀）

税费也不是什么问题。经过四年集中的法律上的准备后，2015 年，公司获得美国劳工局的许可，大奖章基金被纳入罗斯个人退休账户（Roth IRAs），这意味着它可以完全免税。㊁公司激进的税收立场在 2014 年遭受争议，参议院谴责该公司利用一篮子期权来逃税，根据参议员约翰·麦凯恩（John McCain）的说法，该公司"将日间股票交易视为长期投资来避免超过 60 亿美元的税收"。㊂另外，严格的税收方式似乎与西蒙斯基金会的慈善事业不太吻合。在金钱发放、促进数学教育和科学的发展方面，基金会相信它们自己能够比政府做得更好。这一切都符合理性有效市场的理念，在这个市场中最大的赢家就是最理性和开放的人；否则，除了联合总裁罗伯特·默瑟自己的基金会向科赫兄弟（the Koch brothers）的"自由伙伴行动基金会"捐赠 250 万美元，以及另外 1100 万美元用于茶党候选人泰德·科鲁兹（Ted Cruz）的总统竞选以外，这两者并不是因为科学立场而为人所知。㊃这也引申出像文艺复兴科技公司这样的公司与国家整体经济的利益之间更为广泛的矛盾。

正如我们所看到的，量化分析师通过计算各种用户所使用的衍生品金融工具的价格来提升价值。但正如经合组织（经济合作与发展组织，OECD）在 2015 年报告中所指出的，"目前存在着过度金融化的问题。就好比某段时间的经合组织经济体，当金融市场发展到一定阶段，规模的进一步扩大通常会导致长期增长速度放缓"。㊄其中一个原因是，虽然银行、投资基金和证券交易所在向公司和个人提供资本方面起到了关键作用，但

㊀ Wigglesworth（2015b）.
㊁ Rubin and Collins（2015）.
㊂ McCain（2014）.
㊃ Linskey（2014），Lichtblau（2015），Schwartz（2015）.
㊄ Cournède et al.（2015）.

事实上大多数受援者是其他金融机构。换句话说，银行相互资助，从事着相互之间的股票和债务交易。虽然这种行为能带来利润，但大多数行为本身并没有创造生产力。

例如，通常意义上讲，对冲基金并没有构建任何东西；相反，它们投入技术和来自其他领域的专家，并利用它们的方法从市场中寻找大量的微小缺口从中获益（就像进入黑洞的信息几乎没有逃出来的）。像高频交易这样的东西几乎是一个零和游戏：如果文艺复兴科技公司正在赚数十亿美元，那么其他人，例如靠退休基金赚钱的人就正在亏损数十亿。虽然如第10章所述，对冲基金为某些资产提供了流动性，但这种明显的流动性有点虚幻，并不是长期投资者应当优先考虑的事项。⊖ 同时，它对系统的稳定带来了真实存在的风险。最好的例子莫过于2010年损失1万亿美元的"闪电崩盘"（Flash Crash）事件，该事件于美国东部时间2010年5月6日2:32开始，到3:08结束。这半个多小时内，道琼斯指数暴跌9%，但大部分在当天收市前恢复。

与大多数金融危机一样，"闪电崩盘"发生的确切原因无法确定，并被归咎于一系列因素，错误订单引发过度反应是最主要因素，在五年后，伦敦高频交易员通过虚假卖单推动市场进一步下滑，其中算法程序也肯定起了作用，因为它们占据日常交易的主要部分。许多人只是随着价格开始暴跌而"关闭"自己（与外界的联系），就相当于不能接电话的电脑。在2014年10月15日上午9:33，计算机给市场带来一场更为快速的波动，当时美国国债价格上涨超过7个标准差，但在12分钟内恢复正常。监管机构的调查显示，这些交易主要是由"积极的"动量追逐算法卖给充当造市商的"被动"算法产生的。在多数情况下，这些算法程序来自同一设备，约15%的交易是公司的"自我交易"（卖给自己），所以"受益权的结果没

⊖ Hendershott et al.（2011）.

有任何变化"。[一]较小版本的"闪电崩盘"事件已经变得常规化，即使在之前平稳的市场亦是如此，例如玉米期货市场。[二]虽然计算机算法程序似乎是理论家们所预想的理性行为的完美实现，但是，计算机无法感知类似恐惧或贪婪的情绪并不意味着它们行为的最终结果就是理性的或是最优的。

对冲基金在金融生态系统中占有一席之地，它们的交易在狭义上而言肯定使金融系统更为"高效"，即促使价格趋于一致，使其他交易者的套利机会减少。那些认为这就是他们挣得工资理由的人，很可能也相信有效市场理论，并且现在已经停止了读书（正如我们所看到的，文字变得廉价）。他们的工作不是关于财富创造，而是关于财富再分配，就像税收。在一个经济回报越来越呈偏态且不对称的分布的世界里，越来越多的职业开始看起来像写作，这普遍被认为不是一件好事，正如皮凯蒂在他的书中所说。这也是对冲基金游说政治家（在某些国家支配着政治献金[三]）的一大原因。正如它们对待市场一样，它们以相同的方式来塑造、影响和玩弄选举。

另一个问题，正如国际清算银行（BIS）的一篇文章指出的，"一个膨胀的金融部门可能会吸纳过多人才，从而妨碍其他行业的发展"。[四]在美国、英国等国家，精英学校的大部分数学家转而投入金融行业，"本可能成为科学家，在小时候梦想着治愈癌症或飞往火星的人，现在都梦想成为对冲基金经理"。[五]（BIS 被称为央行的央行，和其他组织一样，似乎经

[一] Ross Levine（2015）.
[二] Timothy Massad（2015）.
[三] 参见 Jon Stewart（2009）。根据《纽约时报》的报道，对 2016 年的政治竞选占据主要贡献的 158 个家族中，有 64 个是在金融部门获得了财富。能源和自然资源部门共 17 个，位于第二（Confessore et al., 2015）。
[四] 在金融行业快速发展的情况下，研发飞机、计算机等密集型产业将受到一定的损害……金融系统发展迅速的国家的高研发行业比金融系统增长缓慢的国家的低研发行业年均增速低 1.9% 至 2.9%（Bank for International Settlements, 2012 年）。
[五] Cecchetti and Kharroubi（2011）. 牛津大学声称，约 35% 的数学系学生进入金融行业（University of Oxford, 2016）。

常喜欢批判它自己帮助设计的金融系统)。一旦公司像德劭基金一样聘请了所有的奥林匹克数学竞赛冠军,奥数中的大多技能都没有得到有效的使用。对冲基金使用的数学非常复杂并富有欺骗性,但是并不是那么深奥,即使是西蒙斯也不得不承认这一点。㊀实际上,正如我们之前所提到的,一流高校的学位主要是作为一个进入的门槛,并能够给该领域增添一个神秘光环。因此,为对冲基金培训数学人才就像是前面提到的那些创意写作课程:无论怎样,从全球的角度来看,它并没有多大的经济意义,但这不是重点。㊁

量化分析师、科学家和作家都会有一些相同的冲动:做一些真实和有创意的事情,或是测试自己,或是实现自由。这些冲动是由激情和好奇心驱动的。量化分析师汤姆·海耶斯(Tom Hayes),这个伦敦同业拆借利率(Libor)操纵案的主谋就表示:"当你搞明白以后,它就像解方程。无论赚钱赔钱,它就是这么纯粹。"㊂但是,如果对冲基金的老板真的想帮助科学家,最好的办法就是不要再通过令人艳羡的薪酬来招聘优秀的学生。当然,另一种更为实际的办法就是,金融部门出于其他原因不再是主要的就业来源。我们将在最后一章回到这个话题,现在让我们先来研究量化分析师在创新和维护数学模型构成中起到的作用。

㊀ "我们并不用非常深奥的东西。我们的某些统计方法可能非常复杂。我不是说这很简单。我需要的是一个足够了解数学的人,他能够有效地使用这些工具,但对于事情如何运作仍保持好奇心,并且有足够的想象力和坚韧的态度去弄清楚。"西蒙斯,引用于 Luxon(2000)。

㊁ 设计大部分电子交易通道的计算机专家约书亚·莱文(Joshua Levine)告诉作家斯科特·帕特森(Scott Patterson),追求越来越高的速度已经成为"昂贵而不必要的混乱,如果您重新分配所有正在从事人为创造和其他无用问题的聪明人,那么您可能会在一年内找到治愈癌症的方法。"Patterson(2012,p.229)

㊂ Finch and Vaughan(2015)。

第7章

模型更新

THE
MONEY
FORMULA

> 事实上，自然科学已经太长时间只做关于大脑和幻想的研究，现在应该是时候回归对物质和实物平稳和可靠的观察了。
>
> ——罗伯特·胡克（Robert Hooke），《显微图谱》(1665)

> 在汽车尾气排放检测期间，汽车的电子控制模块（ECM）会运行一款可以产生合规排放结果的软件。该软件在大众称为"减效装置"的ECM校准模块下运行。在汽车正常行驶期间，"转换器"会被启动，此时汽车电控系统运行另一个"上路校准"设备，以降低排放控制系统的效率。
>
> ——美国环保局就大众汽车如何在其柴油汽车中校准电子控制模块以通过排放测试的解释

量化分析师注重用复杂的数学模型来模拟深奥的金融产品。一旦选定合适的模型，首先对它进行校准或者嵌入现有数据。这通常涉及修改模型的各种设定，这个过程类似于调整一个飞机模型的控制面，或者在电影放映后调整剧本的故事情节。接下来模型就可以启动了。量化分析师能让它顺利起飞并且返回原处欣赏它的表演。但是如果运行的不如预期，偏离路线并撞毁了呢？本章主要研究模型校准过程，并阐明模型校准通常是解决表象，或改写现实，因为它与模型的表现相关。

我们的重点将放在数量金融学建模中一个特别令人担忧的方面。并不是说这是数量金融学中最糟糕的问题，这只是我们可以提出的众多话题中的一个。但我们之所以选择这个，是因为它不仅说明了金融建模的混乱，而且还揭示了量化分析师如何思考，监管机构如何思考，并阐明了金融和科学的异同之处。

假设你作为一个量化分析师，你的工作是对标的资产为一个叫 XYZ 的特定公司股票的上升敲出看涨期权进行估值。正如第 5 章所讨论的，这类似于一个普通的看涨期权，区别在于，如果股票价格在到期日前上涨至预设的触发点，期权就会失效。这一特性使它相对更便宜，但也使它对股价波动非常敏感，因为波动较大的股票更有可能超过触发点。

评估波动率的直接方法是获得 XYZ 股票价格的一个历史时间序列，并统计和分析这些数据，以量化其变化的程度。数据统计可以简单，也可以很复杂，但是不管你用什么方法都存在一个根本的问题，那就是你怎么知道未来股价走势一定会像过去一样？你刚刚估计的波动率只是一个历史波动率，未来股价波动率可能会完全不同。但你需要知道的是未来波动率，因为合约在未来到期，它的价值取决于从现在到到期日的标的资产的价值变化。

解决这个问题的另一种方法是尝试以成交量更大、结构更为简单的看涨看跌衍生品的市场价格来推导未来波动率。这些简单期权（vanilla）合约价值也取决于对波动率的估计，并且这正是我们所需要的未来波动率。然而，价格会与你用布莱克－斯科尔斯模型计算出的有所偏离，因为正如上面所讨论的那样，交易员会调整模型以更好地解释诸如极端事件之类的事情，并且，和其他产品一样，期权价格受市场预期和供需关系的主导。关于价格偏离这点，一种解释是说模型有错，另一种则是模型正确而交易员是错的。但是如果你相信市场是有效的，那么存在另外一种解释，即关于未来的合约的价格能告诉我们未来波动率的情况。期权价格包含未来波动率的信息！正如我们可以根据已知的波动率，使用布莱克－斯科尔斯模型来计算单纯期权的价格，那么我们应该也能反过来，通过价格来推断未来的波动率。即使这种方法不可行，至少我们的估计与其他交易中的期权是一致的。这是音高修复效果器（Auto-Tune）的金融例子，Auto-Tune 是一种音频处理器，可以修正人声并与乐队的其余部分完美配合（我们从中再次看到模型承担着协调设备的角色）。

因此，回到我们的例子，要对复杂衍生品进行估值，我们需要知道这个 XYZ 股价的波动率。幸运的是，有一种基于 XYZ 的单纯期权，价格为 10 美元。问题是："在衍生品估值模型中，波动率为多少时，这个简单的单纯合约价格为 10 美元？"假设答案是我们只需要 0.2 的波动率（通常写为 20%），这就是隐含波动率（implied volatility）。现在，我们来看更复杂的向上敲出看涨期权，我们只需使用相同的波动率 20% 来校准模型。这样是不是就真的解决了呢？

烟雾之谜

模型校准是数学界所谓"反问题"的一个例子。在大多数物理问题中，你通常会试图从模型中弄清楚将来的某些行为表现。天气预报是一个很好的例子。但有时你想倒推，就好比你想通过今天的天气推导出上周的天气情况。解决此类问题可能简单，因为就像你可以通过重量实验推断出弹簧的劲度系数，或者像只使用后视镜沿高速公路向后驾驶，但这些问题也可能比它们看上去的难。

举个例子：假如你走进一个坐满学生的教室，空气中充满了烟雾，那么谁是那个违反纪律的吸烟者？给定教室里烟雾的分布，你可以通过数学倒推和弄清楚烟雾的来源吗？

烟雾浓度遵循扩散定律，这是比较简单的大二数学问题。在期末考试中可能会问道：给定烟雾起源的位置，求烟雾的分布情况。但我们不是问这个问题，而是反问：根据烟雾的分布求烟雾的起源位置。表面上这两个问题类似，但实际上有很大区别。事实上，烟雾问题就是数学家所说的"不适定问题"，这意味着对分布的轻微干扰都有可能使反向计算无法进行。这些信息已经被模糊化了。

谈到模糊的现实，《犯罪现场调查之迈阿密》的粉丝一定记得这一情节，一个凶手身份的线索是从帆船帆布撕下来的一块面料，但是这块布被打湿了，油墨或者标记已经在布中渗透扩散。何瑞修·肯恩（Horatio Caine）将这块面料带回了犯罪现场调查（CSI）总部，并利用先进的电脑技术对布上的字迹进行扩散还原。为什么不存在"扩散还原"这个词？⊖ 这是因为这不可能实现的。我们对犯罪现场鉴证科的信任在那一刻崩塌了。⊖

金融模型中的校准存在的问题与扩散问题类似。如第 2 章所述，股价可以被模拟为在时间里的一种扩散，因为它们是随机游走的，就像一股烟雾。期权价格可以告诉你，交易员对一定时间后的烟雾形状是怎样看的。布莱克–斯科尔斯模型依赖于单个关键参数（波动率）的准确性，这些参

⊖ 谷歌里有 34 次对我们这个不存在的定义的搜索，更新：现在已经超过 600 次。这是怎么回事？莫非有人泄露了本书的盗版副本？

⊖ 我们想给读者准确的情节参考，但遗憾的是，谷歌搜索"犯罪现场调查之迈阿密 + 游艇"仍然没有找到。当然如果看完所有的剧集是肯定能找到的……我们还远远落后于《广告狂人》(*Mad Men*) 和《唐顿庄园》(*Downton Abbey*)。

数被假定为体现你需要知道的关于一只证券行为的所有内容。因此，如果这个模型能准确描述现实，那么对于任何基于单一资产的期权的反向问题也总是产生唯一的解答。但是如第 5 章所述，隐含波动率往往随着执行价格和行权期限等因素而变化，对于一个 XYZ 期权，我们计算出的波动率是 20%，但对于另一个期权可能是 25%。为了满足模型中期权价格的范围，事实证明，我们需要假设波动率取决于时间和证券的当前价值（见专栏 7-1）。校准的结果并不是一个单一的常数，而是一个查找表。而且，表中的值非常敏感，跳来跳去，看上去不是很自然。从某种意义上说，将波动率从一个单一的数字转变成复杂得多的系列值，这样现实世界的复杂性也概括到模型中了。

这并不是世界末日，因为我们有数学方法来处理或使其"规范化"，尽管这是一个不怎么好的提示。更重要的是，金融中的模型校准是否有必要，还是只是因为量化分析师能做到而不是因为这么做有用？信息是关键。今天的期权价格包含的关于未来的信息有多少是真实的呢？是否有很多？市场是否能够预测未来，还是根本不知道？交易员必须交易并形成交易价格，即使他们根本不知道未来会发生什么。

在烟雾问题上倒推很困难，但至少是合理的。事实上，金融校准不容易理解，如下所述，它存在潜在风险。

专栏 7-1　布莱克－斯科尔斯模型

　　有关数量金融学的任何历史都难以下结论。如果一个新的模型或者交易策略是有效的，那么在有人提出相同水平的或更好的想法前，自然是守住这个秘密以此获得收益。反之，只有效果并不明显的才会公之于众。当然也并不是这么简单，因为大量的金融研究是在高校里进行的，研究人员需要通过发表论文来升职。而且，许多量化分析师都想成为学术大师（当然在这个问题上，许多学术大师也想成为量化分析师），所以他们继续钻研并发表更好的研究。铭记这一切，这里总结了数量金融学校准历史上的几个亮点。

第一个非常重要的例子是1986年发表的利率期限结构模型（Ho-Lee利率模型）。利率模型比股价模型更复杂，因为在任何时候只有一个股票价格（忽略买卖价差），然而利率在未来的不同时期会不同，对应由不同期限债券的收益率构成的所谓收益率曲线。托马斯·侯（Thomas.Y.Ho）和李尚宾（Sang-bing.Lee）认为有必要用一个与时间相关的非常数参数，使理论的收益率曲线与市场收益率曲线相匹配。

20世纪90年代初期，有三篇关于波动率变化的估值方法（布鲁诺·迪皮尔（Bruno Dupire）、德曼（Derman）和卡尼（Kani），以及鲁宾斯坦（Rubinstein））的文章在继续研究这个问题。他们的研究涉及更多复杂的波动率校准问题，包括一系列行权价格不同的期权基于相同的标的股票进行交易。同样，市场上存在的不同期权在潜在波动率方面提供了一些矛盾的信息，并且为研究人员独立并同时发现波动率随时间和股价变化发挥了作用。高股价与低波动率、低股价与高波动率相关联。这三篇论文阐述了如何选择这种波动率函数能使得期权理论价格与期权的交易价格一致。但代价是在传统模型中易于测量和理解的波动率参数将变得更为复杂。

不过，新模型很快成为为复杂股票衍生工具估值的市场标准化方法。

为了避免有任何疑惑，我们来总结一下这个模型是如何运行的。为了计算复杂衍生品的价格，我们需要知道标的资产的波动率。要做到这一点，我们先来看一下标的资产相同的单纯期权的价格，这与用布莱克-斯科尔斯公式计算出的理论价格不一致。但事实证明，如果

> 假设波动率不是恒定的，而是随时间和资产价格变化的，那么理论价格和期权价格就能对应。因此，我们可以使布莱克－斯科尔斯模型内的一切参数都有价值，即使我们知道同样的方法首先对于单纯期权没有作用，而且根据定义，波动率是一个平均值，而不是瞬时值。接下来，疑惑继续……

预测校准

这个模型的复杂性在于目前没有合适的公式来估计期权价值。但是，这难不倒我们聪明的数学家和为我们的波动率模型编写代码的计算机科学家。更重要的是，我们来做一个理智的检查。未来的波动率，即股价的变动程度是资产价格和时间的函数，这真的合理吗？要明白，这种波动率是从过去交易的期权价格推导出来的。那么，这是否就意味着交易员通过"水晶球"预测未来的波动率？市场价格是否知道下一次大地震发生的日期、地点和强度？当天气预报员还挣扎于下周天气时，分析农业公司、冰淇淋厂商或雨伞制造商的股票期权是否就推导出有关明年降雨量的信息？

更细微的是，我们要注意到，波动率是所有的资产价格的波动率。例如，校准可能会表明，如果相关股票价格为 68 美元，则六个月内波动率为 23%；如果股价为 77 美元，则波动率为 21%；如果股价为 83 美元，则波动率为 20.3%。但校准从未告诉我们股价会是怎样。坚持一分钟，你的"水晶球"可以告诉我们所有资产价格的波动率。然而，如果能直接告诉我们六个月后资产的价格岂不更好吗？忘掉波动率，用这个"水晶球"我们就可以赚钱。

常识告诉我们，可以预测非恒定波动率的假设是非常不现实的。但这也仅仅只是常识，我们可以用一种科学的方法证明吗？

有两种方法可以证明这种校准模型并不是有效的。第一种方法是等到六个月后直接测量当天的波动率。继续引用上述数值，如果资产价格恰好是68美元，那么波动率是否还是预测的23%呢？问题在于，衡量特定某一天的波动率本身就是一个棘手的统计问题，因为波动率是根据相当长的时间段内的平均波动定义的，而不仅仅是一天。此外，我们还需要等待六个月。

有一种更简单的方法是在当前日做校准，然后回到一周前重新校准（用过去交易的期权的新市场价格来推导波动率函数），将新推导的波动率函数与上周推导的进行比较看是否一致。使用相同的数值进行测试，如果在六个月后的前一周的资产价格为68美元，新函数是否仍然得到波动率为23%的结果？请注意，我们并不是在研究预测的波动率是否真实正确，我们研究的是预测结果是否稳定的问题。⊖

答案基本可以确定预测结果不是稳定的，新模型预测与旧模型预测的结果不同。你可以在家里用天气预报来玩这个游戏。在一周内查看特定地点的天气预报。两天后再看看对于同一个地点和日期，现在的天气预报是怎样的。（可以研究类似英格兰这种天气变化较多的地方，而不是富埃特文图拉这种天气总是相同的地方。）天气预报常常会改变，一天后天气预报就可能再次发生变化，并且，由于这是相同的日期和地点，你甚至不必等到下周才能看到天气怎样。这能让你想到什么？很明显的结论是预测效果并不是很好。公平地说，至少我们明白天气预报并不准确，我们也预估到天气预报会有所改变。在数量金融学中，校准函数是假设为不会发生改变的，并且很多钱都押在了这个假设上。

这是量化分析师在做重新校准时的真实想法吗？其实并非如此。如果

⊖ 保罗在他的讲座中开玩笑说，他希望这个校准过的模型能在一个星期内保持受欢迎，直到第一次需要重新调整。他讲这个笑话已经有20多年了。这个模型现在仍然很受欢迎。人们听过这个笑话仍然会笑，但现在更是出于一种遗憾。

这是一个物理过程的模型，大多数科学家会认为应该开始绘图了。然而金融并非如此。校准的真正目的更像是去修正模型的表现，并使模型表现在数学上说得通。

无论如何，事情开始变得有趣了。到目前为止，我们所做的一切都是关于数学和模型的。且不说他们的老板的想法和动机，现在我们必须明白量化分析师的想法和动机。

困惑之源

首先，普通的量化分析师对大量问题仍然抱有疑惑，比如随机性问题。这至少是让人惊讶。因为量化分析师使用的基本模型都假定股价是随机的，利率模型中的利率也假定是随机的，一切变量的假定都是随机的。他们忘了一点，即具体哪个变量模型为随机，哪个变量又被设为固定常数。

在上述波动率校准中，我们只有一个数量是随机的，即标的股票的股价。其他一切变量都是固定的，但固定并不一定意味着它是个常数。一个取决于资产价格和时间的波动率函数代表着这是一个没有变化的函数。是不是很困惑？怎么可能存在取决于时间的函数却永远保持不变呢？很简单，想想电视指南。电视上播放的节目与时间相关，一个小时后有一个聊天节目，接下来有一个喜剧，然后会播放一部电影等。但是播放时间表是固定的。想象一下，坐下来看《黑狱亡魂》(*The Third Man*)，但上演的却是《阿呆与阿瓜》(*Dumb and Dumber*)，这就是时间表的一个重新安排，在金融中即为重新校准。在金融方面，校准调整被认为是有利的，但在家庭娱乐中就不一定了。

我们经常听到量化分析师说，他们总是对模型进行校准，意思是他们的模型一定是正确的。确实，重新校准模型在某一刻看上去得到过去交易期权的正确估值，但这也仅仅是看上去而已。如果你重新校准模型，那就意味着要么之前的模型是错误的，要么现在的是错的，或者两次都有错。如果你没有经过慎重考虑就直接重新校准，那么这模型永远都是错的。这就好比在每次使用体重秤前都需要重新校准，而并非仅仅重新校准一次。当然，如果体重秤坏了就另当别论。

对许多数量金融学模型产生影响的另一个相关问题是价格与价值。量化分析师需要为新产品估值，得到该产品的理论价值。理论价值取决于模型。但是价格不一样。至少我们希望这两者不一样。为了获得利润，出售一份合约的价格应该高于理论价值。然而，我们用交易价格来校准模型，你根本不知道这个价格有多少是代表校准所需的价值。

举个简单的例子，你的车价值2万美元。你每年的汽车保险费是1000美元。假设这个保险只针对汽车毁坏，而不是第三方等。量化分析师推断出一年内碰撞的可能性是1/20，即5%。他完全不会指出，1000美元的保费包括保险公司的大量利润。而除了质量差的汽车，一般情况下普通人的汽车毁坏概率将远低于5%。这就是另一个导致模型错误以及量化分析师疑惑的来源——价格与价值。具有讽刺意味的是，无套利假设为套利创造了另一个机会（见专栏7-2）。

戴维曾在一家规模很小的上市公司上班，公司最小的时候只有四名全职员工（不包括兼职的董事会成员等），但当时却有两个相当活跃的在线聊天论坛在讨论该公司，所以投资者能够了解到公司动态。公司的股价波动非常剧烈，因为一旦有发布公告或者投资者情绪突然发生变化，或者明显有人企图压低或操纵股价，股价就会飙升或下跌。但几乎在所有情况下，股票报价与公司实际发生的情况（价格和信息之间）之间的关系都是微不足道，甚至是错误的。

我们用最后一个例子来说明市场价格中究竟包含了多少信息。或者说，包含的信息有多么微不足道。你还记得当油价首次达到每桶100美元的时候吗？那是 2008 年年初。你还记得油价为什么上涨吗？当时的经济情况如何呢？我们可以猜一下，是关于中东局势？也许。中国需求？也有可能。但实际上这两者都不是。据报道，有一名特立独行的交易员买了 1000 桶石油，并立即以损失 600 美元的代价卖掉。他为什么要这样做？仅仅是为了能够告诉他的孙子，他是第一个以每桶 100 美元买入石油的人。那么这个价格又包含了多少信息呢？这与石油、中东或中国并没有多大关系，但却与这位交易员和他的家人有很密切的关系。

专栏 7-2　保罗的对冲基金

在我作为合伙人的对冲基金中，我们的定位是波动率套利。通过预测波动率并利用现时期权交易价格信息与波动率预测值的差异，就是用实际波动率和隐含波动率套利。为了消除一切市场风险，我们进行 Delta 对冲。

这个很简单也比较容易理解。通过预测波动率来赚钱的想法虽然很简单，但在学术文献中却没有多少研究。赚钱和学术竟如此对立真是有趣。

我来解释一下这其中的一个微妙之处。

假设你预测的波动率为 20%。但是期权交易的隐含波动率为 30%。如果你的预测是正确的，那么该如何从中获利呢？

第一步很简单，你先卖掉期权合约。因为它们的定价过高。但是，如果只出售期权，市场风险，即标的资产的价格波动将会暴露。为了摆脱市场风险，你必须进行 Delta 对冲。假设我们满足布莱克－斯科尔斯假设，波动率恒定并且没有交易成本等，那么你可以用布莱克－斯科尔斯的 Delta 公式做 Delta 对冲来化解市场风险。

现在我们的方法与教科书的唯一区别在于人们以错误的价格（就

我们而言）买卖期权。问题是，当我们用布莱克-斯科尔斯公式做Delta对冲时，我们究竟是用20%还是30%代入公式中的波动率呢？

简而言之，我们认为期权定价是有误的，我们如何从这个错误定价中获利。这是一个天真的问题。事实证明，有关对冲基金这个话题的论文不到五篇。但是有大量的文章是关于时间相关的波动率、随机波动、校准以及假设所有的市场价格是正确的。但是，从数学角度分析如何从波动套利中获利的论文不到五篇。

还有其他业务会像衍生品这样首先假定无利可图吗？多年来我写了不少商业计划，我不记得我曾说过我们不赚钱。

你可以阅读艾哈迈德（Ahmad）和威尔莫特在2005年的著述来了解Delta对冲问题的详细答案，但是在这个世界上，几乎每位量化分析师都认为没有套利的想法会有助于我们的基金销售。而假设每个人都没有套利机会，意味着基金的竞争会更少，并解释了为什么期权总是定价过高。如果每个人都毫无疑问地相信，那么没有人会试图反驳，在这种情况下，期权可能会永远定价过高。投资者都明白完全有效市场是不存在的，所以才会赞同我们。

模型风险

因为由模型得到的理论价格与期权的市场价格近似相同，所以人们才会误以为这个模型是正确的。在正确的情况下，估值是没有任何风险的。然而，这往往与事实相差甚远。

在数量金融学中，关于模型准确性的问题总是存在，这被称为"模型风险"。风险种类很多，形式多样，负责任的银行会度量风险，如有必要甚至会降低风险。然而，如果我们不断重新校准，就意味着我们永远不会在波动率模型中看到风险。当然，在每次重新校准时，我们看到未来波动率表变化多少，就能明白模型有多糟糕。但是，我们不会花太多精力在这里，因为在后续过程中我们会讲到这一点。更糟糕的是，有些模型直接进行衍生品的估值，而无须经过正式计算校准量的步骤。⊖这意味着你永远不会看到模型的错误，这个错误一直暗藏在模型中。

正如我们将在下一章进一步讨论的，数学建模者一般喜欢使用简单模型的理由是简单模型的假设及其相关风险更加透明。布莱克－斯科尔斯模型的特点之一就是简约。资产价格的波动趋势可以用波动率体现。但是，当我们尝试从市场数据中推导出波动率，并用它对衍生产品进行估值时，单个的波动率将被随时间变化的波动率查找表所替代。波动率是一个单一的参数这种说法不再正确，而应该是一系列独立的参数，它们适用于不同的价格和日期。也就是说，资产的波动率已经变得非常复杂，模型风险也变得很棘手。

如果金融衍生工具使用不当，可能会给金融系统带来重大风险。工程师可以建立一个复杂的系统，就像飞机是由成千上万的部件组成的，因为他们了解对于确定的流型各部件的运行规则，并确保这些部件在该流型下正常运行。例如，驱动方向舵的电机被设计成能够承受它将遇到的阻力；起落架可以支持强迫着陆的压力；襟翼延伸时可以处理应力等。总之，飞机以可预测的方式对其控制进行响应。但是金融衍生工具，包括金融系统中的大部分都是由诸如隐含波动率这类非常不稳定和不可靠的组成部分拼凑在一起的，所以整体而言自然也是不稳定的。

盲目飞行

这些问题看起来似乎是相当明显的，而且确实有一些更精明的银行家意识到这些问题（尽管在如此高薪的工作中，这样的人并不如你期望的那

⊖ 一个例子是希斯－加罗－默顿（Heath-Jarrow-Morton）利率模型。

样常见）。但是，由于制度上的原因，他们的主要目的不是揭穿这个模型，毕竟没有奖金。相反，他们有很大的动力跟随大流，与他们自己、他们的老板、风险管理人员、监管机构和投资者证明使用校准模型的合理性，这主要有两个理由。

第一个原因是虽然这种方法可能不完美，但总是有可能用交易所交易的普通期权来对冲衍生品风险，从而降低风险。只要过程是正确的，结果不算太糟糕。然而，让人深信不疑的是，在这种对冲中很难估计模型风险。人们很少会在实践中去估计剩余的模型误差。（这也有点像我们用秤来称量东西而不是用弹簧，无论重力如何，秤都会发挥作用，因为它们直接衡量重量而不是像弹簧那样间接地衡量重量，这可能是很好的理由，但是我们是不是可以在这方面做更多的研究呢？）

第二个可怕但很常见的理由：我们还能做什么？银行家说："我们需要做交易，我们需要一个模型，我们只有这些，并且没有找到更好的模型，所以我们才用它。"先不说是否存在一个更好的模型，这个理由会让你联想到道德问题。他们真的"需要"交易吗？是不是可以选择交易更简单的产品？甚至会大相径庭。如果你想做交易，但风险管理人告诉你风险太大不能做，那么你就赚不到钱了；如果你不了解涉及的风险，交易反而更容易进行。永远别忘记，这是别人的钱！

如果不能很好地理解模型风险，金融系统的运行就将会混乱，风控措施也不会按预期的方式做出反应，我们也将面临破产崩溃。校准问题只是模型风险的一个体现，是将人体系统的错误视为机械系统的分类误差。在下一章中，我们将探究模型风险的根本原因。

第 8 章
玩具模型

THE
MONEY
FORMULA

"预测，"奥利弗先生边说，边将书翻到那一页，"书上写道：多变的风，适当的温度，时常会下的雨。"云层变薄变厚，缺乏对称性和秩序，它的变化是无节制而随意的。它们遵从的是自己的法则，还是根本没有法则？

——弗吉尼亚·伍尔芙（Virginia Woolf），《幕间》

对每一个领域的专家来说，都有另外一个与之同等且相反的专家。

——亚瑟 C. 克拉克（Arthur C. Clarke）

在真实的科学中，数学模型是基于基本物理定律和原理所建立的。举两个显而易见的例子，质量是守恒的，能量也是守恒的。不过在金融中，并没有这样的定律。相较于定量，金融模型必然更加侧重于定性，但这并不妨碍一个量化分析师认为自己是一名科学工作者。毕竟，他很有可能受过科学教育，所以会很自然地想到，对他而言，从物理向金融转变的过程，仅仅是由牛仔裤运动鞋向西装牛津鞋的改变罢了。当他看到一个如有效市场假说的观点时，便想到自己和狄拉克（Dirac）一起漫步在学院中的场景。有时，他对模型的信仰是简单而天真的，而有时是一种物理嫉妒。不管怎样，太过于信仰模型是危险的。但是，这个领域需要少一些物理吗？还是需要更多的？

能够区分难题与机会是一项伟大的生活技能。进一步讲，就像每一个励志的演讲者都会告诉我们的那样，在每一个难题中都有着很多机会。阿尔伯特·爱因斯坦说过："困难中蕴藏着机会。"他也说过："你认为你遇到了很多的难题，那你应该看看我的！"在吉卜林的诗歌《如果》中，大部分的篇幅致力于描述的正是这种观点。米格尔·德·塞万提斯说过："当一扇门关上了，另一扇门会打开。"这可能是他被关进牢房时说的。（不过保罗的继父说："在一扇门关上的同时，另一扇也关上了。"这可能是有些不太乐观的说法。）而这正是我们在研究数量金融学时应遵循的原理。

我们已经知道，数量金融学并没有像牛顿运动定律那样有奠定整个物理科学的基石的作用，也没有可以完全重复的化学反应，对此我们也将在下文中进行更多讨论。1991 年，时任世界银行首席经济学家的劳伦斯·萨默斯（Lawrence Summers）宣称："将真理传播出去，经济学定律类似于工程学定律。一套定律，处处适用。"⊖然而并没有"经济学定律"这种东西，一切都是不可复制的。正如所说的那样，你并不能就物理学定律去争

⊖ Hedlund（2011, p. 20）.

辩些什么，但是毫无疑问，你可以去争辩经济学定律。

这是个问题吗？

绝对不是！这是个机会！

科学是这样发挥作用的。你发现某些东西并且想要去弄明白它们，可能在大自然中，可能在工业产业中，也可能在金融里。对于将会发生什么事情你构建了一些假设。这些假设应该能够解释你所发现的东西，但是另一方面，很多其他的理论也可以做到。因此，你找到一些与你的理论相关但是你之前未曾发现的新情况，看一看你的假设是否能够准确预测会发生些什么。如果你的理论在预测这样的新结果时表现得很好，在理想情况下能够以尽可能简洁的方式表达，那么这就可以成为支撑你理论的一个论点。如果不是这样，那么你就需要去调整你的假设，甚至可能要重新开始。（如果你的理论与任何情形都是一致和匹配的，也就是说，它是不可证伪的，那它就不是特别有意义的，这可以参看弦理论。）

简洁性是重要的。你可以（好吧，你不可以，但是你知道我的意思）制作一张巨大的电子表格，将宇宙中所有物体之间的万有引力都列在里面，你可以争辩说这就是宇宙的理论模型。这张表格将采用矩阵的形式，这些物体的数量就是它的行数和列数。⊖

它怎么能和那个简洁的公式相比呢？在那个公式中，两个物体之间的引力与两个物体的质量（m_1 和 m_2）成正比关系，和两个物体质心之间距离（r）的平方成反比关系。

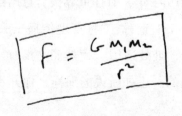

⊖ 但是，不幸的是，这只会在一瞬间内是有效的。物体会移动，万有引力会发生变化。

明白我们所谓的简洁性了吗？并不需要电子表格。

需要注意的是，就像人类的定律一样，我们所建立的"定律"是存在适用范围的。以胡克定律为例，它指出弹簧的弹力等于一个常数与它的伸长量（或压缩量）相乘的结果。工程师用它来计算一个物体对外力的应力。然而，相较于其他的材料，对某些材料来说，公式的线性近似关系会更加有效。对于混凝土（过于易碎）、人体组织（如果你拽你的耳垂，它刚开始容易拉长，但很快就会变得非常难）、橡胶（当你对着一个气球吹气，刚开始会很困难，然后就会变得容易，接着就又会变得困难）来说，这个定律就没有太大的用处。与此同时，牛顿定律是与解释时空曲率的爱因斯坦的广义相对论相似的理论。据哲学家罗伯托·曼格贝拉·昂格尔（Roberto Mangabeira Unger）和物理学家李·斯莫林（Lee Smolin）所说，可能没有定律是完全不可或缺且永恒的，它们自己也在随着时间的推移而发展，仿佛宇宙也正在发展的过程中学习。⊖出于建模的目的，"定律"应该是被广泛测试过的，并且在同一领域内可被视为一种确定和必然的关系。

总而言之，这个过程的关键要素包括可重复性、可预测性和简洁性，以及知道模型在什么情况下会失效。

- **胡克定律**。只对处在一定范围内的材料有效，不管是什么东西，如果你拉伸得太长，它就会断裂。
- **牛顿的万有引力定律**。经过爱因斯坦的修正后，似乎适用于可观察到的宇宙的任何地方。当然，被归因于"暗物质"的地心引力其实是打破了牛顿定律的。
- **守恒定律**。根据牛顿的基本原理，他认为尽管一种物质可能会完全转变为另一种物质（毕竟他是一个炼金术士），但在封闭的系统中，总质量应该保持不变。⊖爱因斯坦后来修正了这一点，表明能

⊖ Unger and Smolin（2015）.

⊖ Newton and Chittenden（1846）.

量是另一种形式的质量。另一个类似的基本原理就是动量（质量乘以速度）守恒定律，牛顿指出这是他运动定律的一个推论。

即使你不是一名数学家，你也能够发现这些基础的数学模型是很简单的。因为根本没有必要去做一张能够描述全宇宙万有引力规模的电子表格，而且它们给人的感觉是对的。

一个线索

数量金融学没有任何基础定律。举个例子，没有什么是守恒的。如果一天内公司的股价下跌了50%，那么公司一半的价值就这么消失了。如果没有定律，那么我们可能会试图去利用统计数据。在此情况下，我们仍然可以建立一个可靠的模型。但如果统计数据不稳定，那么模型的准确性可能有限。这就是金融。

让我们来思考一下早就听腻了的"供求法则"。供求法则说的是，市场对某种特定产品的供给是一定的，供给量往往会随着价格的升高而增加（更多的供应商进入市场）。同时，对该产品的需求也是一定的，需求量会随着价格的下降而增加。如果你把供给量和需求量作为价格的函数画出来，那就会形成一个一条线向上而另一条线向下的交叉图，两条线会在唯一的均衡价格处相交。这个简单的供求关系最早是由苏格兰工程师（和缆车的发明者）弗莱明·詹金（Fleeming Jenkin）在他1870年的论文"关于供给和需求的图示"中证明的，它的确以悦人而美观的方式捕捉到了洞察市场运作机制的关键。[⊖]产品的市场价值不是生产成本和毛利润的简单相加，因为如果没有人想要这个产品，那就不会有一个为它存在的市场。相反，你也不能仅仅因为知道了市场价格就摒弃相关的信息，这些信息对很

⊖ DeMartino（2010, P.175）.

多每天都寻找例如波动率这样的关键量的量化分析师来说是新闻。

即使供求关系图可能捕捉到了一个大致模糊的原理，但它却远不能成为一个定律。一方面，并不存在能够独立测量的稳定"需求"，而只存在交易。当交易发生时，买方和卖方处在一定的平衡中（像巴舍利耶指出的那样），尽管潜在的买家可能会比潜在的卖家多，或者反过来，在任何情况下，这都很难去量化。另一方面，产品的需求并不独立于供给或其他因素，所以要将供给和需求看作两条分离的曲线是不可能的。奢侈品，或就此而言的一些更为基础的事物，例如住房，正是因为它们供给有限而显得更加具有吸引力。当它们的价格升高时，人们会更想拥有它，而不是相反。这就是为什么供求法则经常被用于事后来解释已经发生过的事情，就像解释"今年的石油价格下跌是因为需求减少"那样，而在进行准确预测方面却显得不是那么有用（看油价的预测就知道了）。当某人宣称"价格就是供给曲线和需求曲线的交点"时，他指的是一种从未在经济学教科书以外见过的虚构情形。

因为类似的原因，"无套利原理"也并不是那么有效。理论上讲，我们应该能够从股票的价格和波动率中推算出期权的价格，因为任何偏离这个价格的情况都会产生套利机会。但在实际中，期权的价格也会受到它自身供给和需求的影响，受到投资者恐惧和贪婪的影响，更不用说其他所有（会影响到期权价格）的不足，例如对冲误差、交易成本、反馈效应等。"无套利理论"这类假设的作用是再次给所有金融工具的相对价格简单限定了一个模糊的界限。例如，你不可能在不违反简单无套利原则的情况下同时持有价格为 10 的股票和价格为 20 的平价看涨期权。模型和假设越现实，在实践中，就越难被违背，所以我们就要更加慎重地去对待它。在这个例子中，套利的实现是微不足道的，所以应该相信它是正确的。然而相反的是，因为 Delta 对冲策略并不是我们通常被教授的那种精密科学，所以通过动态对冲所得到的理论利润在实践中更难实现。因此，我们不应该过多地在意 Delta 对冲策略的结果。

尽管在金融模型中，没有不变的定律，但还是有一些线索能够指引我们走向正确的方向。

或者说，只有一个线索。

在整个数量金融学中，仅仅只有一个"挂钩"可以供我们来悬挂模型这只"帽子"。

关于股票价格建模的一个关键就是（鼓声欢迎）——我们一点也不关心股票的价格。

真的不关心？这是真的。我们不关心以美元、英镑或是其他什么货币单位计价的股票价格的数字价值。1美元、10美元或者是10美分，这些都没什么特别的，至少对绝对价格来说是这样的。我们关心的是，我们当时是以10美元购买股票的，而现在的股价是10美分。但这是一个相对的东西。股票的绝对价格是不重要的，但它与过去价格的比较值是重要的。

我们可以这样想。如果你用1000美元去投资1美元的股票，那你必须要买1000股。如果股价是10美元，那你就必须要买100股。在这两种情形中，一开始你都拥有1000美元，你关心的是这1000美元会怎样变化。而你最关心的，只有股票价格相对来说上涨和下跌了多少。换句话说，最重要的就是收益。类似的观察启发了奥斯本，他在关于布朗运动的论文中提到，模型应该去跟踪价格的变化比例（一种方法就是对数化）。

回到本源

对于建模者来说，为什么这是一个重要线索？因为这意味着在任何我们所建立的模型中，都应该首先研究收益数据，然后再对这些数据进行建模。假设，举个例子，我们试图对某一时期内道琼斯指数的预期收益进行建模。首先我们可以从绘制一些数据开始，像图 2-5 那样，绘制一个能显示 100 天收益的直方图。一种方法是使用这个直方图直接计算出价格在特定范围内波动的概率。请注意，即使这样，我们也已经做出几个关键性的假设了。其中一个假设是，分布是平稳的，所以从统计学角度来看，这意味着未来将会和过去类似。另一个就是每个时间段内所发生的事件都与此前的事件不相关，这就是所谓的无记忆性（见专栏 8-1）。⊖

但如果没有公式，将很难进行任何数学分析。所以数学家所做的工作就是说："嘿，收益的分布能用一个公式来表示。"这就是数学建模的来源，也会随之做出更进一步的假设。

一些数学家会说："在我看来，它像是正态分布！"这很棒，因为正态分布易于使用并且有很多出色的特性。另一些则会说："不，在我看来，它更像是 ××（可以换成任何你自己喜欢的并且也很可能是非常复杂）的概率分布。"

后者可能会更接近实际情况，因为它们的分布可能会和实证分布更加相符。但它们的分布也可能很复杂，以至于限制了模型的可用性。例如幂律分布，没有明确的平均值，且因为根据定义该过程所依赖的极端样本量很小，而极难校准。

大多数的实践中使用的都是正态分布。所以很自然，我们选择了第 2 章讨论过的一个简单的随机游走过程（参见表 2-3）。在统计学上，这相当于对数据拟合出一条漂亮的直线。但请注意，当选择正态分布时，我们已经从一个可能正确但笨拙的模型走向一个玩具模型了。

尽管它只是一个玩具模型，但它仍然包含两个可以被很好地应用在整

⊖ 如果你去看一些序列自相关问题，即现有价格与过去价格的相关关系问题，那你就会发现时间独立的假设是非常好的，很少有研究人员能再构想出其他任何的假设（当然，保罗·威尔莫特是一个）。然而，如果你去看看 1987 年股市崩盘前后的那段时间，就会发现标准普尔 500 指数有大量在统计学上看来是不可能的变动，而这不仅仅限于 10 月 19 日的大跌。很显然，在危机期间，会有一些历史影响的存在。

个数量金融学里的思路。这两个思路刚好就是正态分布里的两个参数：一个是均值，反映期望收益；另一个是标准差，反映波动率。⊖正如我们在整本书中看到的，这是两个非常有用且易于直观理解的概念，但我们必须要记住它们的适用范围。如果用正态分布来解释，那么"黑色星期一""闪电崩盘"或广义上的金融危机等极端事件发生的可能性实际上为零。同时我们也假定收益率和波动率为常数（重复校准间隔）。

如果这些限制没有给我们带来麻烦，那么就像在第 3 章中，我们可以想得更深入一些。当你绘制大量的资产风险收益数据时，就产生了通过数据绘制一条名为"资本市场线"的直线的想法，就像胡克定律那样。然后就开始把市场想成一个巨大的称重装置，当你堆积风险时，收益也在增加。

在衍生工具中，波动率是最重要的股票参数。事实上，我们已经看到，根据布莱克－斯科尔斯理论，期望收益并不影响期权的价值。波动率是很容易理解的，它衡量了股价的浮动程度。同样很容易理解的是，交易者甚至基于对波动率和标准期权的价值之间的一一对应关系的理解，来讨论波动率的价值。这个玩具模型已经很好地捕捉到了期权是怎样运作的，但模型的变量和参数，也就是这个故事中的主角们，也已经开始绽放自己的活力。

利率模型

受到创建了一个对股价来说较为准确的玩具模型的鼓励，我们想知道股价模型是否也能够很好地适用于其他金融变量。

⊖ 为了得到一般的"年化"数量，年化期望收益和波动率，需要对数据做一些缩放调整。由于数据是每天的，所以你需要用期望收益乘以一年中数据的数量，大概为 252。同时，用标准差乘以一年中营业天数的平方根。

在我们刚刚建立的模型中，股价的收益服从于一个有着特定均值和特定标准差的正态分布，而这两个参数并不依赖于股票的价格水平。同样，这就像是说股价从这一瞬间到下一瞬间，是按照与股价成正比的均值和标准差变化的。

现在，作为将模型应用到其他地方的第一个例子，让我们来看一看是否可以用相似的思路来建立利率模型。我们能简单地将上述模型中的"股票价格"替换成"利率"吗？

"利率从这一瞬间到下一瞬间，按照与利率成正比的均值和标准差变化"，这是一个好的模型吗？很明显不是！探究这是为什么对我们来说很有启发意义。

首先，股票趋向于持续上涨，但从长远来看是不平稳的，波动率使股票的价格处在浮动的状态（例如表2-5）。如果它们能长期存在的话，或者说公司经营持续恶化，股价一再下跌。在我们建立的对数随机游走模型中可以看到这个特性。如果预期增长率足够大，那么随着时间的推移股价会上涨。如果预期增长率太小，股价则会下跌。因此，如果你将这个模型应用到利率上去，它们也会无限期地上涨或者持续下跌。即使增长率被设为零，距离其符合随机游走的初始点的期望偏差也可能会任意大。但在实际中利率并不是这样的，它们上升，然后下降。它们下降，然后再上升，任何模型都应该去捕捉这一行为。

只要把期望收益和利率的波动，表示成利率的函数，我们就可以在我们所建立的框架内做到这一点。通过观察期望收益，我们可以很容易地理解这一点。当高利率导致期望收益为负时，利率就倾向于降低。当低利率使得期望收益为正时，利率会倾向于升高，这就是所谓的均值回归行为。就像我们在实际中看到的那样，在这样的一个模型中，利率上升，然后下降，再下降，然后回升。

但此时我们面临一个建模问题。在关于利率的函数中，哪一个在利率低时为正值，在利率高时为负值呢？你在开玩笑吗？这样的函数不计其数，到底哪一个才是正确的呢？

看到这个问题了吗？在对股票建模时，我们要利用期望收益函数与股票价格成正比来证明股票的价格水平并不重要，重要的是它的收益。这就给期望收益函数增加了一个参数——比例系数。我们几乎没有任何线索去探究利率期望增长率模型的函数形式到底应该是怎么样的，我们甚至还没有开始研究利率的波动行为。我们所假设的均值回归行为中的均值是否为一个定值，也是一个问题。

在我们尝试去建立其他模型时，例如信用风险和波动率等，都会遇到同样的问题。

在金融中，唯一体面但仍是玩具的模型，就是为那些我们并不关心其价格水平的工具所建立的对数正态随机游走模型，这些工具包括股票、指数、汇率和大宗商品。⊖这就是为什么几乎所有人都在使用对数正态随机游走模型去模拟这些变量，但是这个模型对于利率来说却并非一个标准模型，而且每个人使用的模型都不尽相同。我们找不到系船柱来停泊我们模型的小船，但这并不意味着我们不能取得一些进展。为了寻找灵感，我们可以转向具有不同历史背景和一系列方法的生物数学领域。

专栏 8-1 记忆

关于股票的价格水平无关紧要的假设也有可能被质疑。下面就是一些在实践中可能会发生的情形，同时，我们还将向你展示如何对模型进行一些小的修改以使其能够适应现实。

一只股票，价格徘徊在 100 美元附近，它的波动率为 20%。随着

⊖ 我们的确关心这些工具的价格水平，举个例子，我们需要购买它们来给我们的汽车提供燃料，或者是喂养孩子。但作为投资，我们并不在乎。

竞争对手不断进入市场，这家公司开始挣扎。股价在一年内下跌至60美元，同时，波动率上升至30%。根据经典的常数参数对数正态分布模型，波动率并不会随着股价的变化而变化。但在现实中，因为股价的下跌，投资者会对公司的未来感到紧张不安，而这就会随之表现在波动率的升高上。

然而，股票现在60美元的价格水平仍是无关紧要的，重要的是，曾经价值100美元的股票现在仅价值60美元了。市场对这只股票是有记忆的。用行为经济学家的话来讲，投资者以100美元为基准，并认为这是公司的自然水平。现在将要面临的是，当公司再次稳定下来时，市场会忘记100美元而开始将60美元当作自然水平，而这也意味着波动率会重新回到20%。

这显然区别于与记忆无关的经典对数正态随机游走模型。但通过对模型进行微调，很容易就能将这种锚定效应纳入进来。你只需要引入一个取值为过去股价某种均值形式的记忆变量，然后把波动率表示成股价与均值比值的函数。⊖尽管这仍然是一个玩具模型，但它不仅捕捉到了经验证据，还捕捉到了一些人类的行为特性。

记忆？这又是一个出现在经济学里的心理学话题，也许在将来的某一天，我们会在金融领域中看到更多这种话题。

一个参照

在20世纪80年代中期，最热门的数学学科之一就是数量生物学。描述这个学科最好的途径就是通过概览吉姆·莫瑞（Jim Murray）所著的《生

⊖ Wilmott et al.（2014）。

物数学》一书，这本书可能是数学建模领域（而不仅仅是在生物学）最好的著作。我们所参考的是1989年出版的第1版。迄今为止，这是保罗在床上读过的唯一一本数学书籍。我们向所有领域从事建模工作的人都推荐这本书，包括数量金融学领域的工作者。它非常有启发性，同时也涵盖了很多不同的数学领域。

书的前4章是关于种群动态的。例如，模拟了云杉蚜虫的种群数量是如何随着它们的出生和死亡变化的。模型展示了通过调整模型参数，种群如何达到1个或者3个稳态。（有人试图将利率视为可以达到稳态的金融变量，而这种稳态会随着诸如官方政策这样的参数的改变而改变。）至此，我们已经读到莫瑞教授书的第7页了，从第8页开始，我们将学习延迟模型。在实际中，蚜虫从出生到成熟再到生殖繁衍，都有延迟。（政策制定者可能会强调利率政策将会发生变化，但在真正实施前仍会有一段延迟。生物数学和金融学之间的平行线是没有什么不同的。）某些疾病中也有延迟模型，例如潮式呼吸（第15页）。这和种群数量无关，延迟是由于血液中二氧化碳水平的变化在大脑中被观测到的时间存在滞后。（时间滞后？观测？"新闻"！这让我们想到了金融领域的事情，毕竟，正是新闻驱动着大多数市场价格的变化。如今，有几家供应商在精准地向客户提供新闻数据，谷歌搜索词以及推特趋势，使其客户，或者其文本阅读的算法，可以先于新闻获得信息。）

第29页向我们介绍了年龄分布。人们出生，变老，然后死亡。我们可以计算出任何一个年龄的人口数量吗？可以，可能并不准确，但从概率角度来说可以。这是精算学所研究的一个主题。⊖在第2章的第41页，我们可以看到一个最早由生态学家罗伯特·梅（Robert May）开发的简单的

⊖ 有趣的是，在过去的10年或15年间，精算师一直在尝试进入数量金融学领域。为什么？因为他们具有相关的技能，并且他们十分喜欢高薪资。不幸的是，尽管精算师热衷于学习数量金融学，但量化分析师没有任何想要学习（可能更加的有用）精算师技能的迹象。

种群模型，是如何演变成非线性逻辑模型和混沌数学的。在第3章中，我们谈到了相互作用的种群，例如经典的狮子—瞪羚模型。狮子捕食瞪羚，导致瞪羚的数量下降。而狮子没有什么食物可吃，数量也会下降，这又使得瞪羚的数量增加，狮子的数量也相应地增加。（没有比这更贴切的关于利率和通胀波动的玩具模型了。）这样的模型有助于物种的管理和保护，也有助于决定剔除劣质种类是否是有益的。

至此，此书还剩下17个章节，话题所涉及的领域包括反映动力学、耦合震荡、趋化作用、动物皮肤斑纹及流行病等。但我们已经提出了我们的观点，数量生物学有着丰富的内涵，存在于我们强调的学科和使用过的数学方法之中，这些都应该在数量金融学中被看到。

以上所述的几乎都是玩具模型。没有人能够准确地预测大黄蜂种群的动态，也不能准确地告诉你豹子的身上有多少斑点。但所有的模型都可以用来解释我们在自然界中看到的东西，在必要时控制物种的数量，帮助研发农药，预防疾病或者提供保护。

很多建模思路都可以用来推动金融、经济和政府决策等各个方面的进步，在过去，这些看起来是相对困难的。正如罗伯特·梅在《金融时报》上所说：“我对金融经济学了解得越多，我对它与20世纪60年代的生态学的相似程度就越感到惊讶。”[⊖]但我们打赌，想要学习相对简单的数量金融学科目的数量生物学家可比想要学习数量生物学工具的量化分析师要多。顺便说一句，吉姆在书的第232～236页中，介绍了如何利用随机游走推导出扩散方程，这正是数量金融学的支柱。它仅仅用了5页，而金融作家们去完成这件简单的工作则可能需要整本书。

数量生物学还是一门科学吗？当然是。成为一门科学并不需要完美的模型，否则几乎所有的学科都无法满足这个条件。生物学模型可能会将很

⊖ 引用自 Cookson et al.（2009）。

复杂的过程简化，并且相较于纯量化，它们是定性的，不过它们仍然给我们研究机制和行为提供了很有用的见解。

为什么是这些玩具模型？在吉姆·莫瑞的书里，很少有模型是由可靠的物理定律支撑的，主要的例外是基于化学模型的。在15.2节中，我们看到了一个描述因成形素在翅膀中扩散而形成蝴蝶翅膀图案的模型。现在，扩散方程已经可以非常精确了，但鉴于翅膀的着色发生于细胞层面，以及翅膀和脉络几何图形的复杂，我们只能期望模型提供大致的图案特点。

仅在数量生物学这一个领域中，我们就看到了很多种数学方法。正是因为没有基础定律，研究人员可以自由地使用任何他们喜欢的数学方法。研究者拥有完全无拘束的自由去使用任何行之有效的方法建模，才使得数量生物学成为一个如此愉悦的研究领域。

在莫瑞写了这本书后的几十年里，数量生物学使用的技术已经扩展到包括网络理论、复杂性理论以及我们在第6章中讨论过的机器学习技术，它们非常适合用在像基因组数据这样的大数据中来分析和寻找模式。现在，我们并不是说要把这些技术全部从数量生物学转移到数量金融学。那样是不明智的。作为经验丰富的建模者，想要找到生物学和金融学之间的相似之处对我们而言简直像我们打下这行字一样快，但那只是一种智力训练。我们说的是数量金融学模型可以从相似的方式中获益。

让我们接受上述模型仍是玩具这个现实，然后学会在任意的局限性中工作吧。更多地去关注如何测度和管理模型风险，而少花一些时间在复杂的新产品上。

事实上，一般来说生活也是这样的。我们都把关于现实的心理模型放在自己的大脑中，试图将经历硬塞进预设的框架内。但只有保持怀疑和敏捷才能够有所收获。让你的模型简单起来，但一定要记得，它们只是你制作出来的东西，当有新的信息时，请随时准备好更新你的模型。

数学化原因

如果所有的金融模型不可避免地都称为玩具，那么为什么诸如测度论（它定义了诸如长度或一般集合上区的测度并被用于高级概率论中）这样的抽象领域还会对这个学科有着如此多的束缚呢？为什么要如此大费周章地一再严格证明那些对经验丰富的数学家来说显而易见的东西？又是为什么这个学科对体现数学精准度如此地坚持？有很多原因：

- **羡慕**。数量生物学家很乐意去使用玩具模型。他们往往有着扎实的数学背景，并且知道自己的长处和短处。他们对自己很有信心。相比之下，大多数从事数量金融学研究的人来自金融学、经济学或者计算机科学领域。数量金融学对于他们来说是很大的突破，他们现在可以自豪地告诉父母，他们是严格意义上的数学家了。但前提是，只有当这门学科中所涉及的数学方法足够的复杂和困难时，才能成功"骗过"别人。测度论很难，它很抽象，但它也是攻读数学学位的本科生在第一学年中学到的。然而，正是这样一种抽象给它带来了更多的实用数学和应用数学所没有的荣誉，这就像是"皇帝的新衣"，我们就是故事中的小男孩："看，妈妈，他们只是在做一年级数学题！"

- **教育**。数量金融学硕士项目几乎全部是相同的。我们可以看一下20年前在一个不那么有名望的大学的数学学院会议上的情景：主席宣布，会议议程即将进入讨论一个新开设的数量金融学学位项目的部分。主席询问全体教职工，关于这个问题中的学科他们是否知道些什么。然而没有一个人回答。那好吧，主席又问道："有谁知道测度论吗？"有几个人害羞地举起了手。"那让我们把测度论课程更名为数量金融学吧。让我们摇滚起来！"只不过主席是不会说"让我们摇滚起来"的。

- **惰性**。用惰性来形容或许不对，但我们想说的是，在这个问题上并没有足够的激励去纳入更多或是更好的数学模型。一般来讲，在衍生品市场和银行业务中有太多的钱，以至于只要你不惹麻烦就可以赚到很多，所以只要从中赚到你那部分就好了。

- **可靠性**。同时，大量资金岌岌可危的事实是很可怕的，这也意味着你希望你的模型建立在坚实的基础上，或者至少符合某些一致的标准。你也希望能够用一种更加令人信服的方式来讨论风险分析，而"玩具模型"这个表达形式是不可能做到的。从这点来看，金融学更像是工程学，但工程师会依靠经过良好测试的结果，例如胡克定律，来实现他们的计算，他们知道要在一定误差范围内来建立模型，并且能很敏锐地意识到在什么情况下模型会失效。

- **一致性**。最后，用一个生物学比喻来说，一个金融学会按照既定方式发展的相关原因是，这门学科的精神基因是以经济学理论中几个关于世界运作方式的固定观念为基础的。经济学虽然没有守恒定律，但确定有经济学原理在支撑着这门学科。这些原理包括投资者获取信息的能力和途径基本相同；他们以理性和独立的行为方式来最大化自身的效用，因此，市场接近一个稳定的均衡状态。这些高度限制性的假设有一个好处：它们使得经济学家能够建立起连接经济微观层面（例如个人投资者的行为）和宏观层面（例如市场统计）的理论模型。除了为特殊情况下开发的建模技术的集合，如数量生物学，结论应该是一个单一且一致，并且凌驾于所有权威之上的故事。

问题在于，在量化分析师心目中，这些智力包袱所带来的影响就是，这些玩具模型看起来像是基于稳健原则的真正的模型。他开始相信"一套定律，处处适用"这句话。结果，玩具模型开始被使用在其适用范围之外的地方。举个例子来说,我们假设市场收益服从正态分布,然而实际上经验证据已经表明了并不是这样,或并不完全是这样的。基于这些理想化假设的模型在特定的情景下是很有用的,但就像工程学中使用的软件包那样,也应该贴上当使用不当时会发生危险的警告标签。

这些限制性的假设从未在数量生物学或是生态学中被采纳,这显然是因为它们在那里行不通。生态系统是不同质和不对称的,这也推动了变化和多样性的产生。在经济学家版的丛林中,所有的动物应该都是小白鼠,而且在生物学中,唯一稳定的体系就是死亡。

量子金融

虽然经常说金融学效仿了物理学,但更准确地来讲,是效仿了牛顿物理学。牛顿物理学和物理学并不完全相同,并且已经有点过时了。20世纪初,量子革命动摇了物理学的根基,它表明物质不是由台球粒子互相碰撞而组成的,相反,而是本来就具有二象性。诸如电子之类的亚原子实体在某些方面表现得像粒子,在另一些方面又表现得像波。

我们从中得到一个启示,想要对亚原子体系进行精准的测量是不可能的。海森堡测不准原理阐明我们不能同时准确地了解到粒子的动量和位置,这似乎是在说我们不能做出精准的预测。然而,量子力学的确使得物理学家可以用概率表述来具体说明事件发生的概率,例如铀原子发射α辐射粒子的概率(在设计原子弹时很有用)。

同时,尽管粒子量子性的发现极大地增强了原子间相互作用的复杂性,但我们也可以说,这也给了它们新的生命。因此,我们不能通过分析材料的组成来推测它的性能。水可以作为一个例子:当它冻结时,它会扩张而不是缩小,这意味着冰会浮在水面上而不是沉入水底(对生活在湖泊中很有用)。但由于水分子之间令人惊异的复杂的相互作用,我们并不能因为简单地知道水的原子结构而预测和模拟出这种显著的特性。⊖将它描述为系统的整合特性会比较合适。

金融学中也有类似的情形，例如思考一下货币的性质。货币的标准经济学定义集中于作为"交换媒介""价值储藏"和"记账单位"的功能。经济学家，如萨缪尔森，格外关注货币的第一个功能，将货币定义为"任何被广泛认可可以起到交换媒介作用的东西"。这个定义类似于约翰·劳对货币"传输信号"的定义。因此，货币本身是什么并不重要，它只是一种标志。总体来说，经济就是一个巨大的易货系统，而货币在其中扮演着一个无声的推动者角色。

然而，正如戴维曾激烈争辩过的，也正如其他人可能在别处曾长篇大论地讨论过的那样，货币远比那些有趣，实际上它也拥有属于自己的生动的二象性。⊖特别的是，它把两种属性大不相同的事物，即数字和价值，合并在了一起：数字存在于抽象而虚拟的数学世界中，而价值存在于现实世界中。正是这两个对立面之间的冲突，赋予了货币强大而矛盾的特质。一种货币对象，例如美元纸币，是可以进行交易、定价，也能够被占有的物体，但与经济中的其他事物不同，它具有固定的数字价格。当我们使用这些货币对象来进行交易时，价格就出现了，这就像水的特性是由水分子间的相互作用而产生的。

当然，像电子汇兑或是比特币这样的东西，和牛顿关于独立对象的想法并不相像，不过从量子的角度来看这也不重要。在物理学和金融学中，现实和虚拟变得模糊不清。就像牛顿理论在物理学上失效了一样，货币的牛顿方法也在经济学上失效。尤其是产生了这样一个后果：我们没有像应该做的那样更严肃地对待债务问题（在第 10 章中会有更多的讨论）。

在 20 世纪 50 年代，当数量金融学正处于起步阶段时，物理学的进步

⊖ Castelvecchi（2008）.
⊖ Orrell（2016a），Orrell and Chlupatý（2016）.

并不是个障碍,它反而是一个机会!不幸的是,量化分析师没有抓住这个机会,或者说,它们选择了错误的方向。量化分析师把这样的一个想法据为己有:当系统不可预测时,你可以转而进行概率预测,而并非去面对货币和经济本质上的不确定性,在众多假设中放松某些假设,接受市场拥有不能简化为简单定律的新特性,抑或是建立一个更加真实的新的经济学模型。例如,有效市场假说基于一个机械模拟,原子化个体的行为随机地扰动了市场的稳定状态,这导致概率风险分析工具例如风险价值的产生。然而在现实中,原子不是独立的,而是像水分子那样紧密连接在一起的。在真实的市场中,这表现出来就是非均衡行为,例如突然的相变和湍流。市场的不可预测不是因为它们是有效的,而是因为金融学中也存在着金融学版本的不确定原理。

正如第2章所述,概率预测的杰出优点是它们听起来很权威,但它们很难被证伪,因为这样做需要大量的数据。你预测市场崩溃的概率只有5%,如果崩溃真的发生了,你可以说这是因为我们运气不好。理论是几乎不可能被伪造的。数量金融学一定要从量子革命中吸取教训,它所坚持的牛顿的、机械的、对称的、本质上稳定的经济体系,正是亚当·斯密看不见的手所指向的均衡。但这种均衡采用了随机分析的数学概率方法,结果就是,我们得到了一个不受控制的全球性的信用炸弹,而不是金融版本的 $E = mc^2$。

混乱与秩序

总而言之,市场不是由基本的定律、确定性或是概率所决定的。相反,它们是众多复杂的交易事务相互作用而产生的结果。它们构建了一个有生命的系统,而不是一个死亡的系统。尽管大家经常说经济学有其固定规律,但就像一个示例标题所写:"中国发现它控制不了经济学定律",将其形容为野性的经济学可能会更加准确。这改变了我们看待金融建模的方式，货币应该在其中扮演一个核心角色，类似于生物学中放射性物质。

货币的一个更显著的特点，就是它对人类心理学产生了深远的影响。对此进行了一系列实验研究的神经科学家布莱恩·科诺森（Brian Knutson）说："没有什么东西可以像钱一样让人兴奋起来。就像食物给狗提供了动力，钱也给人提供了动力。"㊀（观察一下量化分析师在发奖金之前的行为。）奇怪的是，自亚当·斯密时代以来，经济学和金融学都把钱视作反应迟钝的交换媒介。例如，政策制定者所使用的模型甚至不会包含银行或金融部门，这就使得银行业的危机难以预测。㊁只有省略掉货币，理论家才能假装经济是有序、理性和有效的系统。

当然，仅仅将金融部门捆绑到传统的模型上并不能让它们更有用或是具有更好的预测性能。模型越接近于现实，它的可用性就变得越差，复杂的方程式使得模型变成了黑匣子。所以，保持模型的简单易行很重要，但同时也要确保模型捕捉到了系统的关键动态特征，且只能在有效范围内使用。模型应该被看作对体系不足之处的弥补，而不是作为整个体系的准确表现形式。相较于尝试用一个更好更完整的"万物理论"来代替传统理论，我们的目的应该是找到对特定目的有用的模型，并弄明白它们在什么时候会失效。

另一种方法是走文艺复兴科技公司的路线，放弃机械建模的思路，而是让电脑在数据中寻找模式。得到的模型可能比完全机械的模型更加简洁，但考虑到方程式通常与易于理解的机制不相匹配，所以可能成为黑匣子。因此，它们缺乏简单机械模型的一些优点，例如假设检验的能力，或者是当过去的数据缺失时进行定量预测的能力。但是，它们比机械模型更

㊀ Levy（2006）.

㊁ 作为加拿大银行的前副行长，威廉·怀特（William White，2013）指出："这些模型的一个重要事实就是它们不涉及货币和信贷，不包括金融部门。"

适合于处理近年来大量的金融数据和其他数据。

也许最好的方法是使用混合技术，同时也要注意每种技术的优点和缺点。最糟糕的就是假装这些玩具模型就是宇宙的基本定律，然后在它们身上下注1000万美元，这就是把模型的抽象观点看作具有非常现实的含义的情形。如果你只是把模型当作复杂现实的一种有用近似，你往往就会更加小心地使用它们。

如前所述，除了报酬之外，金融建模的主要动机之一是审美追求。我们被模型的美所吸引，并逐渐把它们看作真实的。因此，我们可以从美学转化的角度来看待，从牛顿力学和机械方法到复合的方法的转变。我们有互相连接的网络，而不是独立的类似原子的投资者；我们有动态移动，而不是静态均衡；我们有非线性和不对称性，而不是线性和对称性。

截至目前，我们已经展示了很多替代方案。如果银行和大学使用的金融建模方法是简陋和受限的，那它们会根据这些方案快速地去更新它们的模型吗？当然不会，因为无论是要应付投资者、监管者或是公众，或者仅仅是为了赚钱，准确性都不是真正的重点。重要的是准确性带来的影响，相较于处于一个远远偏离于均衡状态且风险根本无法量化的情况，在一个处于均衡且风险可以被准确计算的经济模型中，准确性会更高。在下一章中，这将变得更加清晰，我们会转向另一种不对称，即风险和报酬之间的平衡或者失衡，以及量化分析师学到的压榨投资者利益的方法和途径。

第 9 章

滥用系统

THE
MONEY
FORMULA

第三突击队非常想和格拉斯哥爵士成为密友,所以他们提出要为他炸毁一颗老树桩。他非常感激,并表示不要破坏附近种植的幼树,因为那是他的掌上明珠。他们说不,当然不,我们可以炸掉一棵树,然后让它落在一枚钱币上。格拉斯哥爵士说:"天呐,你们真是太聪明了。"然后为这棒极了的爆炸,请他们所有人用了午餐。邓福德·斯莱特上校对他的副官说:"你在树上放的炸药足够了吗?""是的,长官,75磅①。""够了吗?""是的,长官,我用数学的方法将它计算出来,是完全正确的。""那好吧,最好还是再多放一点。""非常好,长官。"当上校把副官拿来的波特葡萄酒喝完时,告诉副官最好再在树上放点炸药。"我不想让格拉斯哥爵士失望。""非常好,长官。"然后他们到外面去观看爆炸,上校说:"你们将会看到树向那个没有幼树的角度垂直倒下,格拉斯哥爵士说,天呐,你们真是太聪明了。"他们很快就点燃了导火线,等待爆炸。然而树并没有静静地向一旁倒下,而是连带着1/2英亩②的土壤和所有的幼树炸飞到50英尺③的高空。副官说:"长官,我犯了个错误,应该是$7\frac{1}{2}$磅而不是75磅。"

格拉斯哥爵士小声啜泣,压制着他的情绪,跑到盥洗室,当他冲厕所时,因为爆炸而变得松动的天花板,整个砸到了他的头上。

这确实是真的。

——伊夫林·沃(Evelyn Waugh)写给妻子的信(1942年5月31日)

那群家伙要让世界出问题!

——对 wilmott.com 上调查问题"你在宴会上会如何形容数量金融学"的一条回复

---

① 1磅 = 0.453 592 4 千克。
② 1英亩 = 4046.856 422 4 平方米。
③ 1英尺 = 0.3048 米。

任何系统，无论是金融、商业、社会还是政府，都应该建立在个体天生的利己主义和合作行为能够使整个系统受益的目的之上。另一种相反的选择是，系统激励某种危害整个系统的自利行为。猜想一下，目前的金融系统属于哪一种？在本章中，我们要看一看建立在他人财富支配上的分红制度是如何激励一些危险的从业行为的产生的。例如，集中风险的产生，以及以低于物品价值的价格将物品出售等。而且这些还都只是合法的行为。我们将看到模型被用于隐藏风险并激励冒险的灰色区域。我们将揭露，仅仅依靠数字而不做任何明智的核查是多么的危险。我们将展示，故意的或者无意的错误，是如何让天塌下来的。

在前几章中，我们已经介绍了一些构成数量金融学基础的简洁而美丽的数学方法。我们已经展示了量化分析师是如何使用这些方法给各种各样复杂的衍生工具定价的，已经展示了他们工作实践的一些风格、惊人的薪水以及盲点，所以是时候看看你作为读者，是否真的集中注意力了，以及当你具备了在激动人心的数量金融领域工作的必要条件时，你能将学到的东西付诸实践吗？你能像一名量化分析师那样去思考问题吗？

或者，也许你本来就是一个量化分析师？在这种情况下，这正是你证明你配得上丰厚薪资的机会，同时能使你摆脱那些挥之不去的"江湖骗子"的描绘。

我们将给你三个练习问题，你必须像在银行或者对冲基金里的工作者那样来回答它们。你可以从古典经济学思想、行为金融学和你自己的经历中寻找灵感，一共30分，每题10分。

练习1：交易新手

场景：想象一下，你刚刚完成了信用风险和违约概率的建模，并由此得到了博士学位。你的工作是如此的具有开创性且有意义，所以你获得了在一家大型银行工作的机会，并进入了它们的信用工具部门。这个部门有几十个经验丰富的交易员，而你这个新手将会加入他们。薪水尚可，不过这个工作潜在的奖金才是你梦寐以求的。你被介绍给其他的交易员："嗨，我是拉尔夫，我毕业于麻省理工，我做的是担保债务凭证交易（CDO）。""嗨，拉尔夫。""嘿，我是查尔斯，我毕业于纽约大学，我也做担保债务凭证交易。""嘿，查尔斯。""哟，伙计，我是保罗，我毕业于斯坦福，我也交易担保债务凭证。""哟，保罗。"甚至是拉里（他毕业于哈佛）也交易担保债务凭证。你感到很惊讶，因为每个人的策略好像都相同。你从学习中知道，担保债务凭证是危险的，通过它们来赚钱的概率最多只有60%。同时，你的研究也给你带来了一些交易思路，这些得到回报的可能概率达到80%。这就是它们为什么要雇用你，对吧？

问题：你会交易什么？你会遵循在过去的四年里所研究的更好的策略，还是像这群人一样交易担保债务凭证？

提示：关于鸡蛋和篮子的问题，经典的金融学是怎么说的？

将你的答案和理由写在下面：

_____

_____

_____

_____

正确解答：当然是交易担保债务凭证！傻瓜才会去追求多样化！（抱歉，我们试图用提示来误导你，这样的情况不会再发生。）

解析：首先，你要问问你自己想要在这里实现些什么。你可能对很多事情都很感兴趣，例如你能赚多少钱，如何不被解雇，愉悦的工作环境，让你的父母感到自豪，为股东做到最好。实现你前四个愿望最好的选择就是和团队的其他人一样采取同样的策略。

你能赚多少钱？我们知道你大部分的工资都来源于奖金。想要获得奖金，就要成为一名很好的交易员。如果你遵循你自己的策略，那么你将在80%的时间内有钱可赚，因而在80%的时间内都获得奖金。是这样的吗？不，奖金通常会根据你个人以及整个团队的集体表现来评估。所以只有当你和整个团队都赚钱时，你才能得到奖金。如果团队的其他人都亏钱了，他们和你都不会得到奖金，没钱可赚了，小伙子。计算一下，假设你和其他人的交易是独立的，那所有人的赚钱概率就是48%（0.8×0.6），不到一半。反之，如果你加入他们的交易担保债务凭证，你就有60%的机会赚钱并得到奖金。

如果你是交易担保债务凭证那群人中的一员，这样做也会降低被解雇的可能性。作为殿后者，你已经处于很危险的位置。如果你还是用你象牙塔里疯狂的想法去亏钱，迟早有一天早晨，你会发现你的读卡器打不开门，接待员让你在大厅中等一会儿，会有人把你的东西拿出来，这只是时间问题。（在金融领域，至少可以这样说，工作是很不稳定的，这也是为什么每个人都在如此匆忙地赚取他们的奖金。）

成为群体的一部分，而不是特立独行，这会有利于你在工作环境中维护自尊。

相对于钱来说，每个母亲都更希望自己的孩子能有一个安全和友好的工作环境。

相比之下，尽可能多的变化的确更利于银行和股东的利益，尤其是在这种多样化确实提升了预期收益的情况下。但谁会去在乎股东呢？

分数：如果答案正确给你自己5分！同时，再给上述（或相似）问题中5个角度的每一个正确答案1分，总分10分。

这不仅仅是一个学术练习，它还优美地用数据展现了这个简单的想法。这些数字背后的理论与马科维茨的投资组合管理理论背后的概念基本一样，你只不过是尝试去优化不同的东西而已。

严格来说，这可能称不上是对系统的滥用，因为新手交易员仅仅只是在做对他最有利的事情。这可能是自利的，但关心股东并不是他的工作，那是银行董事的职责。所以在这个系统中，就产生了一个错误，那就是鼓励把所有的鸡蛋都放在一个篮子里。这种情况如此之多，以至于很可能使你的鸡蛋正处于危险之中，它们在别人的篮子中，显然这容易导致与坏的结果相一致的情形。我们总是听到，奖金能使人们更加努力的工作。但是，它更像是鼓励人们不择手段最大化获取奖金，而不是做一些对整个公司有利的事情。而从传统的和法律的意义上来讲，股东应该是最终受益人，因为他们承担着金融严重下滑的风险。

这重要吗？这在实际中真的发生了吗？当然。我们之所以选择担保债务凭证作为例子，是因为正是在 2008 年的金融危机期间，它们的业务变得如此庞大。

练习 2：对冲基金经理

场景：你是一名聪明的统计学家。鉴于你的声誉，你已经能够设立对冲基金。在管理的资产中，只有一小部分是你自己的，但这只是你的财富中（大部分被捆绑在房地产，可能在曼哈顿、汉普顿、巴巴多斯……或是一些达明安·赫斯特的艺术品）微不足道的一小部分；其余的都是别人的钱。你有一个有关各种复杂资产的统计模型，它告诉你，一些工具，例如一个看跌期权，理论价值为 10 美分。但这个理论价值是基于均值的，就像古典的量化理论一样。实际上，合约最终可能值是 0 美元或者是 100 美元，合约期限为一个月。

问题：你的策略应该是怎样的？你应该买入还是卖出这个合约？以什么样的价格？

提示：奥斯卡·王尔德（Oscar Wilde）会怎么做？

将你的答案和理由写在下面：

正确解答：以 5 美分的价格卖出尽量多的期权合约！奥斯卡·王尔德将会成为一名伟大的对冲基金经理！

解析：在《温夫人的扇子》中，塞西尔·格雷厄姆（Cecil Graham）说："纨绔子弟是什么样的？"达灵顿（Darlington）爵士答复："知道所有东西的价格，却对价值一无所知。"我们知道合约的理论价值是 10 美分，所有人都知道，你应该以低于公允价值的价格买入，以高于公允价值的价格卖出，这只是简单的商业直觉。即使你在厨房中制作果酱，将所有原料的成本加起来，水果、糖、果胶、燃料、包装袋、罐子、盖子、标签、营销、运输费用等，然后除以你生产出来的果酱的罐数，就是每罐果酱的最低售价，可以把这个过程看作计算出了果酱的理论价值。这正像是衍生品的估值，基础的 Delta 对冲策略扮演了将原料制成果酱的角色。如果你以更低的价格销售果酱，那你就要破产了。你几乎不可能以亏损为目的，一个值得注意的例外就是超市亏本搭售的商品，目的是以低于公允价值的商品价格吸引你进入商店。而实际上，这种损失应该被划分为广告费预算。对冲基金一定尽全力设法赚钱的，在理性的复杂金融交易中，没有类似的亏本搭售商品的角色存在。

问题中的合约很特别，它的收益是不对等的。它通常都会在月末结算，偶尔会以 100 美元的价格结算。现在，如果要使 0 美元和 100 美元的均值为 0.1 美元，你必须让 100 美元对应的可能性非常小。

$$100 \times p + 0 \times (1-p) = 0.1$$

求解式中的 p 值，即 100 美元对应的概率。得出概率是 1/1000，或者说是 1/1000。在每个月中，得到 0 值的概率都为 99.9%。在 10 年中，也仅仅只有 11.3% 的可能性得到一个非零的收益。⊖对冲基金的平均期限是 3 年，很抱歉，即使你用低于公允价值的几美分来购买这些合约，也是不可行的，更不用说甚至都无法达到 3 年。

所以更好的选择是卖掉它们。如果你卖掉了它们，支付 100 美元的可能性是极小极小的。所以，几乎每个月你都能得到溢价收益。很显然，你会以你能够承担的价格卖掉它们，或者说，你会以能最大化收益的价格卖掉它们。假设，你以更高的价格卖出更少的合约，根据收益最大化，价格可能对应一个最优值。关键的是，你以高于还是低于公允价值的价格卖出合约是无关紧要的，让我们来看看这是为什么。

看一看图 9-1，假设策略 a）可以以低于公允价值的价格买入。投资者，由实线表示，年复一年、十年复十年地一直亏损。最终合约结算，他的损益表实现盈利了。这时，基金经理会得到绩效费，通常是按收益的份额收取。但什么样的投资者会耐心地等待这一刻发生呢？⊖早在此之前，投资者就已经把钱取出来了，你也将关闭你的基金。

现在看一下策略 b），以低于公允价值的价格卖出。投资者的收益一开始是增加的，每年年末，基金经理都能获得比如说 20% 的收益作为绩效费，那他的损益每年都会有一个猛涨。（投资者的损益会有一个对应且相反的减少。）最终，一件大事发生，投资者极度亏损。我们已经反映出这样一个事实，投资者的损益会远低于初始值 0，所以期权的售价应该低于公允价值。与此同时，基金经理的损益每年都在增加。即使最终投资者是亏损的，基金经理也不必归还任何东西。

⊖ 这等于 $1-0.999^{120}$，其中 120 是月份数。

⊖ 纳西姆·尼古拉斯·塔勒布对此有着吸引人的见解。如果把这个策略作为一种投资，那么没有人会愿意去这样做。然而，如果把它作为一种保险，即当不好的事情发生时，会有一个巨大的赔偿，确保这个策略带给人不同的感知。在保险上每个人都有对损失的预期，这不会令人讨厌。

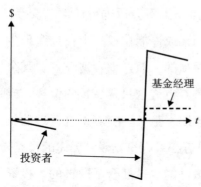 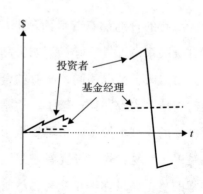

a）在长期中，投资者和基金经理都获利　　b）基金经理获利，但对投资者来说最终是失败的

图 9-1　两种极端策略

很显然，即使基金经理会因他的成功而得到补偿，但对投资者和基金经理来说，得到补偿的方式大相径庭。在第 2 章中，我们讲述了约翰·劳在威尼斯的故事，故事中，他用 10 000 皮斯托尔来赌能够掷出 6 个 6（预期收益为 0.21 皮斯托尔）。在这个故事的现代版中，你可以愉快地将奖金提高到 100 000 皮斯托尔，长期的赔率对你不利，但你不在乎，因为这不是你的钱。

分数：如果你回答，应该卖出这些合约，你可以得到 2 分。如果你能说出应该以低于其价值的价格卖出期权，就可以得到其余的 8 分。

这绝对是滥用。你可以争论说练习 1 中的结果是遗憾的或者是无意的，但为了从别人的不幸中获利，故意以低于其价值的价格出售某些东西，绝对是不道德的。与绩效挂钩的奖金又一次导致意想不到的后果，我们已经展示了不正直的想法如何轻易地利用这一点。同时还需要为基金编造一个貌似真实的"故事"，解释为什么要以低于价值的价格出售它们？或者说，像一些黑手党中的会计师那样，他们有提供给公众视野的书或模型，也有内部使用的私人书籍和模型。

这种情况有一个稍微缓和的版本。想象一下进入你的对冲基金办公室，看看你模型的预测结果。在这一天，你的模型显示没有新的交易机会，所有的合约都有着负面预期。好吧，你今天不会再进行任何新交易。不过没关系，天气很好，不如去高尔夫球场，或许能在成员中找到些新生意。第二天，情况相同，所有的合约都是亏损的，而这周、这个月、其余的时间情况也都一样。糟了，这是怎么回事？也许这只是短暂的偏离，或者是你的模型坏掉了，市场发生了变化，体制发生了转变。正直合理的做法是停止交易，告知投资者，并检查（如果有必要，重新设计）你的模型。不幸的是，如果你停止交易，尽管原因是最好的也是最合乎逻辑的，投资者也会将钱取出来投资到别的地方。不管怎样，同样好且合乎逻辑的，至少对你而言，是在重新设计模型的同时保持交易，即使这意味着要买入有着负面预期的合约。投资者习惯于偶尔的资金亏损，尽管他们一点也不喜欢，但仍能预料到它的发生。因此他们可以忍受连着几个月的小额亏损而不撤回资金。再一次，对冲基金的激励措施与投资者利益的最大化相悖。

在第 5 章中，我们谈到了风险的市场价格，即投资者承担风险所要求获得的收益总额，通常在风险补偿图中以一条向上倾斜的线来描述，预期收益会随着风险的增加而增加。而在这个例子中，这条曲线走向是错误的，投资者正在为承担更高的风险付钱，他们只是不知道罢了。

练习 3：风险经理人

场景： 你是一家银行的风险经理人，交易员请你来评估一个资产组合的风险。该投资组合的问题在于，多样化的程度尚不清楚。所有这些资产都有可能是相互独立的，但你也可以猜想到有时候它们会变得更加相关。你给了交易员一个你所估计的风险的数字。从他的面部表情中，你可以明显地看出，这个数值太高了，也许他所能接受的风险是有限的。

问题： 你建议怎么做？

提示： 关注人而不是结果这句俗语在量化分析师这里意味着什么？

将你的答案和理由写在下面：

_____
_____
_____

正确解答：你一定是弄错了，回到你的计算中去，把它们"纠正"为代表较小风险的数值。（回到第 3 章中去，我们曾给出过一个来自真实交易员的例子。）

解析：让我们搞清楚这一点，交易员才是头儿，没有交易员就没有银行。我们在这儿讨论的不是《欢乐满人间》中迪克·范·戴克那种风格的银行。银行是为了交易员而存在的，保障交易员的交易正是风险管理部门应该做的工作。在理论中不是这样，但在实践中却是这样的。理论上，风险管理部门应该对风险以及下跌的概率进行量化，进而指出如何通过对冲、多元化和简单平仓的方法，将风险减小到可以接受的水平。然而，实际情况是，风险管理工具会通过更多不正当的方式被利用。

这样做有多容易？我们不是专家，但使用真实的数据，只需要几分钟就能找出合理的游戏方式，进而获得我们想要的数字。

让我们来看一些真实数据。表 9-1 展示了使用近 2 年的数据，计算出的 5 只美股股票的波动率和相关系数。

表 9-1　波动率和相关系数（使用近 2 年数据）

股票	波动率	相关系数				
		强生	苹果公司	宝洁	IBM	可口可乐
强生	0.14	1	0.14	0.638	0.316	0.402
苹果公司	0.259	0.259	1	0.181	−0.005	0.037
宝洁	0.143	0.143	0.638	1	0.192	0.303
IBM	0.18	0.316	−0.005	0.192	1	0.47
可口可乐	0.16	0.402	0.037	0.303	0.47	1

注：对角线上的值代表股票与其自身的相关系数，即 1。IBM 公司与苹果公司之间的相关系数为负，是因为它们往往向相反的方向变化。

现在假设我们在这 5 只股票中各持股 100 美元，我们可以很容易地计算出标准差，然后假设它可以用来衡量未来一年的风险。⊖计算出的标准差（风险）为 55 美元，这是不能被接受的，我们的极限是 50 美元。

自然且道德的行动，是削减一个或者多个头寸，以使风险从 55 美元降到 50 美元。但这意味着更小的投资组合以及更少的收益，更不用说这同时也意味着，风险经理人必须有权支配交易员。不，让我们重新思考这些数字。

假设我们使用近 4 年的数据呢？很显然，想一想可能产生的统计误差，就知道 2 年的数据样本太小了。如果我们使用近 4 年的数据，我们会得到表 9-2 中的结果。

表 9-2 波动率和相关系数（使用近 4 年数据）

股票	波动率	相关系数				
		强生	苹果公司	宝洁	IBM	可口可乐
强生	0.132	1	−0.001	0.542	0.22	0.392
苹果公司	0.253	−0.001	1	0.173	0.217	0.116
宝洁	0.133	0.542	0.173	1	0.103	0.285
IBM	0.158	0.22	0.217	0.103	1	0.419
可口可乐	0.159	0.392	0.116	0.285	0.419	1

现在，我们发现风险变为 52 美元，天呐，如此接近了！（当然，也有可能 4 年的数据使结果变得糟糕，我们可能会选择使用近 1 年的数据，毕竟这是最近的。）

请注意，使用更大的数据集只是恰好使得波动率变低，但只是略微变低。相比之下，相关系数变化很大……这给了我们一个想法。显然，相关系数在很频繁地变化（真实的），谁敢保证我们所测量的相关系数在统计学意义上也是准确的（也是真实的）呢？而且，你知道，这里显然有一个

⊖ 计算中有很多假设，但简单的计算公式为 $\sqrt{T\sum_{i=1}^{5}\sum_{j=1}^{5}W_i W_j \rho_{i,j} \sigma_i \sigma_j}$，其中 T 代表投资年限（在这个问题中为 1 年），W_s 代表 5 只股票各自的美元数额，σ_s 代表波动率，ρ_s 代表相关系数。

趋势。受这些想法的启发，让我们来调整一下相关系数，把它们变动 0.1，这大约是变动/误差/趋势的数量级。这样做使我们把风险降到仅仅 46 美元，低于风险限额，任务完成。

你知道吗？这同时也意味着交易员甚至可以将他的头寸提升将近 10%。

这些都不难做到。想想那些用来测量波动率和相关系数的所有不同的方法，例如使用以各种方式加权的移动窗口、使用日度、周度、月度等数据。拥有一个无论如何你都信任的数据集几乎是不可能的。

最终的结果就是一个（暂时）成功的交易员。但你比他聪明，不是吗？如果你真的很聪明，你就会更进一步。在一开始，你尽可能摆弄这些衡量风险的数字，让它尽可能的糟糕，向错误的方向前进。当你紧接着把它降低到可接受的水平时，你就会获得更多的信任（更多的分红）？使用上述 2 年的数据，再加入一个误差，我们可以得到一个直至 60 美元的风险初始值。现在，我们可以吹嘘能将风险降低将近 1/4。

分数： 如果你意识到，想要保住你的工作，就必须去摆弄这些数字，那你可以得到 5 分。如果你能举出一个例子，就可以得到剩下的 5 分。

当然，你可能不想养成弄虚作假的习惯。或者至少，要做得不露声色。一个法务量化分析师看到了你的这些数字，可能很容易就找出其中的规律。但同样，使用一个电子数据表和 Excel 求解器的内部插件来进行这个简单的尝试只花了我们几分钟的时间，并且我们肯定不会从这本书上赚得 6 位数的报酬（至少两位作者是拿不到的）。如果我们能得到足够丰厚的报酬，谁知道给我们一天时间的话我们能将风险降到多低呢？

在另一个背景下，在大众汽车公司工作的某个人肯定认为，在测试中调整柴油发动机的性能以使排放量看起来更低时，采用相同的做法，是非常值得的。这就是他们狡猾的"减效装置"。监控机构对风险的监管似乎使人们以近乎罪恶的海森堡方式来调整风险测量方法，而不是降低风险。

关于不露声色这个问题，如果你找到了某种合理的调整参数以降低风险的方法，那么你可以将程序自动化，这会给你提供两层掩护。监管者必须首先找到你摆弄了数据的证据（但它被隐藏在代码深处），然后还要证明这种做法是恶意的。

你知道我们刚刚重塑了什么吗？校准！校准是隐藏模型风险的简单方法，你可以通过选择参数，使你的模型从表面上看来能正确地评估所有事物，而事实上却不是这样。你可以选择令人兴奋的"动态校准"，而不是"道路校准"，这可以使你获得额外的表现机会，即使这意味着要以一些不可见的风险为代价。由于监管者积极鼓励银行进行校准，所以你是绝对安全的。在这里，我们看到了通过不断调整才能适应数据的有缺陷的模型的优势所在。如果你想知道监管者的看法，仔细观察一下电影《粉红豹》中的"克鲁索探长"是最好的选择。

我们可以把这个想法推进一步。

在 wilmott.com 的论坛上，总是有学生想要寻找数量金融学的研究课题：

"您好，作为数量金融学理科硕士学位的一部分，我们需要在夏季学期中完成一篇专题论文，如果我要靠自己想出一个课题，该如何以及从哪里开始，您有什么建议吗？谢谢。"[⊖]

如果你有兴趣，我们倒是有一个，就是为一些金融工具建立数学模型，比如说利率型的产品就需要我们建立一个利率模型。你必须设计出具有以下特征的利率模型。

（1）在实践中，模型的使用必须足够简单。

（2）必须能对模型进行校准，必要时，能对尽可能多的流动性金融工具重新校准。

（3）必须能对模型中的参数进行优化，进而达到以下目标：在未来的某些时间中，特别是分红期间，最大化合约的价值。

⊖ 是的……靠你自己。

（4）模型是否能将统计数据与利率的行为表现匹配起来，是无关紧要的。

（5）模型能在赚钱方面表现得如何，也是无关紧要的。

（6）分红之后，模型的表现同样是无关紧要的。

你可以看到有了这些，无论什么情况我们能去到哪里。现金流对利润来说是无关紧要的。利润取决于感知价值，在某些情况下，取决于数学模型。所以，你得到的分红和你编造出来的数字是有关联的。之后，就没有滥用的机会了！分红之后，你很有可能会离开，然后在另一家银行中得到一份更高薪水的工作，所以你不关心之前的模型会表现得怎么样。

鉴于无论是谁来监视你的模型，都会有智力上的限制，为什么不索性去尝试为你自己赚取尽可能多的钱呢？把这个作为你的博士学位论文题目，高盛的量化分析师职位就是你的了。

不管怎样，是时候去评估你的表现了。将你所有的得分加总，如果得分是：

0~9分：你刚刚获得经济学学位。

10~19分：请继续努力。

20~29分：做得不错！虽然世界金融体系没有很光明的未来，但你肯定是很有前途的。

30分：哈！我们把这个分数写进来，只是为了来辨别一下你是否作弊偷看了答案！得奖明星。

3A 等级

我们不想给人以数量金融学必然比其他领域（比如说汽车尾气排放控制，或者是比政治）更加腐败这样的印象。然而，从两个方面来讲，数量金融学是独一无二的。一方面是问题的规模，一个只是帮个小忙以求获得施舍，另一个却是制造出千万亿美元的信贷泡沫并收取佣金。另一方面，是量化分析师能够躲避腐败的指控。2007～2008年的金融危机可能部分由量化分析师引起，但几乎没有人因为他们在危机中的作用而入狱。除了冰岛，一个量化分析师彻底的禁区（在英国，没有一个银行家被判处监禁；在美国，有1个；在冰岛，有26个），⊖这也是模型灾难性的一面。

上述三个测试题目的相同点就是全行业对数学模型的滥用，其目的是最大化量化分析师而不是客户的利益。

- 使用符合产业标准但有瑕疵的模型，因为这对量化分析师来说是安全的。
- 销售注定会失败的产品，但只在经理人收取了费用之后。
- 调整模型，以得到想要的结果。

在每种情况下，模型都很少阐明真相，更多的是为特定的行动方案提供一个貌似有理的故事。量化分析师将数学公式明显的客观性、独立性和公平性用作隐蔽手段，也用作证明的标志。

再次考虑一下在金融危机中发挥重要作用的担保债务凭证的例子。收集大量的诸如家庭抵押贷款这样的金融工具，将它们重新包装成单独的捆绑包，并给每个捆绑包指派特定的投资级别。随后，这些最终产品便被卖给世界各地的投资者。这种定制风险程度的包装与塑料包装产品香肠的制作相似，投入的是很杂乱的部件，但产出却很容易交易。

这项工作的关键在于Copula模型，它最初由量化分析师发明，也被标准普尔等评级机构采纳。这两个团体都有动力去提供有利的评级，量化分析师需要推销产品，而评级机构则是因为量化分析师是它们的客户。

根据美国的一个针对标准普尔的民事诉讼，公司内部的标准普尔文件显示，模型的结果被调整过，目的是给出适当的（也就是AAA）评级。正如美国司法部的托尼·韦斯特所说："这有点像从你最喜欢的屠夫那儿购

⊖ See Eisinger（2014）.

买香肠,他保证,香肠是今天早上刚做的,新鲜且安全。但他没有告诉你的是,香肠是用计划在今天晚上丢掉的腐肉做的。"⊖

这个里程碑式的案例在2015年以和解告终,标准普尔不承认违反了抵押交易相关的法律,不过它们同意支付13.7亿美元,其中大约一半给了司法部,其余的则在19个州以及哥伦比亚特区之间分配。⊜相比之下,该公司声称在交易中获利9亿美元,没有人因犯错而受到处罚。想一下,如果真的有人做错了,那罚款会有多大?这好像有点奇怪。模型是完美的"免死金牌"。

减效装置

对社会来说如此重要的行业,竟可以通过操纵模型来逃脱惩罚,只是偶尔需要为削弱利润的罚款而担心。如果想要为数学模型辩护,那它们的优点之一就是,只有相对较少的专家能弄懂它们。在21世纪早期,唯一讨论过Copula模型的是那些工作在金融行业特定部门的人。同时,数学方程式似乎被强加给外界领域,这也导致一定程度上的免疫。尽管记者、人类学家、电影制片人等在调查银行业时,已经产生了良好的效果,但他们通常必须要从匿名来源(不匿名会被解雇)中获得二手信息,并且往往避免深入方程式的细节(这很难,并且使得电视节目变得糟糕)。

另外,这个问题不是金融学特有的。在20世纪80年代初期,威尔·可宾(Will Keepin)和布莱恩·韦恩(Brian Wynne)的一篇论文表明,核科学家使用预测未来能源需求的模型,大大高估了对核电站的需求,就更不用说那些建立模型的核科学家了。正如可宾描述的那样,模型是如此的灵活,以至于"它有点像绿野仙踪……一些人正在使用杠杆上演一出

⊖ See US Department of Justice(2013).
⊜ Martin and Grossman(2015).

好戏，但这却是幕后的小家伙在操纵。"在物理学中，李·斯莫林（Lee Smolin）和皮特·沃特（Peter Woit）等作家曾撰写过关于大学社会学的文章，其中提到，与斯莫林所谓的关于正确建模方法的"群体思维"保持一致，是晋升的基础。

然而，这似乎并没有完全解释金融学到底是怎么一回事儿。很少有记者或是读者会过多地关注弦理论，但他们肯定对他们的钱到哪去了很感兴趣。所以，那些可能会阻止对大学物理系进行详细调查的障碍，肯定不会阻止某人下定决心要揭发数量金融行业。量化分析师担心失去工作而害怕与记者交谈，这也是为什么出现了很多的专业揭发人。那在金融部门中，这会怎么样呢？通过错误计算，几乎使得世界金融系统崩溃后，还能继续逃避严格的审查吗？是什么使它成为特例？

我们认为，只有金融学会了充分发挥终极"减效装置"作用，即任何数学恐惧者都会记得学习过的数学方程式的作用，这个问题才有答案。不仅是使用公式来让它们看起来炫目，还要用一种更高的道德权威来渗透它们，使它们成为协调一致的故事。通过这样做，已经得到了显著的收获，这些收获不仅来自工作在这个领域中的人，也来自监管部门、学术界、媒体以及公众。

你要根据一个过程建立数学模型，就会将系统转移到数字层面，这似乎变得客观且合理，也摆脱了人类变化莫测的情感和行为。但数量金融学（和为它辩护的经济学家）会更进一步，他们设法将这些特点转移给系统本身。市场价格被视为客观的、合理的、实质公平的。如果商品、货币、股票以及复杂衍生品的价格飙升或暴跌，这只是系统在运转。因此，批评数量金融学就是在批评市场本身，而市场像物理现象一样客观而公正，所以批评是毫无道理的，就像诅咒暴风一样无用。

⊖ Ray and Anderson（2000，pp. 273–275）。

⊖ Smolin（2006），Woit（2006）。

在诸如工程学和生物学这样的领域中，人们可以对一个特定的模型展开讨论，同时以实验为指导，模型和系统被看作分离的。但是，主流经济学的主导经验，以稳定性、有效性、合理性为假设，认为市场价格和价值完全是一回事。⊖因此，基于这一理论的模型被认为是不可侵犯的。唯一的人为因素来自校准，它总是会被解释为人为误差。事实并非如此，不仅模型是错误的，模型的使用也会影响系统本身。

例如，考虑一下艾伦·格林斯潘在 2008 年向众议院政府监督和改革委员会提供的证词，"近几十年来，巨大的风险管理和定价系统已经逐渐形成了，其中结合了数学家和金融专家最佳的洞察力，同时也依靠计算机和通信技术的重大进步。资产定价模型的发现荣获了诺贝尔奖，为衍生品市场的众多进展巩固了基础。这种现代风险管理的范式占据统治地位已经有几十年了，然而，整个理论大厦在去年夏天崩溃了，**因为风险管理模型中的样本数据通常只涵盖过去的 20 年，那是一段经济活跃的时期**"。⊜他继续说道："在我看来，如果模型可以很好地适应艰难的历史时期，现在的资本需求将会更高，金融世界将会看起来更加美好。"所以，根据格林斯潘的说法，数学不该承担任何的责任，正是那些过于武断的年轻人将错误的数字代入了公式中，然后炸毁了所有的玻璃。换句话说，全球金融危机的产生完全是因为天真而无辜的校准误差。

当然，尽管媒体和公众可能会赞同这个故事，但至少应该有几个专业学者能看出模型的错误。这样的专家实际上已经存在很久了，并且被统称为非正统的经济学家，或更通俗地称为想法古怪的人。鉴于近期社会科学的研究方法向数据驱动的实证方式的转变，且自危机以来，他们开始稍受重视，但通常不会获得重要奖项或是被邀请到白宫去参加政策会议，他

⊖ 正如物理学家 J. 多恩·法莫（J. Doyne Farmer）和经济学家约翰·吉纳考普劳斯（John Geanakoplos）所说："经济理论指出，关于市场几乎没有什么是可知道的，资产的价格可能就是所能达到的衡量内在价值最好的标准了，也是未来价格最好的预测器。"

⊜ Greenspan（2008）。

们的精神大厦就像是主流经济学闪闪发光的高端市中心周围的棚户区一样。㊀现在，难道我们的意思是，诸如政府奖项和担任顾问的工作机会这种形式的资金，可能会影响到大学经济系的知识产出，并决定谁能获得权力和影响力吗？或者说，富有的捐赠者对经济学家的影响还没有随着亚当·斯密的出现而停止吗（见专栏 1-1）？那么还有多少个其他领域的"诺贝尔奖"是由银行来支付的？正如经济学家巴里·艾肯格林（Barry Eichengreen）指出的那样，大学中的经济学家"决不反对偶尔的高薪咨询工作，他们不介意在投资银行为其重要客户举办的海滨滑雪休闲活动上提供乐趣"。结果就是："潜意识里倾向于接受一个观点，在一门学科的同事中，如果有谁可以通过演讲和担任顾问赚到钱，那就是更加'成功'的，因为赚钱是成功的标准。"㊁（2010 年的纪录片《监守自盗》(Inside Job) 揭示了经济学家对危机的支撑作用。）

最后，还有监管机构。我们将在下一章中更多地讨论这个话题，但这有一段话是作家兼记者的尤里斯·卢因迪克（Joris Luyendijk）在危机发生后对金融部门内部的人进行了一系列采访之后所写，"在我录制的 200 个采访中，最可怕的可能就是与一位高级监管人员的交谈了。重要的不是他说了什么，而是他说话的方式，就好像现状是不容置疑的。最后，他解释说，监管部门是确保金融部门安全与合规的政府机构，依赖的是自我声明，以及银行内部管理部门提出的要求。但麻烦在于，他带着平静的微笑说，如今的银行如此的庞大而复杂，银行的内部管理部门往往不知道发生了什么。他并不认为自己曾被故意欺骗过，但他承认，他对此是不确定的，'真正的威胁不在于银行的管理层对我们有所隐瞒，管理层并不了解他们自己才是真正的风险所在'"。㊂

㊀ 也有例外，例如英国的金斯顿大学（Kingston University）的经济系就由非正统经济学家史蒂夫·肯恩（Steve Keen）所领导。
㊁ Eichengreen（2009）.
㊂ Luyendijk（2015）.

其他行业也很复杂，但监管机构却能成功地处理。而且由于金融行业与大多数行业不同，有着摧毁世界经济的能力，所以你会觉得应该特别密切地关注它。然而，格林斯潘等政策制定者所相信的部分经济学故事，会认为金融是天然有效的，因此可以自我调节，因此监管机构缺乏资源，甚至缺乏深入挖掘的动力就不足为奇了。正如本·伯南克在2006年向国会保证的那样："确保对冲基金没有承担过度风险和过度杠杆的最好办法是市场自律。"⊖ 总之，当量化分析师所使用的数学模型可以自动计算和控制风险时，谁还需要不可靠的人为监管呢。

对系统的信任，或者现实和模型的混淆，正是阿代尔·特纳所说的："监管体制成了学术时代精神的俘虏"，放弃它将会使监管者"陷入更令人担忧的境地，因为对于你的每一个决策，都没有一个知识体系来作为参考"。⊖（也就是说，礼貌地要求对冲基金自我报告其风险价值将不再适用。）我们调查的一位受访者表示，在危机发生两年后，他参加了一次金融会议，参会的有各大银行的主管以及20国集团监管部门的官员。得到的真实信息是："我们不想受到任何的监管，因为它会扼杀金融创新。政府财政部有什么用？它们是为了金融行业向好而存在的，我们在那些糟糕的日子里需要它们。"

数量金融学已经上演了一出惊人的好戏，它使所有相关的玩家达成了共识。在这里，我们再次看到了建模和小说写作之间的联系，即都是为了创造出一个人们所相信的世界。不同之处在于，量化分析师在数学公式中编造他们的故事。不过，在下一章中，我们会展示这些故事面临着怎样的分崩离析的风险。

⊖ US House of Representatives, Committee on Banking and Financial Services（2000）.
⊖ Tett（2009）.

第 10 章

系统性威胁

THE
MONEY
FORMULA

我一直在寻找可以发挥我的技能和知识的机会。这正是一家让我感兴趣的公司。
　　——2015年美联储前主席本·伯南克就任规模达250亿美元的高频交易公司城堡基金（Citadel）高级顾问一职

阳光是最好的消毒剂，电灯是最有效的警察。
　　——路易斯·布兰代斯（Louis Brandeis），《别人的钱：投资银行家的贪婪真相》(1914)

银行家主张用类似大学期末考试中概率论的考察方法来处理复杂的金融问题，导致系统中很多风险被隐藏。而当风险被隐藏后，人们会被引导，从而误以为仍处于安全之中。然后去承担更大的风险，以致当风险事件不可避免地发生时，事情变得无法挽回。最终，概率理论失效，灾难性事件相互关联，触发多米诺骨牌效应，我们将面临系统性风险。这是一个覆盖整个金融系统的风险。如果它的规模相对世界经济的产出比较小，将不会带来实质性影响，只可惜实际上它的规模很大。衍生品对社会的渗透就像扩散了的癌症，已经无法用手术治愈了。正如很多复杂的结构化金融产品，在很多人们知之甚少的金融协议之下也存在着银行家的盘剥。而他们所盘剥的钱，最终来自你。而且，银行破产、股市崩盘、房价暴跌，会使你的银行账户、股票和房产净值遭受损失。本章将给金融和政治的黑暗深渊投入些许光芒，探寻在约翰·劳用他的金融系统惑乱法国君主的统治后，我们是否也正在重蹈覆辙。

2010年夏天，英国财政部（Her Majesty's Treasury）联系到保罗，询问他是否愿意加入一个有关高频算法交易的项目。这封电子邮件里提到通过计算机的自动化算法所达成的股票交易的成交量和2010年5月6日的闪电崩盘，虽然闪电崩盘当时只疯狂了几分钟，但却导致美国股市数万亿美元市值蒸发。英国政府担心高频交易也会对英国金融市场产生同样的影响，决定设立这个项目来测试此类事件发生的可能性。

在各领域的多项重要课题上，英国政府已经组织了很多这样的"预见"报告。过去，它们通过汇集产业、学术等各方面专家的意见，聚焦了诸如"开发利用电磁频谱""传染病：为未来做准备""减少未来灾害风险：决策者的优先事项"等各种各样的课题，自然也相当多地关注了气候变化和可持续发展问题。其中，保罗被邀请参与的课题名为"金融市场计算机交易的前景：国际视角"的问题。

保罗自然非常乐意被英国政府邀请出来出谋划策。最后，按理来说鉴于他的专业知识和勤奋工作，他是肯定会被授予爵士头衔（the knighthood）的。"这可能吗？我之前甚至不敢想象？"他想，"一个……贵族？！"不是因为偶然在危机发生前阻止了它，却仅仅是站在局外，看着它一步步展开。就这样，一系列的会议和思想交流一步步开展了。不久之后，保罗收到了一份完整的名单，列示了其他受邀参与此项目的杰出人士。保罗表明了他对反馈效应、搭便车问题的担心，并解释了计算机交易是如何切断股票价值与企业价值之间的关联的（市场的主要目的）。经过对这个问题多方面的讨论，他发现，这类交易最显而易见的好处是可以提高市场的流动性。保罗给出了他自己的理由来解释为什么"打流动性牌"是完全靠不住的，并表示只有那些没有进行深入思考的人才会被蒙骗。

保罗被要求列出一张"关键点"清单，供专家们讨论。⊖其中的大多数要点在前面的章节中已经有所提及。

- **激励、道德风险和反馈**。计算机交易促进了交易者之间的协调一致是有意为之（道德风险）还是经历了一个演变过程？现在的激励机制是鼓励银行家去承担更多风险，交易者（人或者机器）之间的协调或者竞争会导致市场风险增加或者减少吗？（反馈是积极的还是消极的？）市场中会增加现有系统性风险，或者出现新型系统性风险吗？市场运行会出现什么新模式，将会使波动率增加还是波动幅度增大？激励机制应不应该被改变？
- **创新与监管部门**。监管部门似乎总是被动地监控，甚至需要学习新的产品、策略和业务模式。它们不像银行或者基金那样变化迅速。那么，监管制度规则应该如何设计以确保其前瞻性？监管部门的薪资水平没有银行业那么高，这也有可能导致监管水平相对低下。监管部门如何才能更有效地监察银行业，或者真正地给予

⊖ 保罗自己不能先对这些"关键点"做出阐释，这就像是管理者语言。

银行业震慑（而不是仅仅给它们带来一点干扰）。监管部门工作人员是否应该接受更好培训，以提高监管银行业的能力和水平？

- **交易所的组织结构和宗旨目标**。交易的基本宗旨目标是什么？现在与交易所间的连接（考虑到延迟和速度）已经成为计算机交易博弈的一部分，又应该如何来设计交易所？交易所是否应该提供基于市场力量的竞争性交易？如果是，在计算机交易存在的情况下，竞争该如何相互作用，是会增加还是会减少新旧风险因素？另外，交易所是否应该作为提供公共服务的机构，以及是否应该作为非营利性机构？如果是，它又是否应该被置于国家层面或者国际层面？

- **税费、最低持有期限等**。是否应该存在一些因素来抑制短线交易？这些可能的因素，主要包括每笔交易的税费、最低持有期限和对融券的限制（由此限制了卖空）。那么，这些"摩擦"的优缺点又分别是什么？

- **国家与国际**。国际合作对于计算机交易有多么重要？如果一个国家的监管比较严格，可能会导致金融机构迁移到其他监管相对宽松的国家。确实是这样吗？如果严格的限制会使经济更加稳定，那它的负面影响是否无关紧要呢？一国的经济的内生力量与健康发展是否来自金融，或者经济结构越简单越好？

- **价值与价格**。市场的宗旨是为公司提供融资渠道来发展和造福社会。这就要求股票的市场价格要建立在基本价值的基础之上，并附带一些主观因素以鼓励交易产生，所以这些交易可以对风险和收益做出公正地评估。如果价格和价值太过偏离，市场就会变成赌场。那么，是否应该有一个股票的自然持有期，从而促使价值与价格上保持一定的关联？计算机交易会否引起某些错位？一家公司"价值"的变化会有多快？

预见

会议讨论了各种各样的解决方案。保罗清楚地记得其中一个是关于交易所可以在风险事件中采用熔断机制的建议。简单点说就是,如果市场在 y 分钟中跌落 $x\%$,那么就需要把市场关闭 z 分钟。保罗觉得这个建议很可笑。他说他认为对冲基金经理会很乐于触发这类事情。他们会把触发熔断纳入计算机算法中,然后势必找到一条从中获益的途径。虽然我们无法判断从市场冷却机制中能获得多大收益,但是这也只是因为我们没有基金经理聪明。保罗尽力向大家解释道,你必须去理解这些人的心理。你必须更像马普尔小姐,而非夏洛克·福尔摩斯。保罗说,他预测对冲基金经理会非常支持熔断机制。

之后,他再也没参加过相关会议。

一年过去了。保罗觉得效率低下、进展缓慢仅仅是各类委员会工作的常态。除了 20 世纪 80 年代的牛津大学交谊舞俱乐部,保罗一直就像躲避瘟疫一样躲避着各类委员会。不管怎样,还有大量其他的商业事务使他难有闲暇。但是很快,他又变得很好奇,并且进行了跟进询查。

紧接着,另一个会议召开了。保罗被告知,他看起来有点太学术了。保罗想"爵士头衔的授予应该会因此搁置了"。但是他们对他仍然很有礼貌。保罗从这些会议中体会到,即使是当你被告知你的服务不再被需要的时候,你仍然会感受到公务员的超凡魅力。⊖2012 年晚些时候,最终的报告出版了。你在网上可以很容易就找到它。

简而言之,专家的结论是一切都是美好的,没有什么事情值得担心。高频交易和计算机交易对所有人都是好的。在九份论证关于削减高频交易

⊖ 但是保罗不想放弃这个机会,所以他安排其中的两位公务员以极低的费用去参加他的国际数量金融工程认证(Certifcate in Quantitative Finance, CQF)课程。因为如果能让决策者更好地理解他们的工作,那对他们必然是有益的。虽然这些公务员当面同意去参加课程,但是实际并没有去。

影响的提案中，有七份被认为是没有必要或者存在问题的。剩下的两份提案中，有一个成立。专家一致认同熔断机制是个好办法。

当他第一次了解到这些，保罗一边假装在舔着手指，一边在自己想象中的黑板上做着标记。"是的，"他想，"我可能没有这些人那么擅长运作市场，但是我能明白他们的最终目的！"马普尔小姐法则！

保罗随后进入了他的调查模式。每当他看到愚蠢的或者看起来可疑的事情时，他都会进行调查。他检查了"高级利益相关团体"（High Level Stakeholders Group）的人员名单，这正是那群受邀被征求意见的人（他也正是被这个团体所抛弃）。他注意到了一个模式。然后他翻找他以前的邮件，去寻找这个专家组的最初构成。⊖在这里，保罗并不准备说出他最初获得的名单。虽然这本书和他当时发表的博客就已经充分断送了他曾经获得爵士头衔或者是贵族身份的可能，但是他仍然不希望因此违反官方机密法。

在2010年报告开始阶段，高级利益相关团体的成员构成保持了金融行业专家与外部独立专家之间的平衡。而现在，这种构成已经被"重新配置"，它已经由银行业内部人士来主导的。有超过2/3的成员来自金融服务业，有超过一半的成员与高频交易有关。正如新闻调查局（The Bureau of Investigative Journalism）报道："一个接近'预见'团队的消息人士称，高级利益相关团体的构成'是供给者而不是使用者主导'。消息人士称，这些3~4个小时会议，'是被来自金融行业的专家主导的……这样的团体组成是值得关注的。'"⊜

你知道什么是最令人不安的吗？对高级利益相关团体成员的操纵一点也不隐晦。据推测，应该是政府为了得到它想要的答案主动为之，继而确保伦敦金融城在众多金融市场中的优势地位。

这就是为什么我们用这个故事来引出系统性风险这一章。的确，算法

⊖ 我们希望你能可视化这一点。这将是这本书的影像里的一个关键场景。
⊜ Ross *et al.*（2012）.

交易本身就是一种系统性风险，但是更大的风险是政府和监管部门监管不力，尤其在政府和监管部门的利益与那些交易者的利益一致时，会更加糟糕。翻开早前第9章中的例子，离开银行业的局限，站在世界舞台的角度。一个对冲基金经理几年的收入，就足够他非常舒适地退休了。正因为如此，可想而知，这种商业模式会尽可能快地、尽可能多地发展起来，像浪潮般涌来，直到发生不可避免的逆转。所以，如果你是一个对冲基金经理，而你又身处一个政府的顾问团中，那么只要在短期内这种浪潮继续涌动，你就只需要说"继续前行，没有什么需要顾虑的"。因为你非常确信，政府和监管部门的脚步肯定会落后于浪潮的发展，而且是以非常慢的速度跟上，这就给了你足够的时间去从中获利。

好了，在重点解释过这些之后，让我们再从科学和心理学的角度来看看系统性风险的其他方面。

麦高芬

排在政府的贪婪和迟钝后的另一个系统性风险是巨额融资的潮流。潮流会引发泡沫，泡沫会引发崩溃。根据有效市场理论，泡沫是不存在的。但是说到泡沫，前段时间就有一个突然破裂了。㊀

泡沫需要一些基础资产，从而将不切实际的价格附着在上面。阿尔弗雷德·希区柯克（Alfred Hitchcock）用"麦高芬"（MacGuffin）这个词来特指一个推动剧情发展的设计，但是有关这个设计本身最终又无关紧要：如他的《谜中谜》（*Charade*）中的邮票、塔兰蒂诺（Tarantino）的《低俗小

㊀ 正如2010年尤金·法玛对《纽约客》杂志所说，在房产泡沫破裂后，"我甚至搞不清楚泡沫到底意味着什么"（Cassidy, 2010）。在2015年，他对瑞士报纸《金融经济报》（*Finanz und Wirtschaft*）再次发表过这个看法，"我不认为有关于泡沫的实证证据，泡沫对于我而言意味着它有一个可预测的结束。但是，过去没有人能够识别金融市场任何的可预测性"。再次，这就是将不可预测性与效率混为了一谈（Gisiger, 2016）。

说》(*Pulp Fiction*)中的公文包。这些都是推动剧情潮流发展所需要的东西，而哪里有潮流，哪里就有金钱。

举几个例子：

- 郁金香。
- 法属路易斯安那的黄金（约翰·劳的密西西比公司）。
- 互联网！（永远无法追赶。）

在 1987 年 10 月 19 日，亦称黑色星期一，也有这么一个麦高芬，但是这次公文包里的炙手可热的东西是数学模型。LOR 公司凭借它们用来消除投资组合风险的机密算法，找到了一个通过制造泡沫来消除投资组合中相同风险的办法（见专栏 10-1），而这个泡沫就是 1987 年破裂的那个。20 年后，这个问题变成了那些在担保债务凭证中被打包隐藏的风险，这些风险由高频算法所创造，所有交易都建立在相似的模型上，所有交易者都在竞争成为最先做这一件事的人。

实际上，算法交易可能正是最终的麦高芬，因为即使有人打开了这个盒子，他们仍然看不清楚里面到底有什么。代码可以采用遗传算法的形式，从而有可能逐步演化形成最优的预测方法，或者形成一个复杂的神经网络以致连创造者都不明就里。正如在第 8 章中所讨论的，它的一大缺点就是你难以去试图理解或者解释这些模型的工作原理。如果你在"黑箱"中，使用一些类似对最近几秒钟股价变动进行统计分析的方法，来进行所有决策的制定，而又没有人得了解"黑箱"内部的运行情况，那么可能连管理者也不知道代码是如何运行的，继而无法判断会得出多少有效结论。"我们对这些模型的运行进行了回溯测试（back test）……使用多年来的数据。它确实运作良好。测试完成。"但是对于市场营销而言，重要的不是对技术的说明和这些公式，而是"黑箱"本身所描绘的故事和承诺。这些故事可能是关于宏观经济状况的，或者是关于市场中的一些无效行为的，或者是关于更快的交易执行速度的。而且，这些都需要是简单明了以及有说服力的，同时在理论上又是成立的。所以，这一切都需要归结到销售人员自身的推销技巧上。在市场中把它推销出去，募集到资金，进行交易，然后祈祷它能奏效。它如果没有奏效，那就怪罪在结构性变化头上。

最近的黑箱算法交易趋势意味着，对交易或者建模的科学依据的要求越来越少。现在，金融已经被简化为纯粹的商业形式，可能没有任何内容，只有推销揽客。请不要误会我们的意思，我们知道推销员是地球上最重要的人，没有他们我们可能仍然生活在穴居时代。既然提到了洞穴，我们就不得不提及宠物石的发明者加里·达尔（Gary Dahl），就此来谈谈推销术！黑箱交易之于 21 世纪前 10 年堪比宠物石之于 20 世纪 70 年代。不管怎样，你都相信这些故事了。

> **专栏10-1 商业模式**
>
> 　　无论是所有的金融泡沫，还是一般的潮流，都有一个共性因子，就是正反馈导致上下波动幅度的放大。可能最基本的例子就是信贷周期。在繁荣时期，资产价格上涨，带动市场人气的提振和抵押贷款的增加（正反馈）。信贷随之增长，直到达到一个危机点。增长开始放缓，然后停止，接着转负，贷款也被收回，进而导致经济的崩溃和价值的毁灭。然后，一切从头再来。此外，还有一个办法应该可行。实际上，经济是可以被中央银行"拯救"的（美联储会去承担压力），这就是全球债务水平可以在过去数十年中保持相当稳定增长的原因。它只是在经济低迷时偶尔出现下降，从而达到了前所未有的高水平。
>
> 　　然而，超级泡沫的最终破裂，或许并不能归因于量化分析师自身，而应该是由在数量金融学中非常普遍的另一种反馈造成的。这种反馈是在 20 世纪 80 年代，随着投资组合保险（portfolio insurance）的普及，开

始变得广受关注的（关于投资组合保险，已经在第4章中讨论过了，是建立在通过买入和卖出期货合约来复制期权合约的理念基础上的）。这个反馈的一个非常简单的模型是由威尔莫特和 Schönbucher 提出的。⊖ 该模型表明，在投资组合保险中复制一个空头头寸，会导致正反馈和波动率增加，换句话说，积聚了在黑色星期一爆发同类系统性风险的可能性。

但是还有一个非常微妙的问题。因为即使投资组合保险无意中引发了它在设计之初就极力避免的事件，这也并不意味着它就一定是一个糟糕的商业模式。这类似于售出一种治疗某种疾病的药物，但是却在社会层面增加了这种疾病的患病率（比如抗生素的过度使用）。如果暴跌没有那么引人注目，而且投资组合保险也没有被认为是造成暴跌的可能原因，那么像 LOR 这样的公司在不考虑由此引发的恐慌和业务增长的情况下，也许确实会实现相当好的产品销售。但是，我们将永远无法得知。不过，正如本书中已经讨论过的所有风险管理技术，它们的一个副作用是增加了风险倾向，导致不稳定性增加，继而造成了对风险管理的更大需求，从而形成自我循环。当然，相比20世纪80年

⊖ 见 Wilmott and Schönbucher（2000），以及1995的那篇相关的论文和会议录。我们在第4章中了解过了关于期权 Delta 的概念，即为了实现对冲所需要买入或者卖出的股票数量。如果我们想去复制一个期权，那么我们就需要卖出或者买入相同的数量。如果股价变化，那么 Delta 也会随之变化，这就需要进行重新平衡。Delta 具体变化多少，则取决于 Gamma 的数量。如果运用你在学校学的微积分的知识，那么你就会发现 Delta 是期权价值相对于资产的一阶导数，Gamma 因此是 Delta 相对于资产的一阶导数，也可以说是期权价值相对于资产的二阶导数。Gamma 测度了期权价值变化的速度。在供需影响下，由于需求取决于 Gamma 值，所以波动率也取决于 Gamma 值。更为重要的是，波动率的增加或者减少取决于 Gamma 值的正负。当可转换债券首次发行时，它们会被折价发行，以鼓励人们去认购。基金经理往往是大买家，他们的策略是通过对冲掉债券的市价波动风险，来赚取折价价差。有趣的是，这种迹象与投资组合保险的情况不同，它导致的是负反馈，会减少波动率，并由此降低可转换债券的价值。这正是基金经理自己造成并理应承受的！

> 代，今天有更多的钱在这些模型上运行，而且当涉及正反馈时，规模很重要。事实上，如金融部门和监管部门之间的关系是关于正反馈的另一个例子，随着金融部门规模的扩大，它获取了对政府的更大的影响力，这就允许它根据自己的喜好来推动制度规则改变，以使它可以发展得更加庞大，依次类推，直到它发展得像高盛集团那样。⊖

流动性谎言

（人们）对于高频算法交易的主要辩护是，它增加了市场的流动性，这是很有好处的事情，所以这类交易也是值得称赞的。不过，这是一个完全错误的论据。它至少在三个方面是错误的，而且它直接指向了市场中核心系统性风险的另一个来源。用这样无力的借口，也只能去说服那些没有进行深入思考的人们。

首先，我们假设它是真的：是的，流动性更强了，并且这些受人欢迎的流动性可以降低交易的成本。所以你可能会在很多地方节省那么几美分，但是谁会在意这几美分呢？只有那些进行巨额金融交易的人才会在意，普通人并不会在意。如果某人仅仅是每隔几个月才会买进或者卖出股票的话，那么他根本不会在乎是否会节省这几美分，因为他在那段时间里，无论是盈利还是亏损，金额都将远大于这个数字。只有那些进行高频

⊖ Gandel（2013）.高盛，有时候也被称作高盛政府（Government Sachs），因为它的人际网络异常强大，可以直达政府高层，这可能跟它是政治运动的主要企业捐赠者有关（Baram，2009）。而且，这一点在中央银行那表现得更为突出。在美联储的12个地区银行中，目前有4个是由高盛前高管所领导的。而且，在仅有5家银行轮流拥有投票权的情况下，2017年将有4票掌握在前高盛人的手中。还有英格兰银行的马克·卡尼（Mark Carney）和欧洲中央银行（the European Central Bank）的马里奥·德拉吉（Mario Draghi）。这就意味着全球经济大多数的利率决策是由来自同一个公司的人所做出的。这没什么可看的了，继续进行吧！

交易的家伙才会对节省这几美分非常在乎。但是，如果潮流效应或者反馈效应造成了市场的崩溃或波动率增加的话，那么普通人也可能会遭受财富的损失。"我很遗憾，你一生的积蓄可能都会在闪电崩盘中失去。不过温馨提示，你可以品尝一杯美味的拿铁咖啡，安慰一下你自己，还好，你的交易成本很'低'。"对此有一句名言，"贪小便宜，吃大亏"。

其次，真正重要的其实不是你所看到的买卖价格的价差，而是实际交易的价格。因此，如果价格正在来回波动，例如由于算法交易，围绕一定队列不停地跳上跳下，那么即使报价价差看起来非常小，其实你最终支付的也可能会更多。

最后，即使流动性总体来说改善了，这也不意味着当你需要它时，它就会存在。如果在某个时间点，算法判断市场出现异常，难以从中获利，这时算法失灵了。而如果你恰巧想在这个时间点交易离场，那么你将难以找到交易对手而顺利地完成交易离开。

一个正规市场的功能应该是在于可信赖的价格发现，而非即时的流动性。就像一件艺术品，在卖掉它之前，你难以确切了解它的价值。一套大房子也是如此。对于像双层公寓这种相似房源较多的房子，如果近期有相似的房子出售，那么你可以大体推测出你房子的价值。不过，对于诸如股票、货币和多种商品来说，由于有交易所的存在，它们的价值更容易被确定。例如，股票的市场价格就与标的公司的价值存在着某种程度的关联。当然，公司估值是一件非常棘手的事情。如果股票价格与公司合理的估值相差太大，那么这件事情本身就是有问题的。

在2010年的闪电崩盘的短暂时间里，埃森哲咨询公司的股价从大约40美元跌落到了只有几美分。正如第6章中所提到的，在市场回归正常水平前，暴跌可能只持续几分钟。而且，并不是所有的股票都下跌。像包括苹果公司在内的一些公司的股票，其价格在回调之前涨到过6位数。幸运的是，闪电崩盘存在的时间非常短，而且非常极端。不过，更小规模的

"闪电事件"已经成为一种经常发生的现象。美国商品期货交易委员会的数据显示,在2014年,单是西得克萨斯轻质原油合约就遭遇了大约35次"闪电"事件。⊖高频交易非但没有帮助价格发现,反而起到了相反的作用,完全可以称之为一种新的价格风险。因为基于它,价格风险更大。而其中受益的是交易量增加的交易所和算法交易者自身。当然,监管者和政界人士也都受高频交易影响(见专栏10-2)。

专栏10-2　PW(保罗·威尔莫特)的博客,2011年11月11日

托宾税(或者罗宾汉税)是在数十年前被同名诺贝尔奖得主(詹姆斯·托宾(James Tobin),而不是罗宾汉(Robin Hood))提出的。它是一种通过对所有交易活动征收小额税费,来维持货币稳定的手段。虽然这个想法不再局限于外汇交易,但是每隔几十年,都会再次流行。有很多理由可以解释为什么它一直未被应用,比如不可行性、削减积极性、全球化倡议的需要等。其中一种假设是,有人认为,银行家的政治影响力才是它没有被采用的真正原因。我的看法是,考虑到目前对高频交易的合理担忧和对银行家普遍的较低评价,现在可能正是启用托宾税的正确时机。而且,由于最近这些金融危机,各个国家之间将不得不学着去合作,那么征收微少的税费不正是一个很好的合作方式吗?并且相关技术已经相当成熟了。

但是还有一个问题,多小的税费是小呢?托宾自己说,"我们可以设定为0.5%"。但是,这并不意味着它是一个经过深思熟虑的数字,而且它肯定要比典型的买卖价差大得多。那么,这个数字应该是多少才更合适呢?交易是由很多原因引起的。我们现在只关注其中两个,即对冲和投机。对冲通常被认为是有益的,因为它可以降低风险。投

⊖ Massad(2015)。

机则有好有坏。在我看来，投机以高频交易的方式发生，使得股票价格与企业价格之间变得没有关联，只是为了赚钱，那么它就是有害的。所以，我们可以认为，我们需要一种税，它应该大到足以阻碍最短期的投机交易，却又小到难以对对冲交易造成影响。

对于用数学运算来对冲考虑交易成本的衍生品，可以追溯到海恩·利兰（Hayne Leland）（1985）。他只是针对简单的看涨期权和看跌期权。后来，赫格（Hoggard）、威利（Whalley）和我进行了扩展，引入了所有衍生品种。除了这一点，还引入了有关成本、波动率和对冲频率的一个简单的无因次参数，来测度你的对冲行为对你损益表的影响。如果你想了解详细信息，它们都可以在《保罗威尔莫特数量金融系列：数量金融》（第2版）一书中找到。[⊖]

假设你希望对衍生品收益率的影响能够低于1%（这个数字是可供讨论的，不过它能够很轻松地处于模型误差的边际范围内），并且假设你每天都在一个波动率为20%的市场中进行对冲（同样，这两个数字也是可供讨论和更改的），那么税费有可能至多是每笔交易价值的0.008%，即大约一个基点。

这一水平会影响对冲良好的效果吗？不会。它会影响中远期的投机活动吗？不会。它会抑制短期的投机活动吗？当然会。

10.4 千万亿美元

高频交易是引发系统性风险的一个因素，这是由量化分析师所使用的模型直接引发的。而其中更普遍存在的风险来自金融系统的规模和结构。正如我们之前几次提到的金融衍生产品总的名义价值已经超过千万亿

⊖ Paul Wilmott on Quantitative Finance, 2nd edn, John Wiley & Sons.

美元,这是一个让所有人都感觉巨大的数字。不过,名义价值不等同于处于风险中的价值,因为它代表的只是标的资产的价值。例如,考虑到两个人之间的利率互换,一个人按照5%的固定利率获取100万美元本金的利息,另一个人按照浮动利率获取100万美元本金的利息,目前浮动利率是4%。如果他们协商互换他们的收入流,那么互换的名义价值是100万美元,但是互换自身的实际价值其实比这少得多,即约为名义价值的1%(它与两个利率的差值相对应,并且随时间推移而变化)。所以,如果将这个互换认定为一个价值百万美元的衍生品,显然是夸大了它的规模。

但是,如果考虑到信用违约互换(正如在第5章中讨论过的),即一种保险形式的用于防范公司破产的互换,那么名义价值在这里就是被保险的数量。所以,一旦公司违约了,其名义价值就会像在金融危机期间美国国际公司所揭露的那些公司那样变得非常真实。或者设想一下,在利率互换的案例中,如果一方破产,另一方发现他们在法律上仍有义务去替换现金流,那么支付的数量还是基于与原来等量的名义价值。

众所周知,信用违约事件(credit events)是商业风险中的一部分,也是由诸如信用违约互换等金融工具提供保险来防范的。但是与保险政策严格要求保险发行者维持充足的储备金的规定不同,金融衍生品不受同样的监管审查。而且,因为衍生品经常不通过交易所,直接在场外交易,所以难以观测到诸如违约等事件下整个经济的净风险敞口(net exposure),并且无法得知到底会有多少公司或者个人受到影响。因此我们可以在个体层面对特定工具或者机构的风险进行评估,却又无法在全球层面做到这一点。自从2008年金融危机爆发以来,已经尝试将一些衍生品交易转移到中央结算所进行,以便风险敞口能够被更好地监控(例如美国的《多德–弗兰克法案》(the Dodd–Frank Act)),但是大量风险至今仍在监控之外。同时,虽然衍生品能够被用作各方防范风险的保险,但是在系统性层面它们只是对风险进行了转移。实际上,它们广受欢迎的主要原因是,从表面上看，它们可以为购买者转移风险，从而允许购买者在其他地方承担更多的风险，以获得更多的潜在收益。但是，当金融系统面临诸如银行倒闭等问题时，经济的高度连通性意味着这个影响会迅速传导到经济系统的其他部分，例如贷款被收回、风险承受能力恶化等。就像规模庞大的国际交通运输是病毒性传染病传播的最好渠道，我们全球化的金融系统已经为金融传染奠定了坚实的基础。对于这个高度联通的网络，我们既无法得知它的连接点在哪里，也难以在危机发生时把它关停。

在复杂的系统中，经常需要在效率与稳健性之间进行平衡。增加银行准备金会使银行盈利性下降，但也会使安全性增加。如果在这个系统中引入摩擦，例如对高频交易进行监管制动，就会放慢市场增长，但也会增加市场的透明度和可靠性。同时，如果在金融系统中强制实施一定程度的模块化，例如将大型全球性银行重组成小型的区域性银行，将会降低效率，但也会减少金融传染的可能性。正像罗伯特·梅（Robert May）等生态学家所指出的，强大的生态系统，比如食物链，往往倾向于由相互间独立的、存在弱连接的子网组织而成。⊖ 然而，自这次危机以来，随着实力较弱的银行被其他幸存的银行托管收购，银行系统却是变得更加集中了。

也许，金融系统最大的结构性风险就是金融系统自身。或者更确切地说，是货币本身。正如我们所看到的，货币和债务并没有在主流经济学中扮演太重要的角色。这是因为大家一直视货币为惰性的交换媒介，而忽略了它自身的力量。⊖ 这些所谓的动态随机一般均衡模型广受宏观经济学家青睐，举例来说，将剔除金融部门后的整个全球经济进行模型化。模型是解释世界的一种方式，如果一些事情不在模型中，那么我们常常很难注意到它。这个关于货币和债务的盲点很好地解释了为什么我们的债务规模变

⊖ May et al.（2008）.

⊖ Orrell and Chlupaty（2016）.正如经济学家斯蒂芬妮·凯尔顿（Stephanie Kelton，2012）提到的，"货币、债务和金融甚至无法适用于经济学模型"。

得如此之大，就像那些新的次级房贷客户，纷纷被"荒唐利率"所引诱，以致形成一个更加庞大的债务规模。根据麦肯锡公司（McKinsey）2014年的一份报告，全球债务已经达到近200万亿美元，在这次危机过后的7年里，增长了40%。⊖债务具有内生的不稳定性，其中一个简单的原因就是，在经济衰退期，债务不仅不会减少，还会随着时间推移进行算术级的增长。而且，杠杆也会放大价格变动和反馈回路的影响。一个解决方案可能是去……事实上，我们并没有一个解决方案（除了那个显而易见的方案，即违约或者债务减免）。其实，第一步应该是去重新反思我们的模型，而不仅仅是停留在数字上，我们应该去反思和观察整个经济的方式方法。

仿生手

有关调整或者修复金融系统的讨论，通常会回归到关于自由市场的经典争论，以及国家干预是会助推还是会阻碍相关进步的问题上来。对于这一问题的看法意见，长期受到经济形势的左右（我们的集体心理模式），所以金融系统也就长期受到了"无形的手"的负反馈控制，在本质上它是一个稳定且优化的系统。对亚当·斯密来说，这一过程不仅能够引导市场价格稳定在一个最佳的"睡眠中心"上，而且可以确保"国王"和"乞丐"都能够实现"身体的放松和心灵的平静"。新古典主义经济学家用数学公式进一步具体化了这一理论，并希望通过数量化关于公平性、稳定性等的对称性假设，来实现对这一理论的证明。而其他理论，例如有效市场假设认为理性的、独立的投资者将会推动价格走向平衡，本质上是围绕这一理论更新的详细阐释。量化分析师对这一理论的应用，是通过将资产价格模型化，建立一个概率学的、机械论的系统，适时地像烟雾一样传播和扩

⊖ McKinsey Global Institute（2015），Sedghi（2015）.

散,而又不引发令人厌烦的动荡。货币则自始至终都主要是被当作一个度量工具,而忽视了它自身的重要性。

今天,信奉凯恩斯主义的经济学家随意地鼓动政府去尝试稳定市场,鼓动中央银行去胡乱修补市场。然而,市场将引导那些被妥当管理的市场价格回归到"自然"水平,这种能力仍然是主流经济学、大部分数量金融学,乃至市场自身的关键所在,因为它意味着这些价格将具有牢固可靠的基础,而不仅是一个短暂意外的世界经济现象。投资组合管理假设价格是由增长和风险按照固定的编码机制生成的。金融衍生品估值是建立在市场能够正确的设定价格,即对波动率和相关性等要素的估测也是正确的基础之上的。如果没有这样的假设,计算则是无法加总完成的。引用布莱士·帕斯卡(Blaise Pascal)关于家庭装修事故的一句话,"我们的整个地基都裂开了,大地通向了无尽的深渊"。

即使在18世纪,斯密的个体自私性带来社会产出积极影响的观点,也已经不算新鲜,正如捷克经济学家托马斯·塞德拉斯克(Tomas Sedlacek)所指出的,它自远古时代就是以这样或者那样的形式存在着,但是他把这个观点用适合于工业时代的形式和语言表达了出来。⊖这个世界当时经历了前所未有的经济繁荣,是人类历史上的奇迹,斯密正是谱写这首史诗的"桂冠诗人"(Poet Laureate)。即使到现在,无形的手仍然是关于经济效率和技术进步的主要理论。一方面,它推动着价格达到没有企业可以获得超额利润的均衡水平;但在另一方面,它为市场提供了一种达尔文主义的选择机制而推动着创新和发展,同时,高频交易,用一位评论员的话来说,是一种"给予亚当·斯密的看不见的手仿生学的升级,使其变得更好、更强、更快,就像《无敌金刚》(the Six Million Dollar Man)中的史蒂夫·奥斯汀(Steve Austin)的方式"。⊜

⊖ Sedlacek(2011).
⊜ Watson(2011).

但是众所周知，这个情况要远比我们在标准模型中所描绘的复杂得多。相似的模型中存在着相同的算法，所以它们不是独立的；凭借政府力量和影响力，攫取优先获得市场信息的特权，会扭曲市场公平竞争的秩序；正反馈回路会对突然性变化雪上加霜，导致系统不稳定，以及使用机器人进行盲目竞争并不能自动地造福社会。虽然在交易成本上可能会有微小的节省，但正如前文所述，这点补偿相对于金融稳定上的真正成本还太过微小。当经济的主要部分完全依赖于此，很难相信"无套利"的存在。金融部门通过它们在诸如华盛顿、伦敦这类权利中心的影响力，来保护自己的地盘，而当它们把事情搞砸后，却又施压索取紧急财政援助。如果这就是那只看不见的仿生手，那么它就扼住了经济的咽喉，就像《奇爱博士》中彼得·塞勒斯（Peter Sellers）的角色特点，而不再是史蒂夫·奥斯汀的（我们坚持使用旧的流行文化作为参照）。

如果我们不把高频交易看作对无形的手的完美实现，而是把它作为金融系统的突显特征，加之金融系统自身又是文化、政治、法律、技术和其他要素结合的产物，那么事情将会变得更加复杂和微妙。如果金融系统中的自由竞争能够维持相关对手方之间力量的相对平衡，那么它是有益的，但是如果自由竞争会导致权力的过度集中，那么它是有害的；如果合作能够促进生产理念和资源的贡献，那么它是有益的，但是如果合作变成了随波逐流，那么它是有害的。所以，如果仅仅是因为某种事物出现了，无论它是交易策略还是肿瘤，这都不代表我们就要去保留它。

系统（约翰·劳 vs. 艾萨克·牛顿）

正如我们在本书所看到的，高频交易可以被视为在数量金融漫长演进过程中取得的最新进展。故事中的主人公，按照与货币关系由近至远的顺序来排列，有银行家、量化分析师、经济学家和科学家，他们之间又有相当程度的重叠和交叉。一些科学家成了量化分析师，一些量化分析师成了银行家；一些银行家资助着科学家，一些经济学家本身就是科学家。不过，所有这些都是非常重要的角色。

当斯密将艾萨克·牛顿理想化时，他没有时间理会约翰·劳，因为他认为"纸币已经印发到无以复加的程度……银行和证券工作可能是这个世界上曾经出现过的最放纵无度的工作"。但是今天，我们的金融系统归功于后者的程度要比前者的多。今天，我们用劳的法定货币，取代了牛顿金本位制度，只不过现在的规模要比劳的时候庞大得多。同时，也取代了牛顿式的稳定性，进而混乱和不确定性成了当前的一个重要主题。然而，我们的金融机构的表现和行为，仍然与它们在金本位时代时的相差无二。自那时起到现在，在英格兰银行或者美联储，以及在高校的经济部门里，仅仅有表面上极其少的改变。虽然现行的货币系统是劳的系统，但是牛顿充当的是一个正直的角色，具有理性的公众形象。自斯密之后的经济学家的角色是去支持牛顿，是去使得金本位货币系统得到批准认证。然后，量化分析师的角色又是什么呢？当他们仅仅是像以前那样对衍生品进行计算和估值，并且在平衡增长和风险方面比他们的竞争对手做得更好的时候，一切都很好。不过，有些事情发生了变化，他们的规模变得太庞大了。从20世纪80年代开始，他们的模型起初是影响，然后是接管了金融系统，在模型和现实之间创造了不曾预料到的反馈途径。在21世纪前10年初，他们的担保债务凭证和信用违约互换真真正正赚到了很多钱，因为就像劳的风格那样，他们允许银行借出越来越多的由新增货币构成的信用贷款，并在这个过程中收取佣金。当他们通过量化手段进行攫取的方案出现问题时，中央银行介入干预，采取量化宽松政策来填补这个窟窿。这至少会使资产价值再次上涨到之前的大致水平，并且全球债务水平也会随之提高。

这场危机并没有放缓量化分析师的脚步。相反，他们推动市场变成算法的玩物。量化分析师，或者至少是他们的机器人替身，不仅仅是在分析市场，而且实际上成了市场。但危险的是，他们使得市场已经暴露在了风险之中。历来的市场稳定和自我修正，在每个灾难和每次闪电崩盘面前，已经变得越发充满不确定性了。在这个社会网络和复杂理论的时代，我们所有人都像独立个体行动的理念，也已经不再具有说服力。牛顿的理论已经离我们渐行渐远。

而且，我们现在面临着有史以来最大的系统性风险。货币是在价值的概念上附加数字度量的一种方式，市场是确认解释这些数字含义的一种方式。因为数字的引入，人们很容易陷入经济是一个受力学定律支配的物理系统的认识中。但是，维持这种虚假而虚幻的有效性，需要具备一个史诗级的谎言，那就是一个关于真实性的再校验。数字其实只反映了经济的一半，只是硬币的一面，因为货币和市场也要取决于诸如信任、信念等的人为因素。所以为了这个系统的运行，类似"债券是数字和价值的结合"这样的原则必须得到坚持。如果打破这一点，我们将回到约翰·劳的范畴，这是一个被证明是"绿野仙踪"式欺诈的不可思议的"系统"。

尽管算法在很多方面是有益的，但是一种能够继续避开他们的技能是去理解故事，或者编撰新的故事（这就是为什么人类仍然被雇用来编写剧本和书籍，甚至是交易股票），并且，如果一个世界里，人工智能化的信息流计算程序可以对同样人工智能化的央行的喃声低语迅速解码并做出反应，金融似乎也就已经会失去了它的根基。

所以问题的关键是，这件事会如何收尾？量化分析师是否能够扭转局势，还是说正直的人终将成为替罪羊？毕竟，如果大多数交易都是通过算法来达成的，那么下次真的出现了问题，人们将如何应对？在一个不平等的世界里，这被叫作政治风险，最终结局可能比劳被流放到威尼斯更糟糕。

请到 wilmott.com 回复这些问题。我们会把这些关于如何改革数量金融学领域的观点想法汇总起来，并进一步思考探询是否需要把它变得更加量化。

尾声

保持简约

THE
MONEY
FORMULA

你们选的这个题目真是太好了，我完全支持你们试图阻止下一次金融危机的想法。但我觉得这个世界是被一群白痴所掌控的，这些人要么是想为自己争取尽可能多的金钱和权力，要么是不敢质疑现状。我认为最好的方式就是去教育世人，告诉他们金融这件事是什么，这样我们可以共同创造一个新的体系。在这个体系里权力是分散的，我确信在这样的体系里金融危机不会发生。在这个体系里有这样一种货币，它具有一定的意义，不会因为政府试图让经济数据变得更好看而贬值或者为了取悦市场而弱化货币职能。我觉得你们能明白我的意思，祝你们这本书好运！用你们的名气和聪明才智（还有长相）来为人性美好的未来努力吧！

如何阻止经济危机？如何才能拥有一个长期稳定的经济形势？经济研究是否让简单的事情复杂化了？个体应当如何防御经济的不连续性？

量化分析也应该包括在内。

——对 wilmott.com 上调查问题：
"您希望本书讨论什么话题"的一条回复

人类（应当）从过去的错误中学习。各种建筑规范、消防规范、施工规范、安全规范正是从过去的灾难中总结出来的。19世纪，锅炉爆炸是非常普遍的现象，直到锅炉设计师开始遵循相应的压力规范。在当今的金融领域中，保险公司都会破产，这使得即使拥有保险也不再安全。所以我们如何改进金融市场的规则使它更加可靠（尽管无聊）呢，或者说这是否真的可能呢？在最后一章中我们提出了一些原则，希望金融工程准则可以将其囊括在内，或者至少有所反映。

"保持简单、乏味也就是 KISS 法则⊖是我们永远的原则。" 洛克希德-马丁（Lockheed Martin）公司的传奇领导者凯里·约翰逊（Kelly Johnson）这样说道。约翰逊是洛克希德-马丁先进开发项目（Advanced Development Projects）的主管。⊜他的项目包括 1964 年时研制世界上最快也是飞行高度最高的飞行器 SR-71 侦察机（黑鸟），此举将飞机的性能及表现推向了新的高度。但同时他也知道，一个过于复杂的机制很容易出现问题，也难以修复（特别是在战争时期）。

不幸的是，这个世界的金融体系并不像是用这个法则设计出来的。它不是简单明晰的，而是复杂晦涩的。相比于一架高性能的喷气机，它更像是一个你会让它深入敌后，然后故意将其撞毁来迷惑敌人的东西。金融体系可能的确是基于简洁的数学公式以及对称定律等理论而建立的，但无穷无尽的校准和调整，让金融体系真实的实施过程变得一团糟。正如之前所说，它既是大而不倒，又是从设计出来之时就注定要倒的。所以我们应该如何让那些被金融活动直接或间接波及的人们更加安全呢？

由于数学公式是数量金融学的核心，我们将起步于共同 KISS 法则的数量金融理论部分，这被保罗称为"数学甜心"（the math sweet spot）。他

⊖ KISS 法则，又称"懒人原则"，源于戴维·马梅（David Mamet）的电影理论，后被广泛应用，是指产品的设计越简单越好，任何没有必要的复杂都是需要避免的。——译者注

⊜ Rich（1995）。

将这一概念用在了他的课程以及对于数量金融学证书的推销词中。[一]接下来我们将会提供给每一个金融从业者方便易行的建议，来告诉他们如何做好自己的工作。

量化分析师：数学甜心

在数量金融学领域，你会看到各种不同程度的数学应用。有些人试图将这个学科尽可能简化。有许许多多的教科书让你误以为在这个领域里几乎没有数学。但是将这门学科简化是没有好处的。如果你没有一个相称的数学知识库，不知道如何使用这些数学工具，你就无法对复杂的合约进行定价（是的，有些合约是很有用的）。但下面就是矫枉过正的另一个极端了。

有的人试图让这个学科尽可能地复杂，这可能比较像是一个学术文章的作者做出来的事，他的目的是得到教授的青睐，而绝不是将知识传播给下一代，他希望的是有一天他可以成为令人人都留下印象的教授。还有一些大学，发现重点发展数量金融学可能会有利可图（因为有利可图，所以开始研究它），也许这些大学没有一个人具备金融学的知识，更没有实践后得出的真知，但它们确实拥有一帮在计算的方法论上造诣颇深的专家。

后者无疑是更加危险的。这种数学应用是很精妙的，如果你愿意花自己的时间去搞研究的话，或许你能成为一名金融学科的教授，或者干脆直接转到另一个拥有复杂的数学和很好的模型的领域，比如航空学。但请不要把这种毫无意义的东西（复杂的数学）带到金融学这样重要的学科里，在这里，最好的模型也是垃圾。每一个链条都有最弱的一环。在数量金融学里，模型就是这最弱的一环。

[一] 他在 2008 年 4 月写过关于这个的博客。由于我们是数学家，这意味着我们十分懒惰（数学家天生就是要节省工作量的），我们在这里只展示一个精简的、改进的版本。

量化分析师应注重把握好一个数学上所谓的最佳区间，不要太过愚蠢也不要太过聪明。在这个最佳区间里，我们有像概率论一样的基本工具，有对微积分的完美把控，也有数值分析这样的重要工具。这些模型先进到可以创造出新的工具，也稳定到永远不会出现意外问题。模型是透明的，量化分析师、交易员乃至销售都可以理解，至少可以理解它们的观点以及用途。

因为这些模型必然不完美，因此人们一定要对它们的分析技术或是数值方法抱有质疑的态度，以免它们过于精细或是容错率过低。被数学科学蒙混双眼乃至无条件地相信模型这样的事情在数量金融学领域比比皆是。

对于保罗而言，他教这些东西，用这些东西，正是因为数量金融学如此有趣并且富有挑战性，而不是因为数学有多复杂，事实上，它并不复杂。将数学、交易、市场的不完美以及人性结合在一起，这种模型量化真的很难，很有可能是一场徒劳，这才是数量金融学最有趣的地方！

监管者：去冰岛吧

我们已经开了很多关于监管者的玩笑了。不过想让金融工程以及其他复杂的产品重新变得中规中矩，监管者是最适合的人，我们并不认为这会有多难。

有一些我们需要遵守的基本原则，首先最重要的是透明性。我们其实不需要对此解释太多，因为这已经是金融领域中优先级最高的事情。然而需要指出的是，尽管透明性听起来是个很好的东西，但是在实际中没有任何一个与金钱打交道的人希望它存在。资本喜欢隐藏于黑暗之中。

因此为了完成自己的本职工作，监管者需要主动出击，而不是等事件发生了再做出反应。他们不应像警察那样一直在等犯罪事件的发生，而是要做自己的分析预判。如果一些金融机构或是个人名声不好，监管者就要对他们格外小心。在银行的阶级分层中，有一些奇怪的人处于最顶层，这些人不应该负责看管别人一生的积蓄。谁会忘记保罗·弗洛尔斯（Paul Flowers）呢？他是英国皇家艺术协会会员（FRSA）和英国皇家地理协会会员（FRGS），还是由英国工党党魁爱德华·米利班德（Ed Miliband）任命的地方议员，一步一步往上爬到合作银行（Cooperative Bank）非执行董事的位置上。通常我们会很欢迎拥有丰富人生阅历的人担任这样的职务，但与其公众生活并行的私生活经历，涉及的却都是对诸如可卡因、冰毒等事件的指控。[⊖]在报纸（Crystal Methodist）上，他被描写得非常精彩。当被英国财政部特别委员会（Treasury Select Committee）要求概述他在一家银行四年任期取得的资质时，弗洛尔斯说："我参加了银行家学会的考试，完成了第一部分和第二部分的一大半，此后成为卫理公会牧师（Methodist minister）。我认为对于当代银行业的需要来说，这段经历已经过时了。"然而，直到2013年银行亏损了15亿英镑的事情被发现时，弗洛尔斯才引咎辞职。

在2008年，苏格兰哈利法克斯银行（HBOS）将崩盘的责任怪罪到"巨大的管理失误"上[⊖]也许还算正常。但其中一个执行董事詹姆斯·克罗斯比爵士（Sir James Crosby），他既是银行的管理者，同时也是监管机构金融服务管理局的副董事长。尽管并没有人说他在监管自己时有不恰当的行为，但相比造成这个所谓的巨大的管理失误，更令人难以置信的是人们居然会认为一个银行家同时担任监管者的角色是可行的主意。值得称赞的是，在2013年哈利法克斯银行出具了初始的报告之后，克罗斯比爵士确实放弃了自己30%的退休金，以及他的爵士头衔。

我们也能说出身边的一些坏人的名字，但出于怕被起诉的担心，我们不会讲。这又是另外一件事了：法律是如何保护坏人而不是无辜的人的。

⊖ Burn-Callander and Quinn（2013）.

⊖ Treanor（2015）.

关于这个话题，我们建议保护好那些告发者。

除了主动出击扳倒坏蛋，监管者还需要强势地对银行进行审讯，研究人员在这点上可以帮忙，可以为监管者提供弹药，比如给银行准备一些犀利的问题。监管者的来访不仅仅是让银行觉得不便，更要让它们产生恐惧。我们再多来一些压力测试吧，你会问什么呢？这对银行来说就像是角色扮演的游戏练习，或者是心理学大师爱德华·德·波诺（Edward de Bono）提出的类似于水平思考一类的东西。具体来说是这样的，银行家让自己处于一个已经损失了数十亿美元的角色之中，然后为了展示创造性，他们要想很多关于这一切是怎么发生的解释。我们来玩一下：A银行对B银行进行压力测试，大家都可以从中获得乐趣。如果你看过史蒂夫·马丁（Steve Martin）的电影《爱上罗姗》（Roxanne）（其中一个角色想出了20种针对他大鼻子的侮辱的话），你就会明白这种想象力是怎样的了。谁说银行家就没有想象力呢？⊖

如果监管者认为他们不具备这样的技能或者决心，那么他们就可以被送到冰岛的新兵加强训练营。如都市传说中描述的，在那里误入歧途的银行家会被埋在地里，凌虐后遗弃在那里数月。

经济学家：醒醒吧

在本书里我们也对主流经济学家开了不少玩笑。当然，进行批评总是容易，而提出修改意见就不那么容易了。我们其实并不需要提出任何改进办法，因为各种各样的修改意见都不断在被提出（我们在第8章提到过）。问题是这些意见没有得到它们应得的关注，因为至少从亚当·斯密的时代起，这个领域的权力结构已经被其特有的主题所曲解了，那就是金钱（或

⊖ 我们听说埃德蒙·罗斯坦德（Edmond Rostand）的戏剧《大鼻子情圣》（Cyrano de Bergerac）中也有同样的场景，但我们还没足够的知识能够知道这些。

者说什么应该是它的主题。如前文所述,金钱不应是他们研究最多的东西)。阿代尔·特纳谈到了"监管体制成为学术时代精神的俘虏",但是再进一步,那就是学术时代精神已经成为金融活动的俘虏。

我们预言,在100年后历史学家会看到有效市场假说像其他那些早已过时的想法一样出现了令人尴尬的错误,如行星在地球周围的水晶层里旋转的故事。与此同时,如果主流经济学家想要摆脱他们在数量金融学领域被当作中世纪神学家或有用的傻瓜等形象,他们需要问一下从金融部门以经费、咨询费等形式获取的回报是如何影响了他们的研究领域,又是如何将他们的核心学说与金融部门的需要结合得如此完美一致?或至少他们应该公开他们的激励模式。正如经济学家理查德·丹尼斯(Richard Denniss)对加拿大广播公司(CBC)所说:"经济学家往往假装是公正的。他们经常假装把知识信誉放在身前守护一些东西,如果他们只想做推销员的话他们也应该承认。他们应该向记者坦白,他们应该向政治家坦白,他们应该向公务员坦白,并说我在这里代表某人,我的意见是无关紧要的,这些我提出的意见只是为了帮助我的客户获利。"⊖

同样还需要对学术经济学家在危机中所扮演的角色进行适当的判断。正如经济学家乔治·德马蒂诺(George DeMartino)注意到的,这个行业"因为在面对非常复杂和重要问题上,没有对会员间多样化观点起到足够的促进和拥护作用,从而没有履行其对社会的义务"。与此相反,此行业回应的特征是"考虑到金融市场和金融监管的从众心理,那些在不受监管的资本市场提出的危险理论、证据和论证的撤回,最重要的支撑也许是那些最具影响力的经济学家对经济专业程度的过分自信"。⊖在此之上,大多数经济学家都没有在需要他们发表见解时站出来。面对1.2万亿美元的衍生品炸弹,他们只是在玩他们的模型。他们不应该对金钱献媚,或采用袖

⊖ Kennedy(2016)。
⊖ DeMartino(2010,p. 171)。

手旁观的态度,学术经济学家更应该从"忧思科学家联盟"一类的组织中获取意见,并向权力者说出真相,即使这意味着说"我不知道"。㊀经济学家有道德责任,而不仅仅是保护他们自己的地盘和自尊。

我们认为经济处于快速变化的时期,但真正的从实践获取结果还需要时间。与此同时,决策者应该在听到经济学家关于高频交易等事件的建议时,思考他们的动机。(感谢付出,本!)而当他们做到时,他们也可能会问,为什么他们周围的人似乎都曾为高盛集团工作过。

银行:学会失败

每一个被身份信息窃取者偷走过钱的人都知道把钱追回的过程充满了焦虑和无穷无尽的文书工作。假设你的银行并不认为失主是真正的罪犯。当你的存款账户被洗劫一空时,银行就只能不得不放弃所有有争议的行动吗?

在2010年的"闪电崩盘"中,大多数交易都在以疯狂的价格成交。如果银行可以从计算机领域获取一些灵感,比如做一个简单的"复原"(restore)功能岂不是很好吗?在戴维的母亲错误地卖出了共同基金后,戴维实际上曾到银行请求"复原"。㊁让我们进一步考虑,在这个疯狂的旧世界里,特别是网络中断时,难道你不也希望"启动安全模式"吗?我知道我们会这么希望。当然这可能只能在很短的时间内可行,但如果我们可以在2005年前后重新启动,那样会更好。

另一个银行家可以从工程学,或者所谓的生物学借鉴受控倒闭的想法。当细胞在人体受损时,它们即将凋亡,这是一个细胞被分离并且回收

㊀ 当然,非正统的经济学家一直在说话,但他们在大多数国家影响都不大。例如,在加拿大,你不会知道他们的存在,除非你去找他们。

㊁ 这篇文章写作得力于:"银行们是否会自我收缩?"(Orrell, 2016b)

成分以供其他地方使用的过程。癌肿瘤中的细胞已经找到了一种抑制细胞死亡的方法，所以它们可以无限制地分裂。但是，在肿瘤中心的细胞会坏死，这意味着它们会以不受拘束的方式分裂。当现在银行失败时，它们的死亡也与此相似。例如，雷曼兄弟的倒闭留下了超过100万个未完成的衍生品交易，这场法律混乱耗费了数年才得以平息。

监管者越来越希望银行制定"生前预嘱"，并说明如果发生崩溃会出现什么。不过，正如游说机构Better Markets的丹尼斯·凯莱赫（Dennis Kelleher）所说："这些计划是否可靠仍是个严峻的考验。在过去他们提交了各种计划和猜想，但因为这些并不可靠，并没有任何意义。"⊖所以监管者必须学会说对不起，我们要为你们可能的破产制订计划。

交易员：为什么我的奖金是负数

苹果属（malus），这是一个你不会经常听到的词。如果你是个园丁，这个词对你来说就是一类植物的属性。但如果你不是园丁而是个金融从业者的话，这个词你就会很熟悉了。这是奖金的反义词，是对于表现糟糕的惩罚。而且我们认为这种惩罚应该在银行圈里更为突出。

对于资本主义来说，致富的机会是核心。而且有的时候你可以通过法律将成本转移给别人来实现这一目标，比如卖给这些人一些他们真正想要的东西。但是，就像现代投资组合理论（MPT）中说的，高收益会伴随着同等高的风险。小公司的老板承受着巨大的风险，尤其是在它们成立初期。当这些公司变得越来越大，风险也跟着增大。这些公司经常会失败，这时风险就变成了现实。

但对银行来说就不是这么回事了，对于大公司的CEO来说也不是。

⊖ Jopson and McLannahan（2015）.

银行家和量化分析师因为一个比较简单的工作收获丰厚的薪资。在发生亏损时,也几乎没什么影响。最糟糕的事情也就是失业,但奖金不会被收回,甚至"补偿"这个词还意味着他们在做艰难的工作,所以我们应该愉快地感谢他们。不,我们不同意。你正在做一个简单的工作,是一份像从摇钱树拿钱一样容易的工作。正如德意志银行联合首席执行官约翰·克莱恩(John Cryan)所说:"行业中的许多人仍然坚信他们应该获得一部分企业报酬,因为他们只有普通人的薪水、养老保险或是医疗保险,而他们的工作是打理别人的钱。"㊀(作为从事一份收入通常在 700 万美元左右工作的人,他知道他在说什么!㊁)据前投资银行家萨姆·波克(Sam Polk)说:"这是最稳定的职业路线之一。一旦达到每年赚 100 万美元的水平,就很少会再下降了。高盛的对冲基金经理会谈论离职风险有多大,但其实薪资都非常优厚。"㊂

但不仅仅是银行家。你还会经常听到主流公司的千万富翁首席执行官被描述为"商人"吗?不,他们不是商人。他们只是刚刚碰巧有朋友在正确的位置,他们互相支持和互相任命。他们是私营部门的政客。去查查这些经理人,看看他们的简历,再看看能有几个曾经拿过自己的钱冒险,或者自己创业过。如果你,亲爱的读者,经营着自己的生意,或许只是一个小店铺,或是一名顾问,抑或是水暖工,那么你就比他们更像是商人了。不要再让他们把自己称为商人了。早在 1992 年约翰·拉斯藤·绍尔(John Ralston Saul)就在他的书《伏尔泰的混蛋》(*Voltaire's Bastards*)中揭露道:"大多数商业领袖不过是隔离了个人风险的公司员工,同时他们却在以资本主义的名义来威吓我们。"㊃

如果银行界的"补偿"仍然处在不合理的水平,那么我们强烈建议广

㊀ G. Farrell(2015)。
㊁ McGee(2016)。
㊂ Quoted in McGee(2016)。
㊃ Saul(1993, p.12)。

泛和规范地采用退回奖金制度（maluses）作为金融界薪酬体系的一部分。我们这样做主要指的是首席执行官。

我们想说，充分公开披露银行家的收入可能也会有帮助，但我们担心这会造成更多的竞争。

记者：注意破坏者

当调查金融部门或与银行家交流时，记者经常受到这样一个现实的困扰，那就是没有人会给他们一个直接回答，这个体系令人难以置信。例如，假设他们参加了一场关于高频交易的会议，在会议的最后，记者的头脑中可能会浮现出对于话题复杂性的欣赏或头痛，但是几乎没有扎实的理解，更不用说知道了。事后记者会在酒吧里问自己，会议的意义到底是什么。他们会好奇为什么这些调查看起来总是在拖延，从未得到过任何结果。

一个他们不知道的原因是，这种会议上的很多参与者实际是用一种微妙的形式在进行破坏。因此，记者需要学习如何能侦查出这些行为。但他们不可能比中央情报局 1944 年实施的《简易破坏战地手册》做得更好。[⊖] 手册包括给从纵火犯到工人等所有人的实用小贴士。这其中大部分读起来像是《坏管家》杂志的摘录，或是欧瑞尔家庭的标准做法："如果你在不使用锯片时，稍微扭一下，过段时间再使用时它们就会断掉……把空气打到轮胎里时，使它们一直维持在正常的压力之下，这将产生比平常更多的磨损。"更为相关的是书中关于组织和会议中的一般干扰的章节，它完美地描述了产业和政府专家采用的方法：

（1）坚持通过"路线"做一切事情。永远不要为了加快决策而走捷径。

（2）去做"演讲"。尽可能频繁和大幅地讲。通过长篇轶事和个人经

⊖ CIA Office of Strategic Services（1944）.

历来阐述你的"观点"。毫不犹豫地做出一些适当的"爱国主义"言论。（这对经济至关重要！）

（3）如有可能，请将所有事项提交委员会，以便"进一步学习和思考"。尝试让委员会越庞大越好，永远不得低于五位成员。

（4）尽可能频繁地提出不相关的问题。

（5）对交流、会议记录和决议中的措辞使用的精确性字斟句酌。

（6）回顾上次会议中决定的事项，并试图重启对这项决定是否可取的讨论。

（7）倡导"谨慎"。保持"理性"，并督促其他与会者也保持"理性"，避免匆忙造成的尴尬或麻烦。

（8）担心任何决定是否得当，提出如此行动是否在该组织的管辖权之内或是否可能与更高级别的政策产生冲突等问题。

最重要的是，"当有更为关键的工作时，要暂停会议"。如果这些都失败了，破坏者可以采取降低士气和创造混乱的一般手段。这些包括"被提问时给出冗长而难以理解的解释""表现愚蠢"，或者在紧急情况下"歇斯底里地哭泣"。

银行家是这方面的大师。想想汇丰银行，世界上最大的银行之一，当其经理因为利润丰厚的洗钱副业受到美国司法部的调查时，其采取一项在内部文件中被称为"抹黑，否认并转移话题，拖延"（想必还有歇斯底里地哭泣）的策略。⊖

记者还可以从这本书中学会如何应对这些手段。第一步是从"破坏角度"重新调整他们的思路。例如，如果受访者背诵套话，这会"很容易改变讲话的音调……这样他们的声音听起来会软绵绵的，且含糊不清"。对不起，你能再说一遍吗？现在的高频交易是什么？再没有冲突了吗？

⊖ S. Farrell（2015）.

教育者：数量和质量

几年前，皇家统计学会询问了一些英国国会成员一个简单的概率问题："一枚硬币被扔了两次，出现两次正面的概率是多少？"只有53%的保守党议员答对了题目。但更糟的是，只有23%的劳工议员知道正确答案。但同时，有超过70%的各派议员对他们给出的答案充满信心。

我们对银行和数量金融学领域的受教育状况有很大的不满。我们希望看到更好的教育，特别是更多地表现在数学工具和技术上，这可以拓宽数量金融学日益狭窄的专业范围。应当鼓励更加具有怀疑和科学精神的态度（我们的意思是古典假设和测试）。如果某些已经失灵了，那么必须扬弃。原理是明确的，但把它付诸实践却是令人气馁的，并不只是因为从业者受不好的教育，他们还像下院议员一样无法正确评估自己的能力。在达到自我意识觉醒的关键时刻之前，什么都不会改变。

同时，仅有数学和技术能力也是不够的！让我们进一步扩展一下。数量金融学是关于数字的学科，但这并不意味着它与物理学或工程学相同。经济不是机器，它是一种鲜活的、有机的体系，它产生的数字与潜在的现实存在复杂的关系。所以我们希望这个领域可以有更多能背诵莎士比亚作品，或者至少读书的数学家参与进来。如果你觉得这太强人所难了，那么请看我们的下一个建议。

政治家：为金融体系创建FAA

金融体系与其他危险的人为活动有许多相似之处，这些活动几乎涉及发达国家的所有人，并且受到高度监管，银行也应该这样。

美国联邦航空管理局（FAA）管理美国所有民航事务。它的职责包括办理飞行员证明、空中交通控制、技术、环境影响和安全保障。

在很多方面，美国联邦航空管理局涵盖的活动与银行发生的事情相似。航空运输和银行业务都是全球化的，都有关于安全（例如崩溃）的问题；新老技术都很重要，都包含可信度和参与者的能力。

但航空业已经以银行业梦想的方式采取行动了。世界各地航空局之间的合作发展到在进行事故调查时，会得到许多不同国家的协助；当有意外出现时，黑匣子会有助于解释发生了什么以防止未来的事故；当事故显示某种类型的飞机存在问题时，全世界的同种飞机都会立刻全部降落；而且如果有一种新形式的恐怖袭击，那么新的安全措施也会立即出现。

就像联邦航空管理局对技术事务的掌控一样，对于新的金融工具的控制也需要更加严格。合约交易之前，银行应该证明产品的需求、估值的能力，还有最关键的对冲和风险管理的能力。

飞行员要按惯例进行测试，用于检测其飞行能力以及药品和毒品问题。心理测试也包含其中，而且今后可能会增加比重。在网上你甚至可以找到有关飞行员个人的资料和资质，银行家充其量偶尔会参加由基础的选择题构成的考试。考试内容会在通过后很快遗忘，对维持和提升技能也几乎没有任何要求，这让那些已经升到高层的老银行家们对基层年轻人的工作内容毫无头绪。

而空中交通管制确保所有飞机都不会在同一时间着陆在同一机场。同理，金融领域里也应该要有对于过度集中风险的控制，使所有银行不会追赶同一个潮流。

当然，金融部门会认为这对金融业（而不是对客户）来说是不利的，因为所有这些乏味的监管都会使其紧缩。就是这种想法！

事实上，这些或其他改革措施在上一次宏大的金融危机延续数年的余波中都没有得到实施，这可能会让我们得出一个结论：我们已经错失良机。但如果体系继续维持现有路线，那么下一次崩溃和下一次改革的需求将会更加强大。

我庄严宣誓

2008年年底，保罗与许多其他量化分析师一样正在思考对社会有着重要影响的金融体系所处的状态，他们一起凝望深渊。虽然保罗知道银行中有很多坏苹果，他也知道绝大多数人要么就是力所不能及的糊涂了，要么就是他们没有他们自以为的那么聪明。或许法玛不知道泡沫是因为他身处泡沫之中。银行家、经济学家、学者和量化分析师都有各自的泡沫。通过不受现实世界干扰，这些泡沫保护了他们免受他们行为的反冲作用的影响。但是，这些泡沫也阻止他们看到他们行为所产生的后果。

保罗认为，或许应该给量化分析师一些指导方针，时不时地给他们一些现实的提醒。伊曼纽尔·德曼（Emanuel Derman）一直都有同样的想法。所以，他们从卡尔·马克思（Karl Marx）和希波克拉底（Hippocrates）处得到启发，2008年年底，伊曼纽尔和保罗写了《金融建模者宣言》，并在《商业周刊》上发表；斯科特·帕特森在《宽客》，德曼在《恶劣的行为模式》中对此做出概述。从那以后，甚至在乔恩·斯图尔特（Jon Stewart）的《每日秀》上也出现了它的踪影。（奥普拉（Oprah）出人意料地没有攻击它。）

这篇文章全文可以在线查看，我们在这里列出其中一些主要内容，讲述建模者的希波克拉底誓言。类似的原理也适用于大多数会影响社会的数学模型，从交通预报到天气预报：

- 我会记得我没有创造这个世界，而这个世界也不会满足我的公式。
- 虽然我会大胆使用模型来估值，但我不会被数学影响过深。
- 我永远不会为求简洁而牺牲真实，或者不讲明我这样做的缘由。
- 我也不会在准确性方面给使用我模型的人虚假慰藉。相反，我将讲明其假设和疏漏。
- 我明白我的工作可能对社会和经济有巨大的影响，其中许多也超出了我的理解范畴。

当伊曼纽尔和保罗正在签署他们的宣言之时，戴维正坐在他的桌子前喝茶，他以一种不可思议的同步方式，稳健而通俗易懂地写道：银行业这样一个重要的职业，它不同寻常的主要原因是"没有发展良好的道德规范。医生和工程师都有道德规范，银行家只有着装规范"。⊖ 例如，美国职业工程师学会的规范可追溯到 1964 年，开始于"工程师在履行其职务时，应该优先考虑公众的安全、健康和福利"。相比之下，经济学家的杰森·韦斯特（Jason West）发现："国际金融工程师协会不认为值得将伦理道德纳入他们的核心知识。"⊜ 经济学界也是如此。⊝

事实上，这个遗漏的部分与量化分析师和经济学家无法直接形象地感受他们错误的结果有关，虽然他们的行为可能会使工厂关闭，但工厂的锅炉并没有让他们的脸红得烧起来。⑳ 但这遗漏也和模型与市场之间的等价性有关，而这是金融领域所独有的：因为如果金融是数量科学并且市场遵守它的法律，那么伦理道德就是绝对客观的，没有个人选择或解读的余地。我们将道德判断外包给了看不见的手，或日益剧增的各种算法，导致我们自己在经济领域做出道德决策的能力已经发生萎缩。

更糟糕的是，看起来金融文化促使人们倾向不道德行为。《自然》杂志上发表的研究表明，让银行家去理性思考他们的工作可能会促使他们更倾向于欺骗。正如研究的作者所说，"伦理训练支持下的誓约可以促使银行员工更多考虑他们行为对社会的影响，而不是专注于自己的短期好处。"㊄ 或者说，这可以指导他们向另一个方向发展。

所以，另一件我们要添加到我们金融行业的愿望清单是一条给银行家

⊖ *Economyths* 第一次在 2010 年出版，但著成在 2009 年（Orrell，2017）。

⊜ West（2012）.

⊝ 虽然至少牛津大学出版社最近出版了《牛津职业经济伦理手册》（*The Oxford Handbook of Professional Economic Ethics*）可能会有用（DeMartino and McCloskey，2016）。

⑳ 1905 年马萨诸塞州鞋厂爆炸事件造成 58 人死亡，促使国家颁布锅炉和压力容器设计的法规，其中一个版本已经被上百个国家采用。

㊄ Cohn et al.（2014）.

的类似原则，或许是对别人的钱也要小心翼翼。一个好的起点就是"首先，不作恶"。或者，就像希波克拉底原文所写：

我会完全拒绝伤害和破坏。

这就排除了相当多的现行做法，同时为金融决策中不可避免的一些取舍留下了空间。一个精心准备的宣誓仪式上有鲜血和鸡肉或许可以加分，但这并不是必需的。

当然，愤世嫉俗者会说法规只是为了表象而存在。而这将我们带到……

核的选择

如第 2 章所讨论的，数量金融学其中的一部分知识继承于核武器发展。在 1955 年 7 月爱因斯坦逝世前的几周，伯特兰·罗素（Bertrand Russell）在伦敦一个水泄不通的新闻发布会上发布了罗素–爱因斯坦宣言。它以明确的措辞列出了核生存的选择："我们以人类的名义呼吁人类：记住你们的人性，忘记其他的一切。如果你们能够这样做，就可以打开通往新天堂的大门；如果你们不能，那么摆在你们面前的就是全世界毁灭的风险。"这个宣言促使了帕格沃什科学和世界事务会议以及忧思科学家联盟的建立。它激发了和平与反核运动，也为《核不扩散条约》铺平了道路。它标志着一个时刻，当物理学家在某种程度上接受了对于他们的量子创造物所肩负的道德责任时，此时他们意识到他们已经参与其中，甚至什么都不做也都是一种政治行为。

在纯粹的专业层面上，宣言的出现是失败的，因为它对科学家和工程师纷纷进入武器研制工作这件事没有任何作用。[一]其中一个原因，如计算

[一] Orrell（2012, p.133）.

机科学家菲利普·罗加威（Phillip Rogaway）指出，这些领域特有的发展信念："不受控制的技术乐观主义破坏了对社会责任的基本需求"。⊖另一个原因是代码如果不执行就是无效的。医生有誓言，但也会接到治疗不当的诉讼。

在金融方面，一种办法是使银行受到更多公众监督，但又有数学上的反监督体系的问题。除非公众可以找到愿意指出模型缺陷的专家证人，否则这种做法是行不通的。将模型滥用视为医疗事故那样的金融犯罪行为如何？⊖也许这么说会让我们很痛苦，但可能是时候让律师参与进来了，而不仅仅是那些为银行工作的律师。

但是，想要获得更彻底的变革，我们不仅需要法律，更需要意识的转变，即真正的文化转型。我们需要改变关于经济的故事，改变其中金融扮演的角色。这将要求量化分析师、监管者、经济学家、科学家、记者、教育者和政策制定者的参与，但最重要的是那些与工作、事业、利益相关的公众的参与。反核运动可能没有阻止那些坚定了职业信念的专家继续从事核武器工作，但推动了更广泛的关于它们发展的辩论，今天的金融领域需要类似的讨论。那些量化手段虽然不像核物质那样致命，但它们的泛滥可以用其他方式伤害人类和社会。现在可能到了这样的时刻，我们需要针对复杂衍生品和交易策略制定不扩散协议，协调政治和社会力量压制金融部门的努力。

核不扩散战略最终落实在控制和限制用于制造炸弹的裂变材料的生产。债务是金融行业版本的富有破坏力的钚，它能创造巨大的能量，甚至摧毁国家。所以，如果简化是目标，那么货币改革是常备的选择。规定银

⊖ Rogaway（2015）指出，密码学家的这种不可知的方法也是如此导致了现代监视状况。对等的，对金融来说就是对看不见的手和高效市场最纯粹的信任。

⊖ 2007 年，一些病人成功地起诉杜克大学关于使用错误预后模型作为选择癌症治疗的基础。举报案件的举报者后来说："我发现我认为有问题的预测模型会使我难以继续在该环境中工作（Neff，2015）"。见 dig.abclocal.go.com/wtvd/duke%20lax%20lawsuit.pdf。

行只能借出它们实际上拥有的钱。众所周知,全额储备银行早期的一位支持者、诺贝尔奖获得者物理学家弗雷德里克·索迪(Frederick Soddy),他显然是受到他所见银行业会对世界和平产生威胁的刺激。⊖欧文·费雪(Irving Fisher)、米尔顿·弗里德曼(Milton Friedman)和弗兰克·奈特(Frank Knight)等人也相继因为不同理由而提出众多版本。货币改革在危机之后重新受到欢迎,而瑞士目前正在计划举行全民投票来决定是否采纳它(虽然他们经常举行这种投票)。冰岛也在考虑!⊖货币改革有其缺点,尤其是缺乏银行的支持,但肯定会使系统更便于掌控。

所以,现在我们已经对金融世界做了整理,这一切对于一般投资者意味着什么?我们最后表达一些看法。(而你一定认为我们永远不会有空做这件事!)

保罗和戴维回答你的个人金融问题

问:我是一名投资者,想知道未来什么商品可以继续保持它的价格?

答:对未来不明智的预测。

问:作为一个小型交易者,我真的能在股票市场获利吗,或者我是不是总会被"有效市场"击败?

答:你不会被有效的市场击败,你会被机器人击败。

问:我很担心全球前所未有的巨大的债务积累,我应该如何对冲它的崩溃?

答:获取一份巨额的显然是无法支付的贷款,如果你还没有这样做,然后与其他人一起违约。

问:我不明白人们如何从期货牛市中赚钱。每当我看到牛市,我

⊖ Soddy(1926)。

⊖ Wolf(2014)。同时参考 Orrell and Chlupatý(2016)用以讨论。

就会认为，它没有太多的未来了，不是吗？

答：（尴尬的沉默。⊖）

问：我要搬到温哥华，不知道应该买房还是租房。根据你们的书，合理的价格/租金比是 200～220，但是这里经常达到它的 3～4 倍，这意味着我应该租房。然而我亲爱的配偶真的想要一个房子并认为租房就是"扔钱"，还要"支付房东的抵押贷款"。请问谁是对的？

答：你的配偶。

问：你提到了金钱的量化属性。我们何时以及如何可以将这运用在日常生活中？

答：与你应用量子力学的方式相同。

问：我对基于全球宏观经济和政治趋势来预测市场很感兴趣。特别是我在考虑中国的崛起、债务发行（例如中国持有的美国国债）、中东和东欧问题、流行病的风险（下一个埃博拉）等。有任何有深刻见解的建议吗？

答：停止阅读新闻。

问：我是一位顶尖大学的经济学家，经常发博客，也是一位新闻界中的观点发布者和思想领袖。我工作时在网上读了你书里的一部分。我认为它是幼稚的、愚蠢的。我还认为你欠经济学家一个道歉。我打算买一本纸质版书（使用我的大学账户），在我们多元化富有包容性的经济系前举行焚书仪式。你怎么回应？

答：确保你得到可点燃的版本。⊜

问：我发现你们给出的这些问题的答案都带着几分油腔滑调和轻蔑。人们对量化分析师和数学家的不满就是来自那种自以为无所不知

⊖ 这个笑话出现在戴维 1996 年的戏剧《史蒂芬普皮》。人们都哄堂大笑。
⊜ 灵感来自一个真实的故事（Orrell，2017）。

的态度。如果你真的够聪明，为什么不提供一些实际的建议呢？

答：（不回答。）

问：为什么不回答？

答：我很愤怒！

问：你现在就在变得很有攻击性！

答：你是说那些"问题"吗？我们已经把它们编在一起，并卖给了你答案！

问：你的意思是，这些纯属虚构？

答：只有34%是。

译　后　记

随着全球金融衍生品市场持续发展壮大，如何做到在发展金融衍生品市场的同时，兼顾风险控制？如何让金融市场回归服务实体经济的本源？如何完成防控金融风险、深化金融改革的任务？感谢本书为我们提供了很好的借鉴。

本书讲述了数量金融学发展历程：从货币的发源到经济学的基本原理，从概率论到有效市场假说，从早期资本市场分析方法到金融衍生品创新，从交易策略到风险管理……本书的内容十分丰富，观察视角包括量化分析师、银行家、经济学家乃至科学家等多种立场，同时涉及政治、经济、金融、数学、物理及生物学等多个学科。我们翻译本书，正是希望能够让更多的人从多维度全面了解金融衍生品市场，了解量化模型。

最后，我们衷心感谢大连商品交易所译丛编委会对本书的殷切关心，感谢研究中心总经理孙大鹏对本书的高度重视，感谢清华大学五道口金融学院郭杰群教授的认真审校，本书正是在他们的专业指导和大力支持下付梓出版的。研究中心宏观战略研究室、金融市场研究室和产业经济研究室的多位研究员及实习生承担了翻译及统稿工作。在此，我们也对每一位参与本书翻译的译者表示感谢，他们是：郑婷婷、贺楠、陈兰君子、聂智洋、龚谨、吴蓉、陈雨田、郑步高、杨楚楚、闫家琪、尹钰、张开诚、林里嘉、张清珍、邓倩、宋欣然、王天娇。

由于时间、精力及能力有限，本书的翻译难免存在瑕疵，敬请读者批评指正。我们真诚地希望本书的出版能够对广大期货业同仁有所裨益，能够为中国期货市场的发展贡献绵薄之力。

北京大商所期货与期权研究中心有限公司《金融方程式》翻译小组

2017 年 9 月

参考文献

Ackman, Dan. "Enron The Incredible." *Forbes,* January 15, 2002.

Adams, Douglas. *The Original Hitchhiker Radio Scripts.* Edited by Geoffrey Perkins. London: Pan Books, 1985.

Ahmad, Riaz and Paul Wilmott. "Which free lunch would you like today, Sir? Delta hedging, volatility arbitrage and optimal portfolios." *Wilmott magazine,* November 2005: 64–79.

Ahmad, Riaz and Paul Wilmott. "The market price of interest rate risk: Measuring and modelling fear and greed in the fixed-income markets." *Wilmott magazine,* January 2007.

Anonymous. "Dismal science, dismal sentence." *Economist,* September 9, 2006.

Anonymous. "Efficiency and beyond." *Economist,* July 16, 2009.

Aristotle. *Aristotle's Politics.* Translated by Benjamin Jowett. New York: Modern Library, 1943.

Arrow, Kenneth J. and Gérard Debreu. "Existence of a Competitive Equilibrium for a Competitive Economy." *Econometrica* 22 (1954): 65–90.

Baaquie, Belal E. "A Path Integral Approach to Option Pricing with Stochastic Volatility: Some Exact Results." *Journal de Physique I* 7 (1997): 1733–1753.

Bachelier, L. "Théorie de la spéculation." *Annales Scientifiques de l'École Normale Supérieure* 3, no. 17 (1900): 21–86.

Bailey, Tom. "Flash and burn: high frequency traders menace financial markets." *World Finance,* July 3, 2015.

Bank for International Settlements. "82nd Annual Report, 1 April 2011–31 March 2012." Basel, 2012.

Baram, Marcus. *Government Sachs: Goldman's Close Ties To Washington Arouse Envy, Raise Questions.* July 3, 2009. http://www.huffingtonpost.com/2009/06/02/government-sachs-goldmans_n_210561.html.

Bentham, Jeremy. *An Introduction to the Principles of Morals and Legislation.* Oxford: Clarendon Press, 1907.

Bernanke, Ben S. *Basel II: Its Promise and Its Challenges.* May 18, 2006. http://www.federalreserve.gov/newsevents/speech/bernanke20060518a.htm.

Bernstein, Peter L. *Against the Gods: The Remarkable Story of Risk.* Toronto: Wiley, 1998.

Bockman, Johanna. *Markets in the Name of Socialism: The Left-Wing Origins of Neoliberalism.* Palo Alto, CA: Stanford University Press, 2013.

Buchan, James. *Frozen Desire: The Meaning of Money.* New York: Farrar, Straus and Giroux, 1997.

Burn-Callander, Rebecca and James Quinn. "Profile: Rev. Paul Flowers." *The Telegraph,* November 17, 2013.

Burton, Jonathan. "Revisiting The Capital Asset Pricing Model." *Dow Jones Asset Manager*, May/June 1998: 20–28.

Burton, Katherine and Richard Teitelbaum. "Ex-Simons Employees Say Firm Pursued Illegal Trades." *Bloomberg.com*, July 30, 2007.

Carroll, Sean. *Purity of essence*. April 18, 2005. http://www.preposterousuniverse.com/blog/2005/04/18/purity-of-essence/.

Cassidy, John. "Interview with Eugene Fama." *New Yorker*, January 13, 2010.

Castelvecchi, Davide. "Quantum physics makes water different." *ScienceNews.org*, July 22, 2008.

Cecchetti, Stephen, M.S. Mohanty, and Fabrizio Zampolli. *The real effects of debt*. Working Paper No. 352, Bank for International Settlements, 2011.

CIA Office of Strategic Services. *Simple Sabotage Field Manual*. Washington, DC: OSS, 1944.

Clarke, Arthur C. "The Ultimate Machine." *Harper's*, August 1958.

Clement, Douglas. "Interview with Eugene Fama." *The Region*, December 1, 2007.

Cochrane, John H. *Eugene Fama: Efficient markets, risk premiums, and the Nobel Prize*. 2013. http://faculty.chicagobooth.edu/john.cochrane/research/papers/Fama_panel_nov_2013.pdf.

Cohn, Alain, Ernst Fehr, and Michel André Maréchal. "Business culture and dishonesty in the banking industry." *Nature* 516, no. 7529 (2014): 86–89.

Committee on Financial Services, U.S. House Of Representatives. *Monetary Policy And The State Of The Economy*. July 20, 2006. https://www.gpo.gov/fdsys/pkg/CHRG-109hhrg31539/html/CHRG-109hhrg31539.htm.

Confessore, Nicholas, Sarah Cohen, and Karen Yourish. "The Families Funding the 2016 Presidential Election." *New York Times*, October 10, 2015.

Cookson, Clive, Gillian Tett, and Chris Cook. "Organic mechanics." *Financial Times*, November 26, 2009.

Cootner, Paul H. *The Random Character of Stock Market Prices*. Cambridge, MA: MIT Press, 1964.

Cournède, Boris, Oliver Denk, and Peter Hoeller. *Finance and Inclusive Growth*. OECD Economic Policy Paper, Paris: OECD, 2015.

Cowles, Alfred. "Can stock market forecasters forecast?" *Econometrica* 12 (1933): 206–214.

Das, Rajarshi, James E. Hanson, Jeffrey O. Kephart, and Gerald Tesauro. "Agent-Human Interactions in the Continuous Double Auction." *Proceedings of the 17th International Joint Conference on Artificial Intelligence*. Seattle, WA, 2001, 1169–1176.

Delevingne, Lawrence. "Have Mercer! The money man who helped the GOP win." *CNBC.com*, November 8, 2014.

DeMartino, George F. *The Economist's Oath: On the Need for and Content of Professional Economic Ethics*. Oxford: Oxford University Press, 2010.

DeMartino, George F. and Deirdre McCloskey, eds. *The Oxford Handbook of Professional Economic Ethics*. Oxford: Oxford University Press, 2016.

Edgeworth, Francis Ysidro. *Mathematical Psychics: An essay on the application of mathematics to the moral sciences*. London: C.K. Paul, 1881.

Editors. "The blame game: will maths apologize to finance? Well, maybe no." *ParisTech Review*, June 7, 2010.

Eichengreen, Barry. "The Last Temptation of Risk." *The National Interest*, May/June 2009.

Eisinger, Jesse. "Why Only One Top Banker Went to Jail for the Financial Crisis." *New York Times Magazine*, April 30, 2014.

European Finance Association. *Keynote Address: Prof. Myron S. Scholes*. August 28, 2008. http://www.efa-online.org/efa2008/speakers.html.

Fama, Eugene F. *Random Walks in Stock-market Prices*. Chicago: Graduate School of Business, University of Chicago, 1965.

Farmer, J. Doyne and John Geanakoplos. "The virtues and vices of equilibrium and the future of financial economics." *Complexity* 14, no. 3 (2009): 11–38.

Farrell, Greg. "Sealed HSBC Report Shows U.S. Managers Battling Cleanup Squad." *Bloomberg.com*, July 7, 2015.

Farrell, Sean. "Bankers still overpaid, says top German banker." *The Guardian*, November 24, 2015.

Financial Conduct Authority. *Hedge Fund Survey*. June 2015. https://www.fca.org.uk/publication/data/hedge-fund-survey.pdf.

Finch, Gavin and Liam Vaughan. "Rain Man Hayes With Superhero Duvet Loses Last Libor Gamble." *Bloomberg.com*, August 4, 2015.

Fleischacker, Samuel. "Adam Smith's Reception among the American Founders, 1776–1790." *The William and Mary Quarterly*, October 2002.

Flood, Alison. "Authors' incomes collapse to 'abject' levels." *The Guardian*, July 8, 2014.

Flynn, John T. *Men of Wealth: The Story Of Twelve Significant Fortunes From The Renaissance To The Present Day*. New York: Simon and Schuster, 1941.

Galbraith, John Kenneth. *Money: Whence It Came, Where It Went*. New York: Houghton Mifflin, 1995.

Galton, Francis. *Natural Inheritance*. London: Macmillan, 1889.

Gandel, Stephen. "By every measure, the big banks are bigger." *Fortune*, September 13, 2013.

Gisiger, Christoph. "The business of central banks is like pornography." *Finanz und Wirtschaft*, May 18, 2016.

Gitlin, Todd. "Where are the Occupy protesters now?" *The Guardian*, June 17, 2014.

Gleick, James. *Chaos*. London: Viking, 1987.

Gopikrishnan, Parameswaran, Martin Meyer, Luis A. Nunes Amaral, and H. Eugene Stanley. "Inverse cubic law for the distribution of stock price variations." *European Physical Journal B* 3 (1998): 139–140.

Grantham, Jeremy. "Obama and the Teflon Men, and Other Short Stories. Part 1." *GMO Quarterly Letter*, January 2009.

Greco, Albert N., Jim Milliot, and Robert M. Wharton. *The Book Publishing Industry*. 3rd ed. New York: Routledge, 2014.

Greene, John. C. *Darwin and the Modern World View*. Baton Rouge: Louisiana State University Press, 1961.

Greenspan, Alan. *The Age of Turbulence: Adventures in a New World*. New York: Penguin, 2007.

Greenspan, Alan. "Testimony of Dr Alan Greenspan." *House Committee of Government Oversight and Reform*. Washington, DC, October 23, 2008.

Greenspan, Alan. *The Map and the Territory: Risk, Human Nature, and the Future of Forecasting.* New York: Penguin, 2013.

Haldane, Andrew G. "Rethinking the Financial Network." Speech delivered at the Financial Student Association, Amsterdam, April 2009.

Haldane, Andrew. "The Revolution In Economics." In *Economics, Education and Unlearning: Economics Education at the University of Manchester,* 3–6. Manchester: Post-Crash Economics Society, 2014.

Hamilton, Dane. "Renaissance hedge fund: Only scientists need apply." *Reuters,* May 22, 2007.

Hamilton, Sir William. *The Collected Works of Dugald Stewart, Esq. F.R.SS.* London: Thomas Constable and Company, 1858.

Harding, Sy. "Stock Market Becomes Short Attention Span Theater Of Trading." *Forbes,* January 21, 2011.

Haug, Espen Gaarder and Nassim Nicholas Taleb. *Why We Have Never Used the Black–Scholes–Merton Option Pricing Formula (fifth version).* 2009. http://ssrn.com/abstract=1012075.

Hedlund, Stefan. *Invisible Hands, Russian Experience, and Social Science: Approaches to Understanding Systemic Failure.* New York: Cambridge University Press, 2011.

Hendershott, Terrence, Charles M. Jones, and Albert J. Menkveldf. "Does Algorithmic Trading Improve Liquidity?" *Journal of Finance* 66, no. 1 (2011): 1–33.

Henderson, Hazel. "The "Nobel" Prize That Wasn't." *Le Monde Diplomatique,* December 2004.

Hill Strategies Research Inc. "A Statistical Profile of Artists and Cultural Workers in Canada." 2014.

International Monetary Fund. "Global Financial Stability Report: Market Developments and Issues." Washington, DC, 2006.

Jevons, William Stanley. *The Theory of Political Economy.* 5th ed. New York: Kelley and Millman, 1957.

Jopson, Barney and Ben McLannahan. "Bank living wills reveal Wall St victims." *Financial Times,* July 6, 2015.

Kahneman, Daniel. *Thinking, Fast and Slow.* New York: Farrar, Straus and Giroux, 2011.

Kahneman, Daniel and Amos Tversky. "Prospect Theory: An analysis of decision under risk." *Econometrica* 47 (1979): 263–291.

Keepin, Bill and Brian Wynne. "Technical analysis of IIASA energy scenarios." *Nature* 312 (1984): 691–695.

Kelton, Stephanie. *Money is No Object.* Presentation to FPC, 2012.

Kendall, Maurice G. and Austin Bradford Hill. "The Analysis of Economic Time-Series-Part I: Prices." *Journal of the Royal Statistical Society, Series A* 116, no. 1 (1953): 11–34.

Kennedy, Gavin. *Adam Smith's Lost Legacy.* New York: Palgrave Macmillan, 2005.

Kennedy, Paul. *It's The Economists, Stupid.* CBC. January 5, 2016. http://www.cbc.ca/radio/ideas/it-s-the-economists-stupid-1.3219471.

Keynes, John Maynard. *Newton, the Man.* 1946. http://www-groups.dcs.st-and.ac.uk/history/Extras/Keynes_Newton.html.

Keynes, John Maynard. *The General Theory of Employment, Interest and Money.* New York: Harcourt, Brace, 1936.

Kiatpongsan, Sorapop and Michael I. Norton. "How much (more) should CEOs make? A universal desire for more equal pay." *Perspectives on Psychological Science* 9, no. 6 (2014): 587–593.

Kiladze, Tim. "Nobel laureate is attacking age-old economic rules (he's also Mr. Janet Yellen)." *The Globe and Mail*, October 30, 2015.

Knutson, Brian. *Expected Value (and beyond)*. 2012. http://edge.org/response-detail/11558.

Krugman, Paul. "How Did Economists Get It So Wrong?" *New York Times*, September 2, 2009.

Krupa, Gregg. "Detroit aims at predatory home lending." *Detroit News*, November 26, 2002.

Leonhardt, David. "Buy vs. Rent: An Update." *New York Times*, December 22, 2010.

Levine, Matt. "Senate Literary Critics Don't Like Fictional Derivatives." *Bloomberg.com*, July 22, 2014.

Levine, Matt. "Algorithms Had Themselves a Treasury Flash Crash." *Bloomberg.com*, July 13, 2015.

Levy, Adam. "Mapping the trader's brain." *Bloomberg Markets*, February 1, 2006: 34–45.

Lichtblau, Eric. "'Super PACs' Spent Millions Before Candidates Announced, Filings Show." *New York Times*, July 31, 2015.

Linskey, Annie. "The Man Who Out-Koched the Kochs." *Bloomberg.com*, October 23, 2014.

Lucas, Robert. "In defence of the dismal science." *The Economist*, August 6, 2009.

Lux, Hal. "The Secret World of Jim Simons." *Institutional Investor* 34, no. 11 (November 2000).

Luyendijk, Joris. "How the banks ignored the lessons of the crash." *The Guardian*, September 30, 2015.

Mackenzie, Donald. *An Engine, Not a Camera: How Financial Models Shape Markets*. Cambridge, MA: MIT Press, 2006.

MacKenzie, Donald and Taylor Spears. "'The Formula That Killed Wall Street?' The Gaussian Copula and Modelling Practices in Investment Banking." *Social Studies of Science* 44 (2014): 393–417.

Malkiel, Burton. *A Random Walk Down Wall Street*. New York: Norton, 1999.

Mamudi, Sam, John Detrixhe, and Ben Bain. "Flash Boys Welcome: World Exchanges Woo High-Frequency Firms." *Bloomberg.com*, July 13, 2015.

Martin, Timothy W. and Andrew Grossman. "How the Justice Department, S&P Came to Terms." *Wall Street Journal*, February 2, 2015.

Massad, Timothy. *Remarks of Chairman Timothy Massad before the Conference on the Evolving Structure of the U.S. Treasury Market*. October 21, 2015. http://www.cftc.gov/PressRoom/SpeechesTestimony/opamassad-30.

May, Robert M., Simon A. Levin, and George Sugihara. "Ecology for bankers." *Nature* 451 (2008): 891–893.

McCain, John. *Opening Statement by Senator John McCain At PSI Hearing On Basket Options*. July 22, 2014. http://www.mccain.senate.gov/public/index.cfm/2014/7/opening-statement-by-senator-john-mccain-at-psi-hearing-on-basket-options.

McGee, Suzanne. "Can Wall Street be fixed? Ex-banker's memoir examines a broken system." *The Guardian*, July 15, 2016.

McGrayne, Sharon Bertsch. *The Theory That Would Not Die: How Bayes' Rule Cracked the Enigma Code, Hunted Down Russian Submarines, and Emerged Triumphant from Two Centuries of Controversy.* New Haven, CT: Yale University Press, 2011.

McKinsey Global Institute. "Debt and (not much) deleveraging." 2015.

Minder, Raphael. "A Not-So-Quixotic Search for Cervantes." *New York Times*, March 10, 2014.

Minsky, Hyman P. "Financial instability revisited: the economics of disaster." In *Reappraisal of the Federal Reserve Discount Mechanism*, 95–136. Washington, DC: Board of Governors of the Federal Reserve System, 1972.

Moffatt, Mike. "Can't beat the market? There's a theory for that." *Globe and Mail*, October 29, 2012.

Morris, Regan. "Is Hollywood screenwriting success easier to find online?" *BBC News*, June 17, 2014.

Muir, Hazel. "Einstein and Newton showed signs of autism." *New Scientist*, April 2003.

Neff, Joseph. "Duke University settles suit with cancer patients over clinical trials." *The News & Observer*, May 2, 2015.

Newton, Isaac. "Fragments from a Treatise on Revelation." In *The Religion of Isaac Newton*, by Frank E. Manuel, 120. Oxford: Clarendon Press, 1974.

Newton, Isaac and N.W. Chittenden. *Newton's Principia: The mathematical principles of natural philosophy*. Translated by Andrew Motte. New York: Daniel Adee, 1846.

Ormerod, Paul. *Butterfly Economics: A New General Theory Of Social And Economic Behavior*. New York: Basic Books, 2000.

Orrell, David. "Role of the metric in forecast error growth: how chaotic is the weather?" *Tellus* 54A (2002): 350–362.

Orrell, David. *Apollo's Arrow: The Science of Prediction and the Future of Everything*. Toronto: HarperCollins, 2007.

Orrell, David. *The Other Side of the Coin: The Emerging Vision of Economics and Our Place in the World*. Toronto: Key Porter, 2008.

Orrell, David. *Truth or Beauty: Science and the Quest for Order*. New Haven, CT: Yale University Press, 2012.

Orrell, David. "Book burning economists." *World Finance*, July 1, 2015.

Orrell, David. "A quantum theory of money and value." *Economic Thought* 5, no. 2 (2016a): 19–36.

Orrell, David. "Are corporate banks stretching themselves thin?" *World Finance*, July 2016b.

Orrell, David. *Economyths: 11 Ways That Economics Gets it Wrong*. London: Icon, 2017.

Orrell, David and Roman Chlupatý. *The Evolution of Money*. New York: Columbia University Press, 2016.

Orrell, David, Leonard A. Smith, Jan Barkmeijer, and Tim Palmer. "Model error in weather forecasting." *Nonlinear Proc. Geoph.* 9 (2001): 357–371.

Özler, Şule. "Adam Smith and Dependency." *Psychoanalytic Review* 99, no. 3 (June 2012): 333–358.

Para, Terence P. "Yes, You Can Beat The Market." *Fortune*, April 3, 1995.

Patterson, Scott. *The Quants: How a New Breed of Math Whizzes Conquered Wall Street and Nearly Destroyed It*. New York: Crown, 2009.

Patterson, Scott. *Dark Pools: High-Speed Traders, AI Bandits, and the Threat to the Global Financial System.* New York: Crown Business, 2012.

Patterson, Scott and Jenny Strasburg. "Pioneering Fund Stages Second Act." *Wall Street Journal*, March 16, 2010.

Piketty, Thomas. *Capital in the Twenty-First Century.* Cambridge, MA: Belknap Press, 2014.

Quetelet, Adolphe. *A treatise on man and the development of his faculties.* Edinburgh: W. and R. Chambers, 1842.

Ray, Paul H. and Sherry R. Anderson. *The Cultural Creatives: How 50 Million People Are Changing the World.* New York: Harmony Books, 2000.

Rich, Ben R. *Clarence Leonard (Kelly) Johnson 1910–1990: A Biographical Memoir.* Vol. 67, in *Biographical Memoirs*, 221–241. National Academies Press, 1995.

Rogaway, Phillip. *The Moral Character of Cryptographic Work.* December 6, 2015. http://web.cs.ucdavis.edu/~rogaway/papers/moral-fn.pdf.

Ross, Alice K, Will Fitzgibbon, and Nick Mathiason. *Britain opposes MEPs seeking ban on high frequency trading comments.* September 16, 2012. https://www.thebureauinvestigates.com/2012/09/16/britain-opposes-meps-seeking-ban-on-high-frequency-trading/.

Rowling, J.K. *By popular request, 2 of @RGalbrath's rejection letters! (For inspiration, not revenge, so I've removed signatures.) [Tweet].* March 25, 2016. https://twitter.com/jk_rowling/status/713298761288708096/photo/1.

Rubin, Richard and Margaret Collins. "How an Exclusive Hedge Fund Turbocharged Retirement Plan." *Bloomberg.com*, June 16, 2015.

Rubinstein, Mark. "Implied Binomial Trees." *Journal of Finance* 49, no. 3 (1994): 771–818.

Salmon, Felix. "Recipe For Disaster: The Formula That Killed Wall Street." *Wired*, February 23, 2009.

Samuelson, Paul A. *Economics.* 9th ed. New York: McGraw-Hill, 1973.

Saul, John Ralston. *Voltaire's Bastards: The Dictatorship of Reason in the West.* New York: Vintage, 1993.

Schachermayer, Walter and Josef Teichmann. "How Close are the Option Pricing Formulas of Bachelier and Black-Merton-Scholes?" *Mathematical Finance* 18, no. 1 (2008): 155–170.

Schrage, Michael. "Daniel Kahneman: The Thought Leader Interview." *Strategy+Business*, 2003.

Schwartz, John. "Science Museums Urged to Cut Ties With Kochs." *New York Times*, March 24, 2015.

Sedghi, Ami. "Global debt has grown by $57 trillion in seven years following the financial crisis." *The Guardian*, February 5, 2015.

Sedláček, Tomáš. *Economics of Good and Evil: The Quest for Economic Meaning from Gilgamesh to Wall Street.* New York: Oxford University Press, 2011.

Simons, Jim, interview by Chris Anderson. *A rare interview with the mathematician who cracked Wall Street* TED2015, (March 23, 2015).

Skypala, Pauline. "Ditch the hokum on asset diversification." *Financial Times*, September 1, 2014.

Smith, Adam. *An Inquiry into the Nature and Causes of the Wealth of Nations.* London: W. Strahan & T. Cadell, 1776.

Smolin, Lee. *The Trouble with Physics: The Rise of String Theory, the Fall of a Science, and What Comes Next*. New York: Houghton Mifflin, 2006.

Soddy, Frederick. *Wealth, Virtual Wealth and Debt. The solution of the economic paradox*. New York: Dutton, 1926.

Sorensen, Alan T. *Bestseller Lists and Product Variety: The Case of Book Sales*. Palo Alto, CA: Stanford University, 2004.

Soros, George. *The New Paradigm for Financial Markets: The Credit Crisis of 2008 and What It Means*. New York: PublicAffairs, 2008.

Spreeuw, Jaap and Xu. Wang. *Modelling the Short-term Dependence between Two Remaining Lifetimes of a Couple*. London: Cass Business School, 2008.

Stevenson, Alexandra. "Hedge Fund Chief Testifies at Senate Tax-Avoidance Hearing." *New York Times*, July 22, 2014.

Stewart, Heather. "Boris Johnson accused over hedge funds' election donations." *The Guardian*, October 11, 2009.

Taylor, Mark C. *Confidence Games: Money and Markets in a World Without Redemption*. Chicago: University of Chicago Press, 2004.

Teitelbaum, Richard. "Simons at Renaissance Cracks Code, Doubling Assets." *Bloomberg.com*, November 27, 2007.

Tett, Gillian. "Could 'Tobin tax' reshape financial sector DNA?" *Financial Times*, August 27, 2009.

The Midas Formula. Directed by Malcolm Clark. Produced by BBC. 1999.

Thorp, Edward. "What I Knew and When I Knew It – Part I." *Wilmott magazine*, December 2002.

Thorp, Edward. "What I Knew and When I Knew It – Part III." *Wilmott magazine*, January 2003.

Treanor, Jill. "HBOS's former bosses wait to learn their fate." *The Guardian*, November 19, 2015.

Tudball, Dan. "In for the Count." *Wilmott magazine*, January 2003.

Turner, Adair. "Printing money to fund deficit is the fastest way to raise rates." *Financial Times*, November 10, 2014.

UCSD Department of Mathematics. *Biography: James B. Ax*. http://euclid.ucsd.edu/library/biography.html (accessed September 19, 2016).

Unger, Roberto Mangabeira and Lee Smolin. *The Singular Universe and the Reality of Time: A Proposal in Natural Philosophy*. New York: Cambridge University Press, 2015.

University of Oxford. *Mathematics and Statistics*. February 25, 2016. https://www.ox.ac.uk/admissions/undergraduate/courses-listing/mathematics-and-statistics?wssl=1.

US Department of Justice. *Acting Associate Attorney General Tony West Speaks at the Press Conference Announcing Lawsuit Against S&P, Washington, DC*. February 5, 2013. https://www.justice.gov/opa/speech/acting-associate-attorney-general-tony-west-speaks-press-conference-announcing-lawsuit.

US House of Representatives, Committee on Banking and Financial Services. *Conduct of Monetary Policy*. July 25, 2000. http://commdocs.house.gov/committees/bank/hba65973.000/hba65973_0f.htm.

Vigen, Tyler. *Spurious Correlations*. New York: Hachette Books, 2015.

Wasik, John. "John Maynard Keynes as an Investor: Timeless Lessons and Principles." *AAII Journal*, March 2014.

Watson, Tom. "Journalists vs. high-frequency traders." *Canadian Business*, September 27, 2011.

West, Jason. *Ethics and Quantitative Finance.* Discussion Paper No. 2012-04, Griffith Business School, 2012.

White, William R. "Is Monetary Policy A Science? The Interaction Of Theory And Practice Over The Last 50 Years." In *50 Years of Money and Finance – Lessons and Challenges*, edited by Morten Balling and Ernest Gnan. Vienna: SUERF, 2013.

Wigglesworth, Robin. "Hedge funds poach computer scientists from Silicon Valley." *Financial Times*, November 22, 2015a.

Wigglesworth, Robin. "Renaissance Technologies winds down $1bn investment fund." *Financial Times*, October 14, 2015b.

Wilmott, Paul and Philipp Schönbucher. "The feedback effect of hedging in illiquid markets." *SIAM J. Appl. Math.* 61(1) (2000): 232–272.

Wilmott, Paul, Alan L. Lewis, and Daniel J. Duffy. "Modeling Volatility and Valuing Derivatives Under Anchoring." *Wilmott magazine*, September 2014.

Witten, Edward. "Reflections on the Fate of Spacetime." *Physics Today* 49, no. 4 (April 1996): 24–30.

Woit, Peter. *Not Even Wrong: The Failure of String Theory and the Search for Unity in Physical Law.* London: Vintage, 2006.

Wolf, Martin. "Strip private banks of their power to create money." *Financial Times*, April 24, 2014.

Wolfram, S. *A New Kind of Science.* Champaign, IL: Wolfram Media, 2002.

Writers' Union of Canada. "Devaluing Creators, Endangering Creativity." 2015.

Zandi, Mark, Celia Chen, Cristian deRitis, and Andres Carbacho-Burgos. *Housing in Crisis: When Will Metro Markets Recover?* February 2009.

Zweig, Jason, *et al.* "The Best (and Worst) Investments They Ever Made." *Wall Street Journal*, December 26, 2014.